SPIELE UND SPIELZEUG IN DER ANTIKE

MARCO FITTÀ

SPIELE UND SPIELZEUG IN DER ANTIKE

UNTERHALTUNG UND VERGNÜGEN IM ALTERTUM

Aus dem Italienischen übersetzt von Cornelia Homann

Für die Hilfe bei der Forschungsarbeit und
der Abfassung des vorliegenden Buches ist den
Doktorinnen Anna Maria Liberati und Carla Alfano
sowie der Professorin Angela Teja zu danken.
Nicht weniger wertvoll war der Beitrag von
Carla Santopietro sowie von den Professoren
Silvia Riva und Giuseppe Iudica.

Für meine Tochter Manuela

Die Deutsche Bibliothek – CIP-Einheitsaufnahme

Fittà, Marco:
Spiele und Spielzeug in der Antike : Unterhaltung und Vergnügen
im Altertum / Marco Fittà. Aus dem Ital. übers. von Cornelia
Homann. – 1. Aufl. – Stuttgart: Theiss, 1998
Einheitssacht.: Giochi e giocattoli nell'antichità <dt.>
ISBN 3-8062-1370-4

© 1997 by Leonardo Arte s. r. l., Milano
Elemond Editori Associati
Tutti i diritti riservati

Übersetzung: Cornelia Homann, Meerbusch

© für die deutsche Ausgabe
Konrad Theiss Verlag GmbH, Stuttgart 1998
1. Auflage 1998
Alle Rechte vorbehalten
Printed in Italy
ISBN 3-8062-1370-4

An einem heißen Augustnachmittag lag ich ausgestreckt auf einer Wiese und beobachtete das Kreisen der Drachen an einem klaren und strahlenden Himmel, während neben mir einige Kinder Ball spielten. Die kleinsten unter ihnen sprangen Seilchen. Ich hatte gerade eine intensive Forschungsarbeit über die griechischen und römischen Altertümer abgeschlossen, und plötzlich erschienen mir diese Kinder, vielleicht weil ich im Geiste durch die Ebene von Theben, durch die Wälder Arkadiens und zum Fuße des Vesuv wanderte, wie junge Ägypter, Griechen oder Römer. Ich fragte mich, ob auch die Kinder vor zwei-, drei-, fünftausend Jahren sich mit Drachensteigen die Zeit vertrieben oder ob sie auf einem Steckenpferd ritten, Verstecken und Blindekuh spielten.

In Gedanken ging ich kurz die wichtigsten italienischen und ausländischen Museen durch, ohne daß mir dabei Funde oder Belege hinsichtlich der Spiele des Altertums in den Sinn kamen. Abgesehen von der berühmten Amphora in den Vatikanischen Museen, die Achilles und Ajax beim Würfelspiel zeigt, der Puppe der Crepereia Triphaena in den Kapitolinischen Museen und einigen Würfeln in alten Vitrinen fiel mir nichts weiter ein. War es denn möglich, daß nur so wenig bis heute erhalten geblieben ist? Oder spielten die Kinder unter Ramses oder zur Zeit des Perikles oder während der Blütezeit des römischen Reichs vielleicht gar nicht?

Von der Archäologie zur Literatur: Zuerst dachte ich gleich an Nausikaa, die mit ihren Mägden Ball spielte, bevor sie Odysseus traf. Und weiter? Absolutes Dunkel. Zurück in der Stadt, begann ich in meiner Bibliothek zu „graben", wo ich bei Ovid unzählige Hinweise auf Spiele fand, angefangen vom *tris* oder *tria* bis zum *duodecim scripta*. Bei Cicero stieß ich auf die Erklärung der Bedeutung der „Würfe" mit den Knöcheln, Platon sprach vom „Tauziehen", Herodot bezeugte, daß die Ägypter die Marionetten erfunden hätten, und Horaz beschrieb, wie man mit „Zinnsoldaten" spielte. Als ich die Kunstbücher zu Rate zog, entdeckte ich, daß sich griechische Kinder mit dem Kreisel und mit Knobeln amüsierten. Ich setzte die Untersuchungen fort und entdeckte dabei, wie das Jojo, von dem ich angenommen hatte, daß es aus Übersee nach Italien gekommen sei, bereits von griechischen Kindern im 5. Jh. v. Chr. benutzt worden war. Ich lernte, daß – genauso wie die Griechen – auch die Römer mit dem Reifen und die Erwachsenen gerne Ball spielten. Die Pharaonen und das Volk spielten *senet* (ein Strategiespiel), und zwar so häufig, daß das *Totenbuch* den verstorbenen Ägypter verpflichtete, eine Partie dieses Spiels mit einem unsichtbaren Gegner zu bestreiten, um sich so das Weiterleben im Jenseits zu sichern.

Meine „Ausgrabung" wurde mit der Zeit immer mühsamer, aber mindestens genauso begeisternd: Was für Emotionen bei der Entdeckung, wie eine über den Tod ihrer Tochter verzweifelte Mutter auf das Grab des in den Katakomben beigesetzten Mädchens ihre Lieblingspuppe legt. Und erst beim Lesen der Verse der Sappho, die uns durch Athenaeus überliefert sind: „Oh, Aphrodite verschmähe nicht/das kleine purpurrote Tuch/meiner Puppe./Ich, Sappho/weihe dir dieses/kostbare Gut."

Meine Suche fortsetzend, fand ich mich bald auch in der Welt der Erwachsenen wieder. In Pompeji sah ich einen Wirt, der zwei spielende Gäste verjagte, die wild miteinander stritten. Ich beobachtete auf dem Forum Romanum Müßiggänger, wie sie in die Marmorstufen der Julia-Basilika Schachbretter für das *ludus latrunculorum* einritzten, während andere Mora[1] spielten, was sie vielleicht von einem ägyptischen Händler gelernt hatten. In einer Schenke bemerkte ich dann bei einer Partie, daß ein Spieler falsche Würfel benutzte. Bei meinen Streifzügen kam ich auch nach Rhodos, wo man nach Hahnenkämpfen verrückt war.

Aus all diesem ist aus der Tiefe der Jahrhunderte dieses Buch hervorgegangen, das mit Hilfe der archäologischen und der literarischen Zeugnisse die Erwachsenen- und Kinderspiele, die Vergnügungen und die Spielsachen vorstellen möchte. Ich erachtete es als sinnvoll, auch die Spiele mit zu berücksichtigen, von denen entweder nur ein literarischer oder ein archäologischer Nachweis vorliegt, um so wenigstens ihren Ursprung zu bestimmen. Für die Brettspiele sind uns leider keine Spielregeln erhalten geblieben; wo es möglich war, habe ich sie von bekannten Archäologen und Wissenschaftlern übernommen, und manchmal habe ich mich zu persönlichen Folgerungen und Hypothesen hinreißen lassen.

Die symbolischen und sakralen, die anthropologischen und pädagogischen Aspekte, die möglichen magischen und rituellen Bedeutungen sowie die sonstigen Fachgebiete, die sich mit Spielen beschäftigen mögen, sind in diesem Buch nicht berücksichtigt worden, es sein denn, wenn es unumgänglich war, mit nur einem kurzen Hinweis, denn es ist vieles und Erschöpfendes von besser darauf vorbereiteten Autoren geschrieben worden.

Dieses Werk möchte dagegen die Spiele, das Spielzeug und die Vergnügungen unter dem technischen Aspekt beschreiben, der durch die literarischen Zeugnisse sowie durch die archäologischen Funde gestützt wird. Wir glauben, daß dadurch eine nicht unerhebliche Forschungslücke geschlossen wird. Häufig waren die Schriften der Dichter, der Komödien- und Geschichtsschreiber sibyllinisch, wenn nicht sogar widersprüchlich. Und genauso haben sich die Spiele selbst mit unterschiedlichen Formen und Regeln entwickelt, je nach Epoche und geographischem Gebiet, in denen sie gespielt wurden. Man denke dabei nur an all die Variationen selbst eines Kartenspiels in den verschiedenen Regionen Italiens. Vielleicht wäre ein alter, von den elysischen Gefilden zurückkehrender Grieche erzürnt, wenn er feststellte, wie ausgerechnet sein Lieblingsspiel entstellt worden ist. Verständlicherweise würde er dieses Buch einfach als „ärmliche Sache" verurteilen. Aber es wird eine „große Sache" sein, wenn morgen ein Leser, der vom selben Fieber ergriffen wurde wie ich, auch anfangen wird zu „graben". Er wird sicherlich noch viel, sehr viel in den Bibliotheken, den Museen, den verstaubten Magazinen, den Fototheken und im Wissen der Forscher finden. Am Ende wird er aber auch sechstausend Jahre mehr als seine Zeitgenossen gelebt haben.

Marco Fittà

[1] Italienisches Fingerspiel, bei dem zwei Spieler gleichzeitig eine Hand mit einem oder mehreren ausgestreckten Fingern auf den Tisch legen und im gleichen Augenblick die Summe der ausgestreckten Finger zu erraten suchen und laut ausrufen [Anm. d. Übers.].

Inhalt

Kinderspiele

10	GEMEINSCHAFTSSPIELE
10	Nußspiele
14	Knöchelspiele
19	Scheibenschießen
22	Das Kegelspiel
24	Blindekuh
24	Versteckspiel
25	Verkleidungsspiele
26	Auf einem Bein hüpfen
26	Akinetinda
26	Ringelreihen
27	Das Scherbenspiel
27	Das Topfspiel
29	Das Nagelspiel
29	Der Soldatenschlag
32	SPIELE IM FREIEN UND WETTKAMPFSPIELE
32	Schaukeln
33	Drachensteigen
33	Titschern
34	Tauziehen
35	Seilchenspringen
35	Pferdchenreiten
37	Bockspringen
38	Radschlagen
38	Stelzenlaufen
39	Steinewerfen
42	NACHAHMUNGSSPIELE
42	Gladiatorenspiele
42	Wagenrennen
45	Zinnsoldatenspiele
45	Richterspiele
46	Knobeln
46	Kopf oder Zahl?
46	Modellieren und Konstruieren
48	DAS SPIELZEUG
48	Über Spielzeuge
54	Puppen
59	Puppenausstattung
65	Spiele mit Tieren
69	Tierfigürchen
72	Wägelchen
76	Schiffchen
76	Kreisel
78	Spulen (oder Jojo)
79	Das Reifenspiel
82	Mikado
83	Das Ästchenspiel
83	Marionetten
86	„Roboter"

Erwachsenenspiele

92	GESELLSCHAFTSSPIELE UND SPIELE IM FREIEN
92	Kottabos
96	Das Gebärdenspiel
97	Askoliasmós
98	Ballspiele
108	GLÜCKSSPIELE
108	Über Glücksspiele
110	Das Würfelspiel
120	Das Knöchelspiel als Glücksspiel
122	Mora
123	Tierkämpfe
127	Das Becherspiel
130	BRETTSPIELE IM MITTLEREN ORIENT UND IN ÄGYPTEN
131	Das Spielbrett von Ur
133	Tau (oder das Zwanzig-Felder-Spiel)
135	Senet
144	Das Schlangenspiel
146	Das Hunde-und-Schakalspiel
154	GRIECHISCHE BRETTSPIELE
157	Pentagramma
158	Das Stadtspiel
159	Diagrammismós
162	RÖMISCHE BRETTSPIELE
164	Diagramme
164	Tris
166	Mühle
166	Alquerque
167	Ludus latrunculorum
171	Duodecim scripta
176	Tabula

Anhang

182	Literaturverzeichnis
184	Glossar der Eigennamen
189	Index der Museen
191	Liste der Übersetzer

Kinderspiele

Gemeinschafts-spiele

2. Eroten spielen mit Nüssen. Detail einer Wandmalerei im Haus der Vettier, 1. Jh. n. Chr. Ausgrabungen Pompeji.

Wenn wir in der Antike die Wurzeln von Spielen entdecken, die uns lieb und teuer geworden sind, so gibt uns das ein beruhigendes Gefühl der Kontinuität. Wir reden uns ein, daß das Kind des Altertums mit seiner eigenen Welt und seiner Begeisterung im Zusammenhang steht mit dem modernen Kind von heute. So entsteht ein Kontinuum, ein fröhliches Ringelreihen, bei dem sich Jahrtausende von Geschichte begegnen, ja sich sogar fast auflösen. Horaz schreibt: „Aus Sand sich Häuschen bauen, Mäuse an ein Wäglein spannen, mit Nüssen grad und ungrad spielen und auf langen Bambusstöcken reiten – wer dran als bärtiger Mann noch Freude hat, dem fehlt es an Verstand."[1]

Nußspiele

Römische Kinder kannten verschiedene Spiele mit Nüssen, die sie als Ersatz für Murmeln[2] verwendeten (Abb. 3). Mit diesen Früchten zu spielen war so gebräuchlich, daß der Ausdruck „den Jahren des Nußspiels entwachsen"[3] zu sein zum Synonym für das Ende der Kindheit wurde: ein wichtiger und ein wenig melancholischer Wendepunkt im Leben eines jungen Römers, wenn, wie Martial schreibt: „Schon wird traurig der Knabe von den Nüssen/fortgerufen vom polternden Magister."[4] Mit Vollendung des siebzehnten Lebensjahres legte der junge Mann die Männertoga[5] an und hing seine *bulla*[6] über den häuslichen Herd.

Zahlreiche Zeugnisse zu diesem Zeitvertreib sind erhalten geblieben. In dem Werk *Nüsse*, das Ovid zugeschrieben wird, werden mindestens sieben verschiedene Arten des Spiels beschrieben. Eine davon war das *ludus castellorum* (Abb. 1): Man legte drei Nüsse dicht nebeneinander auf die Erde, so daß sie ein Dreieck bildeten. Danach ließ man mit Genauigkeit und Geschick

1. Das *ludus castellorum*. Detail auf einem Sarkophag-Deckel, 3.-4. Jh. n. Chr. Rom, Vatikanische Museen.

3. Murmeln. London, Britisches Museum.

4. *Tropa*-Spiel. Auf einer Oinochoe der Anthesterien. München, Antikensammlungen.

5. Kinder spielen mit Nüssen. Detail eines Flachreliefs aus dem 2. Jh. n. Chr. Paris, Musée du Louvre.

eine vierte Nuß herabfallen, die auf den anderen drei Nüssen liegen bleiben mußte.[7]

Eines der gebräuchlichsten Spiele bestand dagegen darin, eine kleine Nußpyramide zu errichten. Auf diese wurden dann aus einer bestimmten Entfernung andere Nüsse geworfen, um so die Pyramide zum Einsturz zu bringen.[8] Um das Spiel ausgefeilter und schwieriger zu machen, gab es eine Variante mit einer schiefen Ebene, an deren oberen Rand eine Nuß gelegt wurde. Diese ließ man dann auf der Platte herunterrollen und versuchte dabei, die bereits vorher geworfenen Nüsse auf der Erde zu treffen und so zu gewinnen.[9]

Dieses Spiel ist auf einigen Sarkophagen dokumentiert. In den Vatikanischen Museen erkennt man auf einem ganz rechts einen Jungen mit einem Korb in der Hand, der dabei ist, eine Nuß an den Rand eines Brettes zu legen. Gleichzeitig scheint ein Spielgefährte den Wurf zu verhindern, indem er die Hand auf die schiefe Ebene legt.

Noch aussagekräftiger ist eine Szene auf einem Sarkophag aus dem 2. Jh. im Louvre in Paris (Abb. 5): Darauf sind vier Jungen abgebildet, von denen einer gerade hinter dem geneigten Brett seine Nuß hinlegt, während vorher bereits drei Nüsse zu Boden gerollt sind und darauf warten, „getroffen" zu werden. Ein zweiter Spielkamerad kniet vor ihnen und beobachtet sie, wobei er wohl inbrünstig darauf hofft, sie würden nicht getroffen. Die beiden anderen Jungen warten darauf, daß sie an die Reihe kommen.

Das gleiche Spiel ist auf einer Wandmalerei im Haus der Vettier in Pompeji dargestellt (Abb. 2), auf der zwei Amoretten das Spiel vorzubereiten scheinen. Einer ist gerade dabei, ein Brett gegen eine Säule zu lehnen.

Bei einer weiteren Variante des Nußspiels, *orca*[10] genannt, versuchte man, aus einer bestimmten Entfernung eine Nuß in eine Amphora zu werfen[11] (Abb. 4). Dazu schreibt Persius: „Mit Recht: denn das Wichtigste war mir, ... nimmer den Hals am engen Gefäß zu verfehlen."[12]

Stand keine Amphora zur Verfügung, genügte es den Kindern auch, eine Vertiefung in die Erde zu graben. Diese war das Ziel, in das die Nuß oder die Kugel geworfen werden mußte. Die Griechen nannten diese Spielvariante *tropa*.[13] Dabei ging es darum, eine Nuß nach einer genau festgelegten Reihenfolge in alle Löcher zu werfen, bis in das letzte Loch jenseits einer Linie (fast wie beim Minigolf). Eine schöne attische Vase (Abb. 6) illustriert einen Wettkampf zwischen drei Spielern: Einer ist bereit zum Wurf, die anderen

6. Ins *Tropa*-Spiel vertiefte Jugendliche. Attische Vase (aus Hartwig, *Mélanges de Rome*, XIV, 1894).

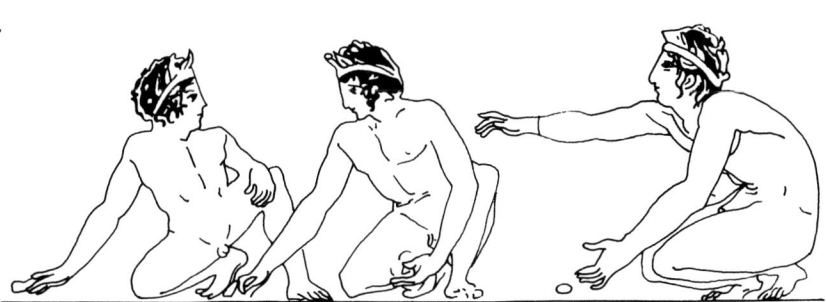

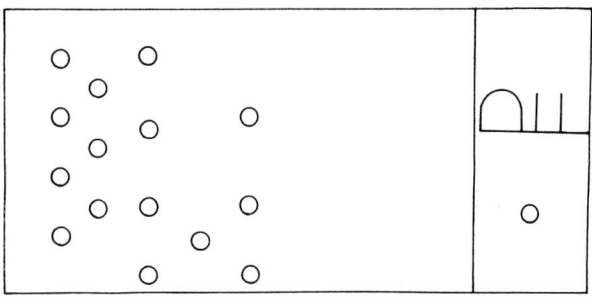

7. Löcher für das *Tropa*-Spiel, Vertiefungen auf einer Platte aus Timgad (Algerien).

8. Löcher für das *Tropa*-Spiel, auf den Stufen der Julia-Basilika. Rom, Forum Romanum.

beiden stellen fest, ob die Nuß – oder die Kugel, das Knöchelchen[14], die Kastanie – in das Loch trifft. Weitere Spuren dieser Variante des Nußspiels findet man an verschiedenen archäologischen Fundorten: auf den Stufen des Theaters von Mérida, in Alesia, in Timgad, in Ostia auf den Stufen der Trajansschule und auch in Rom, auf den Stufen der Julia-Basilika (Abb. 8) sowie auf jenen des Tempels der Venus und der Roma auf dem Forum Romanum. Es handelt sich um eine Reihe von Löchern, die wahrscheinlich für dieses Spiel benutzt wurden, denn die Linie, die das Ziel angibt, ist deutlich sichtbar; in manchen Fällen ist das letzte Loch viereckig, um so den Endpunkt des Spiels hervorzuheben.

Wir vermuten, daß dieses Spiel auch von Erwachsenen gespielt wurde, allerdings in einer komplexeren und weiterentwickelten Form. Bestätigt wird das durch eine Platte (Abb. 7), die eine Oberfläche mit sechzehn Löchern aufweist, von denen fünfzehn auf der einen Seite einer horizontalen Linie liegen. Auf der anderen Seite der Linie befinden sich das letzte Loch sowie ein Monogramm, das ein P und ein F darstellt, möglicher-

9. Kind beim Nußspiel. 2. Jh. n. Chr. Rom, Konservatorenpalast.

weise die Initialen von *Palma* und *Feliciter*, also eine Anspielung auf die Palme, die dem Gewinner der zirzensischen Wettkämpfe verliehen wurde.

Die Nuß wurde sowohl stehend als auch sitzend mit den Händen geworfen. Viele Statuen, die die zuerst genannte Art zeigen, befinden sich in den Vatikanischen Museen und eine auch im Konservatorenpalast in Rom[15] (Abb. 9). Die sitzende Stellung wird durch zwei wunderschöne Marmorstatuetten dokumentiert, die ebenfalls im Konservatorenpalast ausgestellt sind[16] (Abb. 12), sowie durch zahlreiche Sarkophage. Auf einem dieser Sarkophage sieht man neben dem Spiel auch eine Rauferei zwischen zwei kleinen Jungen. Gleichzeitig setzt eine nicht weit davon entfernte Mädchengruppe ganz ungerührt ihr Spiel fort (Abb. 10). Polyklet erschaffte mehrere, durch dieses Thema inspirierte Statuen.

Die Nüsse wurden von den Jungen und Mädchen in kleinen Körben (Abb. 1) oder in eigens dafür vorgesehenen Beuteln (Abb. 11) aufbewahrt. Manch einer aber, der mißtrauisch war und einen Diebstahl befürchtete, versteckte sie in einer kleinen Grube, wie es uns Horaz[17] berichtet, der von Tiberius erzählt, dem Sohn des Servius Oppidius. Der Bruder des Tiberius, Aulus, trug sie dagegen eingewickelt in einen Zipfel der Tunika (Abb. 10); diese Angewohnheit ist auch durch verschiedene Skulpturen dokumentiert.

Wie bereits erwähnt, verschmähten auch die Erwachsenen das Spiel mit den Nüssen nicht, insbesondere während der Saturnalien.[18] Ein Beispiel von Kaiser Augustus, der das Nußspiel mit Kindern spielte, ist von Sueton[19] überliefert.

Einige hatten dagegen ganz andere Ziele, wenn sie mit Kindern spielten. Zumindest erweckt der boshafte Martial diesen Eindruck: „Nichtig erscheint das Spiel um Nüsse und nicht sehr gefahrvoll; / Kindern trug es doch Schläge auf

10. Mädchen beim Nußspiel.
Detail eines Sarkophags, Mitte des 3. Jh. n. Chr.
Rom, Vatikanische Museen.

11. Knabe mit einem Beutel für Nüsse oder Knöchelchen. Terrakotta. München, Antikensammlungen.

12. Kind beim Nußspiel. 2. Jh. n. Chr. Rom, Konservatorenpalast.

den Hintern schon ein."[20] Im übrigen wurde die Päderastie in der griechischen und römischen Kultur nicht als ein schweres Verbrechen angesehen; Sophokles und Platon wurden als „göttlich" erachtet, obwohl jedem ihre Vorliebe für Knaben bekannt war.

Nüsse wurden darüber hinaus auch für algebraische Spiele benutzt; wir geben hier eines von Metrodor[21] wieder: „Als sich Nikarete jüngst mit fünf Gespielen vergnügte,/hatte sie Nüsse; davon gab sie ein Drittel der Kleis,/Sappho ein Viertel, ein Fünftel der Aristodike, ein Zwölftel/und ein Zwanzigstel noch wurde Theano zuteil,/und Philinnis bekam ein Vierundzwanzigstel; einzig/fünfzig Nüsse als Rest blieben Nikarete selbst."[22]

Einige Spiele, bei denen man Nüsse als Wurfgeschosse auf eine Zielscheibe verwendete, werden später beschrieben.

Knöchelspiele

Das Sprungbein (Abb. 13) oder *talus* ist ein kleiner Fußwurzelknochen bei Schafen, auf dem das Schienbein und das Wadenbein aufliegen. Um zu verstehen, wie diese Knöchelchen beim Spielen verwendet wurden, können sie mit den Würfeln verglichen werden. Jedoch machen die auftretenden Unterschiede aus dem Knöchelspiel ein ganz eigenes Vergnügen bzw. in bestimmten Fällen ein völlig anderes Glücksspiel als mit den Würfeln.

Die Sprungbeinknöchelchen waren bei den Ägyptern und Griechen schon in homerischer Zeit bekannt. In Katsamba bei Knossos wurden Knöchelchen sogar in einem Grab aus der spätminoischen Epoche entdeckt.[23] Sie waren ein so gebräuchliches und weitverbreitetes Spielgerät, daß sie in den verschiedensten Materialien nachgebildet

13. Sprungbeinknöchelchen. Mailand, Museo Teatrale alla Scala.

wurden, wie etwa aus Gold, Elfenbein, Bronze, Marmor und Terrakotta. Darüber hinaus gibt es auch ein Knöchelchen aus Bronze, das wie ein menschliches Sprungbein aussieht.[24] Das Knöchelspiel war einfach „in Mode" und wurde von Jungen, Mädchen und Erwachsenen aller sozialen Schichten gespielt. Daher hatten Pyxidienknäufe, Gefäßhenkel, Flaschen[25], Ketten, Ohrringe und Lampen[26] die Form dieses kleinen Knochens.

Selbst so berühmte Maler wie Sotades und Syriskos[27] verschmähten es nicht, Terrakotta-Knöchelchen zu verzieren. In Olympia ist ein Sockel in Form eines Sprungbeins für eine inzwischen verloren gegangene Bronzestatue zu sehen. Pausanias berichtet uns, wenn er über die Lesche[28] der Knidier in Delphi spricht: „Polygnot hatte sie als Mädchen[29] gemalt ... mit Würfeln spielend."[30] Das Römisch-Germanische Museum in Köln bewahrt ein Knöchelchen, das als Rassel für Neugeborene diente. Das Knöchelchen stand somit als Symbol für die Kindheit, und es bildete dadurch den Gegensatz zu den Würfeln, die ausschließlich der Erwachsenenwelt angehörten. In den Gräbern von Kindern und Jugendlichen ist häufig eine große Anzahl von Knöchelchen gefunden worden, und viele Grabstelen zeigen eine solche Darstellung, vielleicht um damit einen frühzeitigen Tod anzudeuten. Möglicherweise zeigte aus diesem Grund der unbekannte Maler im Haus der Dioskuren in Pompeji die ahnungslosen Söhne der Medea beim Knöchelspiel (Abb. 14), während Medea selbst über die Ermordung ihrer Kinder nachsinnt. Jedoch stellte das bisher Gesagte nicht die Regel dar, denn eine bemerkenswerte Zahl an Knöchelchen wurde auch in Erwachsenengräbern entdeckt.

Es muß bei den Kindern ein weitverbreitetes Spiel gewesen sein, wenn – wie uns Lukian im *Göttergespräch* berichtet – der unentschlossene Ganymed Zeus, der ihn zu seinem Mundschenk machen und zu sich auf den Olymp

14. Kinder beim Knöchelspiel. Detail des Freskos der Medea im Haus der Dioskuren in Pompeji, 1. Jh. n. Chr. Neapel, Archäologisches Nationalmuseum.

15. Die Knöchelspielerinnen. Neoattische Zeichnung auf Marmor aus Herculaneum signiert von Alexandros dem Athener, 2.–1. Jh. v. Chr. Neapel, Archäologisches Nationalmuseum.

16. Behältnis für Knöchelchen. Terrakotta aus Theben, 3. Jh. v. Chr. Paris, Musée du Louvre.

holen will, entgegnet: „Aber wenn ich nun spielen will, wer wird mit mir spielen?" Beruhigend antwortet Zeus darauf: „... ich will dir eine Menge schöner Keulchen geben, und Amor[31] soll dein Spielgeselle sein."[32]

Der arme Ganymed wußte aber nicht, daß damit ein Betrüger sein Spielkamerad sein würde. Hier der Bericht von einem ihrer Spiele, beschrieben von Apollonius von Rhodos: „Die beiden ergötzten sich am Spiel mit goldenen Würfeln, wie es Jungen gewöhnlich gern tun. Eros hielt seine linke Hand, schon ganz voll von Würfeln, zur Faust geballt krampfhaft im Gewand versteckt. Aufrecht stand er da, und liebliche Röte glühte ihm auf beiden Wangen. Der andere aber hockte kniend neben ihm, schweigend, mit niedergeschlagenen Augen. Er hatte nur noch zwei Würfel, da er einen um den anderen schon vergeblich geworfen hatte, und grollte dem höhnisch lachenden Eros. Und wahrlich, auch die hatte er bald ebenso wie die vorigen verloren; ratlos ging er mit leeren Händen fort und bemerkte Kypris nicht, die sich nahte. Diese trat ihrem Sohn gegenüber, kniff ihn in die Wange und sprach sogleich zu ihm: 'Warum lachst du so, du unsäglicher Bösewicht? Du hast ihn wohl, unerfahren wie er ist, betrogen und falsch gespielt!'"[33]

Lukian berichtet uns, daß auch Zeus Gefallen am Knöchelspiel mit seinem Mundschenk fand, und wir wollen hoffen, daß wenigstens der König und Vater aller Götter nicht falsch spielte; Lukian jedenfalls erzählt uns nichts über den Ausgang der Partie.[34]

In diesem Zusammenhang wollen wir an einen Ausspruch des Tyrannen Lysander, des spartanischen Feldherrn zu Zeiten des peloponnesischen Krieges, erinnern: „Er habe nämlich gesagt, Kinder müsse man mit Würfeln, Männer mit Eiden betrügen."[35]

Das bekannteste Knöchelspiel war das *pentelitha*, das in verschiedenen Meisterwerken dargestellt wurde. Darunter befindet sich auch eine berühmte neoattische Zeichnung auf Marmor aus Herculaneum, signiert von Alexandros dem Athener (Abb. 15): Sie zeigt fünf weibliche Figuren, die auf dem weißen Grund des kleinen Bildes umrissen sind; die drei Stehenden sind Latona, Niobe und Phöbe (die versucht, die Aussöhnung zwischen den beiden zuerst genannten herbeizuführen), die beiden Kauernden sind Ägle und Hilära. Pollux[36] erklärt, daß das *pentelitha* insbesondere von Mädchen gespielt wurde, und zwar, wie der Name schon sagt, mit fünf Knöchelchen oder Steinchen: Sie wurden auf die Handfläche gelegt, hoch in die Luft geworfen, und nach einer schnellen Drehung der Hand mußten alle fünf wieder mit dem Handrücken aufgefangen werden. Wenn ein Knöchelchen oder Steinchen herabfiel, so mußte es mit den Fingern aufgehoben werden, ohne daß die bereits auf dem Handrücken liegenden Knöchelchen oder Steinchen wieder herunterfielen.[37]

Die Jungen und Mädchen benötigten viele Knöchelchen, da diese auch bei anderen Spielen der Spieleinsatz waren. Das ist in der Literatur belegt: „Achtzig Knöchel zum Spiel hat Konnaros neulich bekommen,/weil er in trefflicher Schrift über die Klasse gesiegt."[38] Um eine so große Zahl an Knöchelchen bei sich tragen zu können, benutzten die griechischen Kinder kleine Beutel.[39] Ein solcher ist durch ein Fundstück im Louvre verkörpert (Abb. 16): Dargestellt ist ein spitz zulaufender Sack mit einem hochgehobenen Zipfel in der Mitte, der den Blick auf die Knöchelchen im Inneren freigibt. Einige Knöchelchen mit kleinen Löchern auf einer Seite lassen vermuten, daß sie auf einer

17. Knöchelspielerinnen. Hellenistische Terrakotte aus Capua, 3. Jh. v. Chr. London, Britisches Museum.

Schnur aufgezogen waren, die dann ihrerseits um die Taille getragen wurde. Das Knöchelchen war Spiel zum Selbstzweck beim Knobeln, beim *omilla* und beim *Tropa*-Spiel, aber die Erwachsenen benutzten es insbesondere für Glücksspiele. Dieses Thema werden wir erst im zweiten Teil des Buches behandeln.

Die Knöchelchen wurden auch für Weissagungen gebraucht, wie uns Plinius[40] bestätigt, wenn er von der magischen Rolle der Hasensprungbeine erzählt: Diese konnten als Amulette oder zur Schlichtung eines Streits dienen, wie im Fall der Auseinandersetzung um die Rüstung des Achilles, eine Szene, die auf einer Kylix des Douris im Kunsthistorischen Museum in Wien wiedergegeben ist.

Die verschiedenen Knöchelspiele sind auch in der Plastik verewigt worden. Eines der repräsentativsten Beispiele ist die römische Kopie eines hellenistischen Originals in Berlin[41] (Abb. 19). Dargestellt ist ein anmutiges Mädchen, das mit einem Knöchelchen spielt. Dieses Motiv wird auch in zahlreichen Terrakotten abgebildet[42]; bei einer von diesen, aus der hellenistischen Epoche[43] (Abb. 17), sieht man zwei einander gegenüber hockende Mädchen, wobei jede die linke Hand voller Knöchelchen hält.

Ähnliche Themen finden sich auch auf Lampendeckeln, Kelchen[44], Kameen[45] und Spiegeln.[46]

18. Knöchelspielerin. Terrakotte aus Griechenland. Brüssel, Musées Royaux d'Art et d'Histoire.

19. Knöchelspielerin.
Römische Kopie vom
Caelius-Hügel,
zweite Hälfte des
2. Jh. v. Chr.
Berlin,
Staatliche Museen
Preußischer
Kulturbesitz.

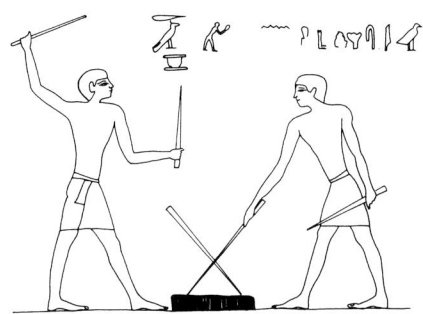

20–21. Junge Männer beim Stangenwerfen. Grab des „Gaufürsten" Menhotep, XI.–XII. Dynastie. Beni Hasan.

Scheibenschießen

Kinder, die immer durch Nachahmungen angeregt werden, finden all die Spiele interessant, die es ihnen erlauben, die eigene Geschicklichkeit mit Gleichaltrigen zu messen. Dabei könnte das Scheibenschießen als Symbol für diesen Wunsch nach einem Wettkampf gelten, der auch schon im Altertum bestand. Wie so viele andere, hat auch dieses Spiel seine Wurzeln in Ägypten. Im Grab des „Gaufürsten" Menhotep in Beni Hasan entdeckte Ippolito Rosellini zwei Darstellungen (Abb. 20–21), die er so beschreibt: „Die fünf Männer schicken sich an, aus jeder Hand eine Art Speer oder zugespitzten Stab zu schleudern, um ihn so in ein Geviert, in Form eines großen, auf der Erde liegenden Ziegelsteins zu treiben. Das Ziel des Spiels besteht vielleicht in der Geschicklichkeit, die eingedrungenen Speere so zu setzen, daß sie sich im richtigen Abstand überkreuzen."[47]

Vielleicht ist es das gleiche Spiel, das die Griechen *kyndalismós*[48] nannten: Jeder Spieler war mit einer spitzen Stange ausgestattet und mußte versuchen, sie so zu werfen, daß sie in das vorher gewässerte Erdreich eindrang; der Gegner mußte die Stange eines anderen Spielers treffen, so daß diese umfiel.[49]

Bei einem Museumsbesuch kann man verschiedene Vasenmalereien, Marmorgruppen und Tonstatuetten sehen, die mit einem bestimmten Kinderspiel verbunden sind und deren Beschriftung unverändert lautet: „Szene des *ephedrismós*."[50] Die erhaltenen ikonographischen Quellen weisen einige wichtige Details auf, die es unserer Meinung nach erlauben, zwei verschiedene Arten des Spiels voneinander zu unterscheiden. Eine der schönsten Darstellungen befindet sich auf einer Oinochoe in Berlin (Abb. 22), worauf zwei nackte Jünglinge zu sehen sind: Einer trägt seinen Spielgefährten rittlings, wobei er ihn an den Knien festhält, während dieser dem anderen die Augen mit den Händen abdeckt; vor ihnen sieht man deutlich einen aufrecht stehenden Stein. Dieselbe Szene finden wir auf einer rotfigurigen, attischen - Lekythos (Abb. 23) im Louvre in Paris: Hier wurde der rittlings getragene Jüngling mit dem Gesicht in Frontalansicht gemalt, was ausgesprochen selten vorkommt. Wir erinnern darüber hinaus an eine weitere Oinochoe in einer Privatsammlung in New York. Im Vergleich zu den bisher genannten Beispielen zeigt sie detaillierter das Besondere des Steins, der eine flache Form zu haben scheint und von einem zweiten, rundlichen Stein von hinten abgestützt wird.

Zum Verständnis dieser drei ähnlichen Szenen lesen wir das *Onomasticon*. Hier beschreibt Pollux, daß das Spiel des *ephedrismós* darin bestand „.... einen Stein [aufzustellen] und [zu] versuchen, ihn von weitem mit Kügelchen oder Steinchen zu treffen. Der, der es nicht geschafft hat, trägt den Sieger[51] auf den Schultern, wobei ihm von diesem die Augen zugehalten werden ..."[52] Dieselbe Beschreibung ist von dem griechischen Komödiendichter Philemon überliefert. Er schreibt: „Der *ephedrismós* war das Sich-auf-dem-Rücken-tragen-lassen durch den Konkurrenten, der bei dem Kinderspiel des Zielens auf einen Stein verloren hatte."

Bei der Lektüre des Hesych entdecken wir allerdings, daß er mit *ephedrismós*[53] ein Spiel beschreibt, das nur selten abgebildet ist. Es handelt sich dabei um das einfache Tragen eines Spielkameraden auf dem Rücken. Hesych spezifiziert außerdem, wie dieser getragen werden mußte: „.... wenn der Herumtragende die Hände auf dem Rücken hat, und den Sieger auf dem Rücken trägt...", also genau so, wie es in der Vasenmalerei dargestellt ist. Dieser Autor nennt damit weder das vorherige Zielschießen, noch das Zuhalten der Augen. Demnach könnte man all die Szenen als *ephedrismós* bezeichnen, in

22. Szene des *ephedrismós*. Rotfigurige Oinochoe aus Nola, 430–420 v. Chr. Berlin, Staatliche Museen, Preußischer Kulturbesitz.

denen ein Kind oder ein Mädchen auf dem Rücken eines Spielgefährten getragen wird – und an denen die Ikonographie so reich ist.

Setzt man die Lektüre im *Onomasticon* fort, so findet man drei Absätze nach der bereits zitierten Stelle ein Spiel beschrieben, bei dem ein Spielkamerad rittlings getragen[54] wird; dieses Spiel wird als *en kotyle*[55] bezeichnet.

Auf den ersten Blick scheinen also die Maler auf den drei oben beschriebenen Vasen zwei verschiedene Spiele gezeichnet zu haben: zum einen das Tragen auf dem Rücken mit Zuhalten der Augen (*en kotyle*) und zum anderen das Scheibenschießen mit dazugehöriger Bestrafung bei Spielverlust, nämlich den siegreichen Gegner auf dem Rücken zu tragen[56] (*ephedrismós*). Wir hingegen glauben, daß die Künstler lediglich den normalen Ausgang des zuletzt genannten Spiels dargestellt haben, denn auch Pollux fährt fort: „... und er wird solange getragen, bis er zu dem Stein kommt, den sie den dihoros nennen."[57] Das wird auch durch die bereits genannte Vase in Berlin belegt; hier erkennt man, daß der Junge – er ist durch das Gewicht des Spielkameraden belastet und sieht zudem nichts – den rechten Fuß erhoben hat wie jemand, der im Dunkeln etwas sucht: in diesem Fall den Stein.[58]

Wir können also behaupten, daß bei beiden Spielen ein Spielfreund auf dem Rücken getragen wurde, der dem „Träger" die Augen verdeckte. Beim *en kotyle* oder *hippás* wurde das Tragen zum Selbstzweck, so daß das Spiel auch gespielt werden konnte, wenn der Spielgefährte etwas sah.

Beim *ephedrismós* ist das Rittlings-Tragen dagegen die Strafe dafür, daß der Stein nicht getroffen und damit auch nicht umgestoßen wurde. Es scheint uns deswegen eindeutig zu sein: Das Wort *ephedrismós* meint das Scheibenschießen.

Die vollständige Szene auf der Oinochoe in Berlin (Abb. 22) weist außerdem

23. Szene des *ephedrismós*. Rotfigurige, attische Lekythos aus Griechenland. In der Art des Malers von Tarquinia, ca. 470 v. Chr. Paris, Musée du Louvre.

24. Mädchen spielen *ephedrismós*. Marmorstatue, erste Hälfte des 2. Jh. v. Chr. Rom, Konservatorenpalast.

25. Zwei Mädchen spielen *ephedrismós*. Terrakotta, wahrscheinlich aus Korinth, Ende des 4. Jh. v. Chr. Sankt Petersburg, Eremitage.

auf die Anwesenheit eines dritten Spielkameraden hin, der hockend seinem Freund Anweisungen zu geben scheint, um ihn so zu besagtem Stein zu führen. Dieses Detail könnte darauf hinweisen, daß es sich beim *ephedrismós* um ein Mannschaftsspiel handelt. Es gäbe nämlich für einen Spieler – auch wenn er darauf wartet, an die Reihe zu kommen – eigentlich keinen Grund, das Spiel weiter zu verfolgen, ja sogar einem potentiellen Gegner zu helfen. Ziehen wir dieses mit in Erwägung, so sehen wir es als gerechtfertigt an, nur die Szenen auf den Vasen in Berlin, New York und Paris mit dem *ephedrismós* in Verbindung zu bringen; alle anderen Darstellungen beziehen sich dagegen auf das Rittlings-Tragen. Selbst Hesych gibt zu, daß das Spiel, das er als *ephedrismós* bezeichnet, von den Attikern *en kotyle* genannt wurde.

Ein schwarzfiguriger Skyphos des Theseus-Malers im Allard Pierson Museum in Amsterdam (Abb. 28) liefert außerdem einen eindeutigen Beweis dafür, daß man dieses Spiel auch als Mannschaftsspiel austrug, was somit eine Ausnahme zu der soeben dargelegten These bildet, auf deren Grundlage diese Szene als einfaches Rittlings-Tragen angesprochen werden müßte.

Es handelt sich jedoch um den *ephedrismós*, auch wenn das Zuhalten der Augen der Träger nicht zu sehen ist, weil der Maler unter dem Gefäßhenkel den umzustoßenden Stein gezeichnet hat. Eine andere Analyse muß für die Statuen durchgeführt werden.

Um das *Hippás*-Spiel (auf dem Rücken tragen) vom *ephedrismós* (Zielschießen) zu unterscheiden, ist es wichtig, darauf zu achten, ob der Getrage-

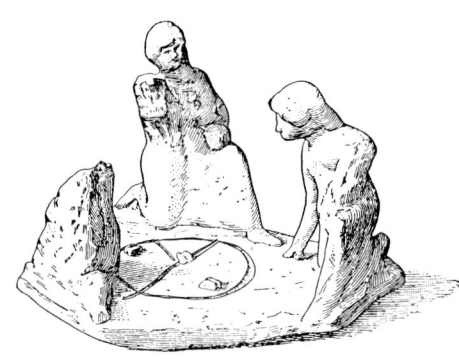

26. Das *Omilla*-Spiel. Terrakotte, Ende des 4. Jh. v. Chr. Paris, Musée du Louvre.

27. Abrollung eines Teils der Szene auf dem Skyphos in Abb. 28.

ne einen Ball in den Händen hält. Das ist z. B. deutlich bei einer Terrakotte vom Ende des 4. Jh. v. Chr. in der Eremitage in Sankt Petersburg zu sehen (Abb. 25).

Ein anderes Beispiel könnte eine wunderschöne Statue im Konservatorenpalast in Rom sein[59] (Abb. 24). Es ist die einzige großformatige Marmorskulptur mit diesem Motiv. Dieses Thema war in der hellenistischen Epoche sehr beliebt, wobei es aber in kleinerem Maßstab in Terrakotta ausgeführt wurde. Dabei handelt es sich um Darstellungen des *ephedrismós*.

Ein anderes, von Pollux als Zielschießen definiertes Spiel war *omilla* oder *amilla*: „Wenn sie also, nachdem ein Kreis auf dem Boden gezogen ist, diesen mit Knöcheln zu treffen versuchen, wobei der geworfene Knöchel im Kreis bleiben muß, so nennen sie dieses Kinderspiel *omilla*."[60]

Eine Terrakotta-Gruppe im Louvre in Paris (Abb. 26) illustriert dieses Spiel; hier wurde jedoch eine weitere Schwierigkeit hinzugefügt: Der Kreis ist in drei ungleiche Teile untergliedert; der erste Teil nimmt etwas mehr als die Hälfte des Kreises ein, der zweite bedeckt etwas weniger als ein Viertel und der dritte etwas mehr als ein Viertel der gesamten Oberfläche.[61]

Sicher bekamen das Knöchelchen oder die Nuß eine unterschiedliche Wertung, je nachdem, wo sie liegen blieben.

Dieses Spiel kam von Griechenland nach Rom.

Ovid beschreibt es in seinem Werk *Nüsse*[62] in einer ausgefeilteren Form: Mit Kreide zeichnete man ein Dreieck auf die Erde, in dessen Inneres man einige Pflöcke einrammte, die man aus einer gewissen Entfernung treffen mußte, ohne daß die Nuß aus der gekennzeichneten Umgrenzung heraussprang. Die weiter entfernten kleinen Felder gaben den höchsten Gewinn in Nüssen an.

Das Kegelspiel

In der Vorstellungswelt eines jeden ist das Kegelspiel verbunden mit schönen Erinnerungen an die Kindheit. Bei diesem Spiel verfügen wir über uralte Zeugnisse, die bis ins 4. Jahrtausend v. Chr. zurückreichen:

In Negade wurden Steinkegel, Kugeln und ein kleines Tor gefunden, durch das die Kugeln zunächst hindurchrollen mußten, bevor sie die Kegel trafen (Abb. 29).

Vielleicht dasselbe Spiel wird auf einem römischen Sarkophag in den Vatikanischen Museen dargestellt (Abb. 30). Man sieht dort zwei profilierte Kegel, die auf der Erde stehen, und an den Seiten des Flachreliefs erscheinen insgesamt vier Eroten, zwei auf jeder Seite. Jeder von ihnen hält in der Hand eine kleine Walze mit einem Höcker an einem Ende. Wenn es sich bei diesen Darstellungen direkt jeweils um

28. Spiel des *ephedrismós*. Schwarzfiguriger, attischer Skyphos des Theseus-Malers, Beginn des 5. Jh. v. Chr. Amsterdam, Allard Pierson Museum.

29. Kegelspiel.
Aus einem Kindergrab in Negade (Ägypten),
3200 v. Chr.
Oxford, Ashmolean Museum.

30. Kinder, die wahrscheinlich Kegeln spielen.
Sarkophag.
Rom, Vatikanische Museen.

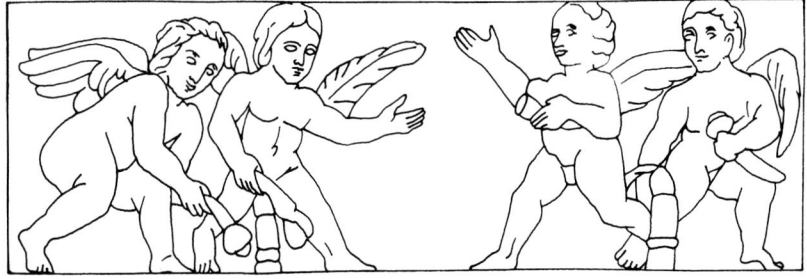

31. Jugendliche spielen Blindekuh. Detail des Freskos im Kolumbarium in der Via Portuense, Mitte des 2. Jh. n. Chr. Rom, Museo Nazionale Romano.

einen Ball, einen Stein oder eine Kugel handeln würde, wäre fast jede Interpretation annähernd sicher, aber es sind die Gegenstände in den Händen der Amoretten, die uns verblüffen. Es scheint uns jedoch auf alle Fälle sicher zu sein, daß der Künstler eine Spielszene wiedergegeben hat.

Blindekuh

Pollux nannte es *myínda*, von *myo*, was „schließen" bedeutet. Man verband die Augen eines Kindes und drehte es dann solange, bis es die Orientierung verlor. Während es sich drehte, mußte es sagen: „Die Bronzefliege jage ich." Die Spielgefährten antworteten: „Du wirst sie jagen, aber sie nicht bekommen", und sie schlugen es so lange mit Lederriemen, bis es einen von ihnen gefangen hatte.[63] Dieses Spiel wurde deswegen auch „Bronzefliege" genannt.

Das Kolumbarium[64] in der Via Portuense in Rom illustriert neben anderen Spielen auch Blindekuh: Ein Jüngling bedeckt sich die Augen mit beiden Händen, ein junges Mädchen beobachtet ihn, um zu kontrollieren, daß er nicht schaut, und eine weitere Figur steht etwas abseits (Abb. 31).

Hesych erklärt das Spiel etwas anders: „Denn einer muß mit geschlossenen Augen tun, was er gefragt wird, solange bis er es erreicht. Wenn aber jemand einen Fehler macht und die Augen öffnet, muß er die Augen wieder schließen und von vorn anfangen."[65]

Versteckspiel

Dieses Spiel ist auf einem Fresko aus Herculaneum dargestellt (Abb 32). Wir sehen darauf zwei Amoretten: Einer verdeckt sich mit den Händen die Augen, um so dem anderen die Möglichkeit zu geben, sich zu verstecken.

32. Eroten spielen Verstecken. Fresko aus Herculaneum, 1. Jh. n. Chr. Neapel, Archäologisches Nationalmuseum.

33. Ein Erote erschreckt seine Spielgefährten mit einer Maske. Fresko aus Herculaneum, 1. Jh. n. Chr. Neapel, Archäologisches Nationalmuseum.

Pollux definiert es als *apodidraskinda*, das Fluchtspiel: „Der eine sitzt in der Mitte mit geschlossenen Augen oder auch ein anderer hält ihm die Augen zu, die anderen aber laufen davon."⁶⁶ Dabei war es wichtig, nicht nur einen der Spielgefährten zu finden, sondern – nachdem man ihn entdeckt hatte – vor ihm die Stelle zu erreichen, die er zu Beginn des Spiels besetzt hatte.

Verkleidungsspiele

Sich zu verkleiden ist mit Sicherheit eines der faszinierendsten Spiele für ein Kind: Sich zu maskieren sowie sich eine neue Identität und neue Abenteuer auszudenken, erlauben es ihm, in konstruktiver Weise der Phantasie freien Lauf zu lassen.

Bedenken wir zudem noch, daß durch die heimliche Verwendung von Kleidungsstücken, die den Eltern oder älteren Geschwistern gehören, der Reiz des Verbotenen da ist, und daß darüber hinaus die Möglichkeit besteht, sich als „Große" zu gebärden, so werden wir den Schlüssel für dieses Spiel in Händen halten.

Ein Mantel, eine Tunika, die Wahl zwischen Kleidungsstücken in bunten Farben genügen, um Kinder für Stunden glücklich zu machen.

Ein Fresko aus Herculaneum (Abb. 33) dokumentiert schön diesen Zeitvertreib: Ein Cupido versucht, die Spielkameraden zu erschrecken, indem er sich hinter einer Maske versteckt.

Eine ähnliche Thematik wird auch von einigen Skulpturen wieder aufgenommen – darunter eine aus dem 4.–3. Jh. in den Kapitolinischen Museen in Rom. Hier spielt ein lachender Knabe mit einer Silensmaske, die er sich gerade vor das Gesicht setzen will. Dasselbe Thema kehrt auch auf einem Flachrelief der Villa Mattei in Rom wieder (Abb. 34).

34. Ein Erote spielt mit einer Maske. Detail eines Sarkophags, 140–160 n. Chr. Rom, Villa Mattei.

35. Eros spielt Ringelreihen.
Griechisches Vasenfragment aus Süditalien.
London, Britisches Museum.

36. Ringelreihen.
Aus dem Grab des Menhotep,
Mittleres Reich.
Beni Hasan.

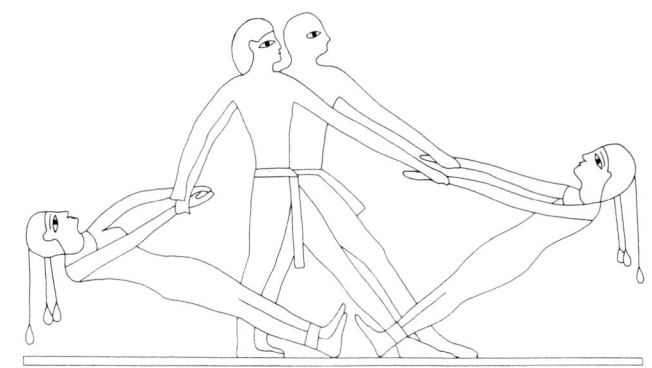

Auf einem Bein hüpfen

Dieses Spiel wurde von den Griechen *ascoliazéin* genannt, und Pollux berichtet uns ferner, daß „.... sie wetteifern nach der Länge, oder der eine verfolgt sie so, die anderen aber fliehen, indem sie auf beiden Beinen laufen, bis der mit dem erhobenen Fuß jemanden erreichen kann. Oder auch alle hüpfen und sie zählen die Sprünge. Denn dann geht das Siegen nach der Menge."[67] Die Griechen bezeichneten dieses Spiel aber auch als das „Spiel vom Kranich" oder *Empusa*, abgeleitet vom Namen eines Geistes im Gefolge der Göttin Hekate, der auf einem Bein hüpfte, da sein anderer Fuß aus Bronze war. Es war ein Gruppenspiel, bei dem ein mit einem Stock ausgestattetes Kind den Spielgefährten nachlaufen mußte; wenn es dem Verfolger gelang, einen der Verfolgten mit seinem Stock zu berühren, so wurde dieser seinerseits zu *Empusa* bzw. zum „Kranich".

Akinetinda

Dies war ein Spiel, bei dem es darauf ankam, unter den Stößen der Gegner unbeweglich zu bleiben. Pollux spricht nicht von Stößen, sondern nur von „einem Wettspiel, bei dem man unbeweglich stehen bleiben muß".[68] Es könnte ungefähr unserem Spiel des Stoptanzes entsprechen.

Ringelreihen

Was ist der erste Spaß eines noch kleinen Kindes, wenn nicht jener, seine eigenen Händchen in die der Mutter zu legen und sich heftig herumwirbeln zu lassen? Wir begegnen diesem Spiel bereits im antiken Ägypten, dargestellt im Grab des Menhotep in Beni Hasan (Abb. 36): Abgebildet sind zwei Frauen, die „indem sie ihre Füße gegeneinander stemmen sowie zusätzlich

37. Das Nagelspiel.
Fresko aus Pompeji,
1. Jh. n. Chr.
Neapel,
Archäologisches
Nationalmuseum.

38. Das Nagelspiel.
Fresko aus Herculaneum,
1. Jh. n. Chr.
Neapel,
Archäologisches
Nationalmuseum.

gehalten von zwei stehenden Männern den Körper schnell im Kreis drehen lassen."[69] Eine weitere szenische Darstellung des Ringelreihens können wir bei einer griechischen Vasenmalerei bewundern (Abb. 35): Ein Erote steht mit seinen Füßchen auf dem Fuß einer Frau, die ihrerseits das Kind an den Händen hält.[70] Solche Szenen finden sich häufig auf Gemmen.[71]

Das Scherbenspiel

Wir wissen, daß die Athener für Wahlen gewöhnlich Scherben[72] benutzten oder darauf auch den Namen eines Angeklagten schrieben und damit einen Bürger, der der beabsichtigten Tyrannei verdächtigt wurde, ins Exil[73] schickten. Von diesem Brauch, der unter dem Begriff des „Ostrakismos" bekannt ist, scheint sich auch ein ausgeklügelter Zeitvertreib in Form des „Scherben- oder Muschelspiels" abzuleiten.

Die Kinder waren in zwei Gruppen aufgeteilt, die durch eine auf den Boden gezeichnete Linie voneinander getrennt waren: Eine Mannschaft stellte sich auf die Seite, auf der die Sonne aufgeht (Tag), und die andere auf die gegenüberliegende Seite (Nacht). Einer warf eine Muschel oder Scherbe, die von einer Seite (manchmal auch mit Pech) schwarz bemalt war und *nyx* genannt wurde; die andere Seite war dagegen weiß und hieß *heméra*.[74] Der Werfer rief dabei: „Nacht oder Tag?"[75] Fiel die Muschel auf die weiße Seite (Tag), so mußte die andere Mannschaft (Nacht) die Gegner verfolgen, die sich jedoch nicht fangen lassen durften.[76] Ein Gefangener wurde „Esel" genannt und von seinen Gegnern, die ihn beschimpften, auf das Spielfeld getragen. Zur Strafe mußte er den Spielkameraden, der ihn gefaßt hatte, auf dem Rücken tragen.[77]

Das Topfspiel

Das Topfspiel war ein griechisches Spiel namens *kytrínda*.[78] Ein Spieler, der „Topf" oder „Kessel" genannt wurde, setzte sich in die Mitte der Spielgefährten. Während sie um ihn herum liefen, schlugen sie ihn auf den Rücken oder auf den Kopf, solange, bis er es schaffte, den Schlagenden zu bestimmen und ihn auch zu fassen, indem er sich plötzlich umdrehte. Der Gefangene mußte dann seinerseits wieder den „Topf" spielen. Gebräuchlich war daneben auch eine Variante, die dieses Spiel erschwerte: Wer sich in der Mitte befand, mußte mit der linken Hand einen Topf auf dem Kopf festhalten.

39. Das Nagelspiel. Detail eines Sarkophag-Deckels, 3.-4. Jh. n. Chr. Rom, Vatikanische Museen.

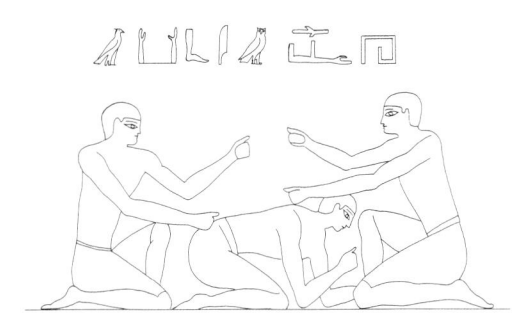

40. Das Spiel des Soldatenschlages. Grab des „Gaufürsten" Roti, XI.–XII. Dynastie. Beni Hasan.

Einer der Spielkameraden fragte: „Wer hält den Topf?" Daraufhin mußte der in der Mitte Stehende diesen Spielfreund bestimmen, indem er sich um sich selbst drehte, und antworten: „Ich, Midas" oder „Das bin ich, der ich Eselsohren habe" – in Anspielung auf die bekannte Legende von König Midas.[79] Außerdem mußte er den, der gefragt hatte, mit einem Fuß treten oder zumindest berühren.

In ausgefeilterer Form wurde dieses Spiel von römischen Kindern gespielt: Auf dem Boden wurde ein großes Viereck eingezeichnet, in dessen Mitte das Kind mit dem Topf stand. Die vier Spielgefährten standen je auf einer Ecke. Der erste mußte sodann die Ecke des zweiten besetzen, der seinerseits wiederum die Ecke des dritten einnahm usw. König Midas in der Mitte mußte eine der gerade freien Ecken erreichen, indem er schnell einen seiner Spielkameraden überholte. Wenn ihm das gelang, wurde derjenige, der seine Ecke verloren hatte, der neue König Midas.

Die Abwandlung, in der einer der Spieler eine Schnur hielt, die mit einem Nagel am Boden befestigt war, hatte ihren Ursprung vielleicht im Nagelspiel.

Das Nagelspiel

Das Nagelspiel ist uns durch zwei Fresken aus Herculaneum (Abb. 38) und Pompeji (Abb. 37) überliefert. Auf der Malerei aus Herculaneum läuft das Spiel zwischen drei Amoretten ab. Eine Schnur, deren eines Ende mit einem großen Nagel am Boden befestigt ist, wird auf der anderen Seite von einem Knaben gehalten, während ein zweiter sie in der Mitte ergreift; dabei scheint es so, als würde er den Spielkameraden zu sich heranziehen. In der linken Hand hält er einen Stock. Auch der dritte Spielgefährte umfaßt einen Stock und scheint damit den ersten zu bedrohen.

Bei dem Fresko aus Pompeji handelt es sich dagegen um sechs Spieler, von denen nur einer unbewaffnet ist. Sie scheinen um den Cupido, der das Ende der Schnur hält, herumzulaufen.

Dasselbe Spiel könnte auch auf einem Sarkophag in den Vatikanischen Museen dargestellt sein (Abb. 39), der außerdem auch andere Kinderspiele abbildet.

Das Nagelspiel einer Variante des Topfspiels anzunähern, ist unserer Ansicht nach möglich, mit dem Unterschied, daß das Kind die Schnur nicht loslassen durfte, um den Spielkameraden zu fangen. Alle diese Spiele entstammen wahrscheinlich von dem Spiel „der vier Ecken", von dem uns Sueton in seiner Abhandlung *Über die Spiele der griechischen Kinder*[80] berichtet.

Der Soldatenschlag

Über dieses Spiel besitzen wir uralte Zeugnisse, die bis auf die Ägypter zurückgehen. Ippolito Rosellini hat eine Darstellung (Abb. 40), die in dem Grab des „Gaufürsten" Roti in Beni Hasan entdeckt wurde, folgendermaßen beschrieben: „Ein Mann sitzt gekrümmt auf allen vieren auf der Erde. Zwei andere, die ihn überragen, schlagen mit den Fäusten auf seinen Rücken; und er muß erraten, wer von den beiden ihn in einem bestimmten Moment getroffen hat; und derjenige Schläger, der auf frischer Tat ertappt wurde, muß nun seinerseits den Platz des Mannes einnehmen, der auf allen vieren hockt. Die darüberstehende Inschrift muß man – so scheint es mir – als 'das Schlagen der Hand oder des Arms auf den Rücken' interpretieren."[81]

Auch Pollux[82] beschreibt es kurz als *kollabismos*, mit dem Unterschied, daß derjenige „der unten ist", sich die Augen mit den Händen bedeckt und dann erraten muß, mit welcher Hand ihn sein Spielgefährte getroffen hat.[83]

1 Horaz, *Satire*, II, 3,247.
2 Viele Museen besitzen Kugeln bzw. Murmeln, die als Kinderspielzeug gedient haben könnten. Unter anderem auch das Britische Museum in London, das Museu Arqueológico in Barcelona und die archäologischen Museen in Florenz und Paestum.
3 *Nuces relinquere*, in Persius, *Satire*, I, 10. Vgl. Martial, *Epigramme*, V, 84,1.
4 Martial, *Epigramme*, V, 84,1-2.
5 Bis dahin trug er die *toga praetexta*, die mit einem roten Band gesäumt ist, das die höheren staatlichen und priesterlichen Würdenträger von den Jugendlichen unterschied; dagegen war die Männertoga völlig weiß und wurde deswegen auch *pura* genannt.
6 Eine Art Medaillon, das von Jugendlichen am Hals getragen wurde; es konnte aus Leder oder Metall sein.
7 Ovid, *Nüsse*, 75-76 und *C.I.L.* XIV, 532.
8 Siehe dazu auch das Flachrelief auf dem Sarkophag eines Jungen aus dem 1. Jh. n. Chr., aufbewahrt im Kunsthistorischen Museum in Wien.
9 Ovid, *Nüsse*, 77-78.
10 Das Wort meint einen stark gebauchten Tonkrug für die Aufbewahrung von Nahrungsmitteln.
11 Priscian, *Die Bedeutung der Wörter*, III, 9.
12 Persius, *Satire*, III, 48. Vgl. Ovid, *Nüsse*, 85-86.
13 Pollux, *Onomasticon*, IX, 7,103; Hesych, *Lexikon*, sub voce *tropa*; Martial, *Epigramme*, IV, 14,9; Capitolinus, *Verus*, 4.
14 Martial, *Epigramme*, IV, 14,7: „.... da mit lustigem Spiel Dezember umherschweift/und die launischen Würfelbecher klingen/und mit boshaften Knöcheln herrscht das Wurfspiel."
15 Wir besitzen auch Zeugnisse von erwachsenen Knöchelspielern, wie etwa die Votivstatuette aus dem Asklepieion von Lissos auf Kreta (Chanià, Archäologisches Museum) oder die Grabstele im Archäologischen Museum in Bukarest.
16 Die Scheibe unter der linken Hand des Knaben bei einer der zwei Statuetten ist eine falsche Ergänzung der Restauratoren des 19. Jhs., um damit den Arm zu stützen.
17 Horaz, *Satire*, II, 3,168.
18 Martial, *Epigramme*, V, 30,8: „.... falls es dir nicht vielleicht gemütlicher scheint und du lieber, Varro, am Fest des Saturn Nüsse beim Spiele verlierst."

19 Sueton, *Kaiserbiographien: Octavian*, 83.
20 Martial, *Epigramme*, XIV, 19.
21 Metrodor, in *Anthologia Palatina*, XIV, 138.
22 Die Lösung des Rätsels ist: $(1/3\,x)+(1/4\,x)+(1/5\,x)+(1/20\,x)+(1/12\,x)+(1/24\,x)+50 = x$, wobei x die Anzahl der Nüsse angibt, die Nikarete am Anfang hatte; $x = 1200$.
23 Datiert um 1200 v. Chr.
24 Aufbewahrt im Britischen Museum in London.
25 Eine befindet sich im Museu Arqueológico, Barcelona.
26 Eine solche Lampe aus Ägina ist im Britischen Museum in London zu bewundern.
27 Das mit Tanzszenen junger Mädchen verzierte Knöchelchen des Sotades-Malers befindet sich im Britischen Museum in London; das des Syriskos im Museum der Villa Giulia in Rom.
28 Im antiken Griechenland war das der Ort, an dem man zu Gesprächen und Diskussionen zusammenkam.
29 Die Töchter des Pandareos waren nach dem Raub durch die Harpyien Sklavinnen der Erinnyen in der Unterwelt.
30 Pausanias, *Führer durch das antike Griechenland*, X, 30,2.
31 Eros wird hier dargestellt als Personifikation der physischen Anziehungskraft, die der Wunsch nach Liebe mit sich bringt. Der knöchelspielende Eros ist ein *tópos* der erotischen Dichtung des Hellenismus: „Früh, da Eros als Kindlein im Schoße der Mutter mit Würfeln / noch sich vergnügte, hat er schon um mein Leben gespielt." (Meleager, in *Anthologia Palatina*, XII, 47). Vgl. Antipater, VII, 427 und Asklepiades, XII, 46.
32 Lukian, *Göttergespräch*, IV, 3.
33 Apollonius von Rhodos, *Argonautika*, III, 118-132.
34 Lukian, *Göttergespräch*, V, 2.
35 Plutarch, *Parallelbiographien: Lysander*, 8. Vgl. Aelian, *Geschichten*, VII, 12. Derselbe Autor behauptet: „.... die anderen meinen, er stamme von Philipp von Makedonien."
36 Pollux, *Onomasticon*, IX, 7,127.
37 Pollux, *Onomasticon*, IX, 7,126.
38 Asklepiades, in *Anthologia Palatina*, VI, 308.
39 Ein solcher Beutel ist auch auf einer Terrakottafigur aus Tanagra abgebildet, die sich im Louvre befindet, sowie in zahlreichen anderen Darstellungen.

40 Plinius d. Ä., *Naturgeschichte*, XXVII, 199.
41 Das dargestellte Spiel ist evtl. das von Apollonius von Rhodos zwischen Eros und Ganymed beschriebene.
42 Sie sind ausgestellt in Rom im Konservatorenpalast, in London im Britischen Museum, in Amsterdam im Allard Pierson Museum, in Brüssel im Musées Royaux d'Art et d'Histoire und in München in den Antikensammlungen. Das zuletzt genannte Museum besitzt außer der Terrakotte eines spielenden Mädchens ein weiteres interessantes Stück, das einen Jungen mit einem großen Beutel voller Knöchelchen zeigt.
43 Aus Tarent, zu datieren etwa zwischen 340 und 330 v. Chr.; aufbewahrt im Britischen Museum in London.
44 Ein reliefverzierter Kelch aus Terra sigillata befindet sich in Brugg (Schweiz) im Museum Vindonissa.
45 Eine sehr schöne Kamee mit knöchelspielenden Eroten wird in der Sammlung Gemmenabdruck in Cadiz aufbewahrt.
46 Im Britischen Museum in London befindet sich ein Spiegel aus dem Jahre 350 v. Chr., der aus Korinth stammt. Auf ihm ist Aphrodite beim Knöchelspiel mit Pan dargestellt.
47 I. Rosellini, *Monumenti dell'Egitto e della Nubia*, II, 3,3.
48 Von *kyndala*, was so viel wie „Stangen" bedeutet. Vgl. Pollux, *Onomasticon*, IX, 7,120; Hesych, *Lexikon*, sub voce *kyndale*; Eusthatius, *Kommentar zur Ilias*, V, 212,540,23.
49 Pollux berichtet, daß einige dorische Dichter den Spieler *kyndalopakte* nannten.
50 Von *ephedrizo* (ich sitze auf jemandes Schultern).
51 Pollux schreibt, man nannte den Gewinner *dihoros*, „derjenige, der klar sieht" oder „derjenige, der führt".
52 Pollux, *Onomasticon*, IX, 7,119.
53 Hesych, *Lexikon*, sub voce *ephedrizein*.
54 Pollux (*Onomasticon*, IX, 122) erklärt detaillierter als Hesych, wie dieser getragen wird: „Der eine legt die Hände auf den Rücken und schließt sie zusammen, der andere aber wird von diesem an den Knien gefaßt und so getragen, wobei er dem Tragenden mit den Händen die Augen zuhält."
55 Bedeutet „die hohle Hand". Vgl. Athenaeus, *Deipnosophisten*, XI, 479a, der den Terminus *en kotyle* benutzt: „Und *en kotyle* wird auch ein Kinderspiel genannt, bei dem die Besiegten die Hände hohl machen und die Knie der Sieger aufnehmen und sie so herumtragen." Pollux nennt dieses Spiel auch *hippás*, also „des Reiters" und *kybesinda*, was „auf den

Schultern tragen zu spielen" bedeutet. Vgl. Eusthatius, *Kommentar zur Illias*, V, 306,550,9.

56 Einen Spielgefährten auf dem Rücken zu tragen, war bei Kinderspielen eine übliche Bestrafung, wie z. B. auch beim „Scherben- oder Muschelspiel", auf das wir später noch zu sprechen kommen werden.

57 Pollux, *Onomasticon*, IX, 7,119.

58 Der Stein mußte wahrscheinlich mit dem Fuß umgestoßen werden, zieht man in Betracht, daß das Ziel des Spiels darin bestand, ihn mit einem Ball oder anderen Stein zu treffen und ihn so zu Fall zu bringen.

59 Ein Mädchen trägt in klassischer Weise eine Spielgefährtin, die sich mit dem linken Arm an der Freundin festhält. Der rechte Arm der Getragenen ist leider beschädigt, aber man sieht deutlich den auf der Schulter aufgestützten Ellenbogen mit dem Unterarm, der in einem 90°-Winkel nach oben gerichtet ist. Diese Haltung müßte darauf hindeuten, daß das Mädchen mit einem Ball in der Hand zum Wurf bereit war.

60 Pollux, *Onomasticon*, IX, 7,102.

61 Eine andere, ähnliche Terrakotta-Gruppe aus Capua wird im Britischen Museum in London aufbewahrt.

62 Ovid, *Nüsse*, 81–84.

63 Pollux, *Onomasticon*, IX, 7,123.

64 Römische Grabkammer der Kaiserzeit mit Wandnischen für die Aschenurnen.

65 Hesych, *Lexikon*, sub voce *myínda*.

66 Pollux, *Onomasticon*, IX, 7,117.

67 Pollux, *Onomasticon*, IX, 7,121.

68 Pollux, *Onomasticon*, IX, 7,115.

69 I. Rosellini, *Monumenti dell'Egitto e della Nubia*, II, 3,3.

70 Ähnliches ist auf einem apulischen Skyphos im Archäologischen Museum von Syrakus zu sehen, bei dem die ungewöhnliche Anwesenheit des Hermes auffällt.

71 I. M. Raponi, *Recueil de pierres antiques gravées* (Rom, 1786).

72 *óstrakon*, von *ostrakos*, bedeutet auf griechisch „Töpfer".

73 Die Dauer des Exils betrug fünf bis zehn Jahre.

74 Pollux, *Onomasticon*, IX, 7,110. Vgl. Aristophanes, *Ritter*, 855.

75 Pollux, *Onomasticon*, IX, 7,112.

76 Platon, *Phaidros*, XVIII, 241,b4: „.... das Blatt hat sich gewendet, der frühere Liebhaber flieht vor seinem Liebling."

77 Platon, Der *Staat*, 7,521d.

78 Pollux, *Onomasticon*, IX, 7,110,113 und 114. Vgl. Hesych, *Lexikon* und *Suida* sub voce *kytrínda*.

79 König Midas ist dargestellt auf einem Stamnos aus Chiusi im Britischen Museum in London sowie auf einer Amphora im Museo Archeologico Regionale in Agrigent mit Eselsohren.

80 K. L. Roth, *Suetoni Tranquillo quae supersunt omnia* (Leipzig 1886) 275–278.

81 I. Rosellini, *Monumenti dell'Egitto e della Nubia*, II, 3,3.

82 Pollux, *Onomasticon*, IX, 7,129.

83 Offensichtlich beschreibt Pollux ein Spiel mit nur zwei Spielern.

42. Zwei Mädchen auf der Wippe. Rotfigurige, attische Hydria des Dwarf-Malers. Aus Apulien, ca. 440–420 v. Chr. Madrid, Museo Arqueológico Nacional.

Spiele im Freien und Wettkampfspiele

Schaukeln

Von frühesten Kindesbeinen an sind Kinder vom Schaukeln begeistert, wobei sie jede vorstellbare Aufhängung verwenden. Es ist deshalb ganz natürlich, daß diese Art der Unterhaltung seit undenklichen Zeiten betrieben wird. Erste Zeugnisse stammen bereits aus der minoischen und mykenischen Epoche. Einige Schaukeln bestanden aus einfachen, aufgehängten Seilen, auf die aus Bequemlichkeitsgründen ein Kissen oder ein Hocker gelegt wurde. Es muß ein willkommener Zeitvertreib für Mädchen gewesen sein, denn in der Vasenmalerei sind fast immer sie dargestellt worden. Sie werden entweder von einer Spielgefährtin (Abb. 41) oder, mit symbolischer Bedeutung, von einem Satyr bzw. von Eros[1] selbst angestoßen. Die erstgenannte Version ist auf einem rotfigurigen, attischen Skyphos des Penelope-Malers (Abb. 44) zu sehen. Die zweite ist auf einer rotfigurigen, kampanischen Hydria (Abb. 43) dargestellt. Häufig ist es auch der Gott selbst, der sich an der Schaukel ergötzt, wie auf einem Aryballos in den Münchner Antikensammlungen abgebildet. Die Ursprünge der Schaukel gehen auf einen Mythos zurück[2]: Dionysos schenkte Ikarios einen Weinschlauch, dessen Inhalt von diesem an die Schäfer ausgeschenkt wurde; sie betranken sich, und da sie die Wirkung des Alkohols nicht kannten, dachten sie, Ikarios hätte sie vergiftet. Um sich zu rächen, töteten sie ihn mit Stockhieben. Ikarios' Tochter Erigone, die Dionysos liebte, erhängte sich vor Schmerz an einem Baum, als sie den Leichnam des Vaters entdeckte. Dionysos rächte sich, indem er die jungen Leute Athens verrückt werden ließ, die sich daraufhin selbst erhängten. Die erschreckten Athener befragten das Orakel von Delphi und – nachdem sie den Grund für das Unglück erkannt hatten – bestraften sie die Schäfer. Außerdem führten sie zu Ehren der Erigone ein Fest ein, in dessen Verlauf sich einige Jugendliche an

41. Ein Mädchen stößt die Spielgefährtin auf einer Schaukel an. Hydria des Washing-Malers, aus Nola, ca. 430 v. Chr. Berlin, Staatliche Museen, Preußischer Kulturbesitz.

43. Eros stößt ein Mädchen auf der Schaukel an. Rotfigurige, kampanische Hydria, zweite Hälfte des 4. Jh. v. Chr. Mailand, Museo Teatrale alla Scala.

44. Satyr stößt ein Mädchen auf der Schaukel an. Rotfiguriger, attischer Skyphos des Penelope-Malers. Aus Chiusi, ca. 440 v. Chr. Berlin, Staatliche Museen, Preußischer Kulturbesitz.

die Äste der Bäume hingen. Als sich diese Tradition gefestigt hatte, wurden die Jugendlichen durch Scheiben mit menschlichen Gesichtern ersetzt[3]: Das ist wahrscheinlich auch der Ursprung für den Ritus der *oscilla* während der *Liberalia*[4] in Rom.

Zur Familie der Schaukel gehört auch die Wippe, die aus einem Balken besteht, der auf einem Stein oder einem Baumstumpf ausbalanciert ist. So können wir sie noch heute auf vielen Spielplätzen sehen, wenn sie auch nun mit anderen technischen Mitteln und aus anderen Materialien gefertigt sind. Auch bei diesem Vergnügen haben die Künstler Mädchen (Abb. 42), Satyrn oder geflügelte Wesen dargestellt, wie jene auf einem apulischen Skyphos im Archäologischen Nationalmuseum von Reggio Calabria.

Drachensteigen

Das Spiel des Drachensteigens ist durch eine Vase im Archäologischen Nationalmuseum von Neapel bezeugt (Abb. 45). Es handelt sich um den einzigen Fund, der dieses Vergnügen dokumentiert: Ein Mädchen hält mit der linken Hand eine Schnur, wendet den Kopf nach rechts und schaut seinem dreieckigen Drachen nach, der gerade davonfliegt.

Titschern

Auf irgendeine Weise ersinnt ein Kind sowohl zu Hause als auch im Freien einen immer neuen Zeitvertreib, entweder nur für sich allein oder mit den Spielkameraden, ohne dabei Geräte oder Spielzeuge zu benötigen. Im Kiesbett

45. Mädchen mit Drachen. Choe. Neapel, Archäologisches Nationalmuseum.

eines Flusses oder am Ufer des Meeres reicht es, einen möglichst runden, flachen und gut geglätteten Stein aufzuheben und ihn über die Wasseroberfläche zu werfen: „Wetten wir, daß ich es schaffe, ihn fünfmal auf dem Wasser springen zu lassen?" „Ich schaffe es zehnmal, und wenn ich gewinne, gibst Du mir drei Murmeln." Uralte Worte und Gesten, die wir gewissenhaft von Autoren aller Epochen wiedergegeben finden. So wiederholen sich die Versuche des griechischen oder römischen Knaben, und sie gleichen ebenso den lebhaften wie vertrauten Bildern unserer Kindheit. Pollux beschreibt diesen Zeitvertreib, den die Griechen *epostrakismós* oder *litídion* nannten: „Sie werfen einen Meereskiesel über die Wasseroberfläche und zählen seine Sprünge vor dem Versinken bei seinem Lauf über das Wasser."[5]

Und in Rom erklärt Minucius Felix noch genauer: „Dieses Spiel besteht darin, einen Meereskiesel, der durch das Hin- und Herfließen der Wellen abgeschliffen wurde, vom Strand aufzulesen, und diesen Kiesel flach zwischen den Fingern zu halten, sich selbst so weit als möglich nach unten zu beugen, und den Kiesel über die Wellen springen zu lassen, so daß jener Stein entweder den Meeresrücken streift und abprallt, wenn er mit leichtem Schwung geworfen wird, oder auf den höchsten Wellen auftrifft und wieder hervorspringt, wenn er durch den kräftigen Sprung gehoben wird. Der aber ist unter den Knaben der Sieger, dessen Kiesel am weitesten und häufigsten hervorspringt."[6]

Wer von uns erinnert sich darüber hinaus nicht daran, Stunden damit verbracht zu haben, mit gesenktem Kopf und starrem Blick am Strand spazieren zu gehen, auf der Suche nach Muscheln und bunten Steinchen, um sich mit ihnen die Taschen und Eimerchen zu füllen? Ovid schreibt dazu: „In seiner Mitte hat das Meer nicht zarte Muscheln und bunte Steinchen;/sie bietet zum verweilenden Spiele das vom Wasser benetzte Ufer"[7]; und in den *Metamorphosen*[8] äußert er, daß sie „.... die Gaben [sind], wie sie ein Mädchenherz erfreuen: Muscheln, geschliffene Steinchen, kleine Vögel, Blumen in tausenderlei Farben, Lilien, bunte Bälle und Bernstein, vom Baume getropfte Tränen[9] der Sonnentöchter."

Tauziehen

Das Tauziehen[10] entstand sicher als Unterhaltung für die Kinder und als Kraftprobe für die Erwachsenen. In der Mastaba[11] des Mereruka in Sakkâra ist es dokumentiert und mit einem kommentierenden Text wiedergegeben. Pollux beschreibt es: „Es gibt zwei Gruppen der Kinder und die einen ziehen die anderen, und diejenigen, die die anderen auf ihre Seite ziehen, gewinnen."[12] Die Spielfelder waren durch eine auf der Erde eingezeichnete Linie begrenzt. Ferner ist daran zu erinnern, daß das Tauziehen auch eine Übung beim Training der Kämpfer war, was eine Gemme wahrscheinlich belegt (Abb. 46): Sie zeigt zwei Athleten, von denen jeder einen Stock zu sich hinzieht. Die beiden Stöcke sind in der Mitte durch ein Tau miteinander verbunden.

Platon dokumentiert dieses Vergnügen, indem er schreibt: „.... wie den auf den Turnplätzen spielenden Knaben, wenn sie auf der Trennungslinie von beiden Parteien gefaßt und von der einen nach dieser, von der anderen nach jener Seite gezogen werden."[13]

Eine Abwandlung, die von nur zwei Spielern gespielt wurde, bestand darin, durch ein Seil auf Höhe der Schultern aneinandergebunden zu werden, und jeder zog dann in seine Richtung.[14]

Noch schwieriger und ausgefeilter war das *skapérda*: „Einen Balken, den sie fest in den Boden gesteckt haben, durchlöchern sie in der Mitte. Durch das

46. Athleten trainieren durch Tauziehen. Gemme. Florenz, Archäologisches Nationalmuseum.

47. Seilchenspringender Faun. Bronzestatuette. Saint-Germain-en-Laye, Musée des Antiquités Nationales.

Loch aber ziehen sie eine Schnur, an deren Ende einer festgebunden wird, der nicht zum Balken schaut, sondern abgewandt ist. Der aber zieht mit Gewalt, um den Rücken (des anderen) zu dem Balken zu bewegen."[15] Es gewann, wer den Gegner von der Erde hochziehen konnte, indem er ihn an die Spitze des Balkens schleppte.

Seilchenspringen

Dank einer Bronzestatuette (Abb. 47), aufbewahrt in Frankreich im Musée des Antiquités Nationales von Saint-Germain-en-Laye, ist nachgewiesen, daß die Menschen des Altertums auch Seilchen sprangen.

Pferdchenreiten

Das Leben der „Großen" wird oft von den Kleinsten imitiert, und die Themen der Erwachsenenwelt werden im Spiel umgesetzt. Ein kleiner Junge sieht seinen Vater majestätisch auf einem Fuchs reiten, und sofort nimmt er sich einen Stock, setzt ihn sich zwischen die Beine und läuft los im Galopp. Er macht Kehrtwendungen und das Aufbäumen des Pferdes nach, genauso wie ein Erwachsener.[16] Eine Malerei auf einem griechischen Glockenkrater zeigt eine solche Szene auf realistische Weise mit einer kleinen Peitsche in der Hand des Reiters (Abb. 48). Häufig haben auch die Großen Spaß an diesen so kindlichen Spielen, und deswegen sieht man Väter, die ebenfalls auf einem Stock Pferdchen reiten, mit der Entschuldigung, dies alles nur zur Unterhaltung der

48. Junger Mann mit Reitpeitsche auf einem Stock als Pferd. Berlin, Staaatliche Museen, Preußischer Kulturbesitz.

49. Kinder spielen Pferdchenreiten. Detail eines Freskos im Haus der Vettier, 1. Jh. v. Chr. Ausgrabungen Pompeji.

50. Kinder spielen Pferdchenreiten. Detail eines Sarkophag-Deckels, 3.-4. Jh. n. Chr. Rom, Vatikanische Museen.

51. Ein Mädchen balanciert einen Stab auf einem Finger. Fragment des Eretria-Malers aus Athen, ca. 430 v. Chr. Amsterdam, Allard Pierson Museum.

eigenen Kinder zu tun. Wir beziehen uns dabei nicht auf einen gewöhnlichen Vater, sondern auf keinen geringeren als Sokrates, den großen griechischen Philosophen, von dem uns Valerius Maximus berichtet: „Sokrates wurde damals nicht rot, als er, einen Besenstiel zwischen seinen Beinen, mit den kleinen Kindern spielte und von Alkibiades ausgelacht wurde."[17] Und nicht weniger tat Agesilaos, König von Sparta, der „überhaupt ... ein sehr liebevoller Kindervater [war], und man erzählt von ihm die scherzhafte Geschichte, daß er bei sich zu Hause mit seinen Kindern, als sie noch klein waren, Steckenpferd spielte ..."[18]

Auf einem Glockenkrater aus Süditalien, der heute verschollen ist, war ein Stab mit einem Pferdekopf dargestellt.

Der Stock konnte dann auch für ein anderes Spiel dienen, das von den Griechen als *kontopaiktes* bezeichnet wurde. Es war eine einfache Geschicklichkeitsübung, die darin bestand, einen Stab im Gleichgewicht auf einem Finger zu halten, wie es auf einem Epinetron-Fragment im Allard Pierson Museum in Amsterdam gezeigt ist (Abb. 51).

Und wenn statt des Stabes ein Spielkamerad das Pferd wäre? Das wäre natürlich noch unterhaltsamer und aufregender. Pollux[19] bezeichnet dieses Spiel als *hippás* bzw. „des Reiters". Hesych[20] setzt es in Verbindung mit *en kotyle*[21], und beschreibt, daß hierbei „jeder mal der Getragene und mal der Träger ist". Dieses Kinderspiel wurde auch als *kybesinda*[22] bezeichnet. Es ist häufig auf Sarkophagen dargestellt (Abb. 50) sowie auf manchen Fresken, wie etwa bei einer wunderschönen Szene im Haus der Vettier in Pompeji (Abb. 49). Um sie richtig zu interpretieren, ist es wichtig, darauf zu achten, ob der getragene Knaben nicht die Augen des tragenden Spielgefährten mit den Händen zuhält, denn dann würde es sich nicht um Pferdchenreiten, sondern um den *ephedrismós* handeln. Dieses Spiel belegt wahrscheinlich auch eine beschädigte Statue aus dem 3. Jh. n. Chr., die im Römisch-Germanischen Museum in Köln aufbewahrt wird. Außerdem sind noch weitere Formen des „Pferdchenreitens" bezeugt, die anders sind als jene, die man mit dem *ephedrismós* verwechseln könnte. Die klassischste unter ihnen ist die mit einem Kind, das auf den Schultern einer Magd sitzt, die es an den Beinen festhält. Eine solche Szene ist auf einer weißgrundigen Lekythos im Nationalmuseum von Athen gezeigt. Eine andere, ganz besondere Form ist auf einer Amphora des Landesmuseums in Frankfurt abgebildet: Man sieht zwei Mädchen Rücken an Rücken stehen; eine von ihnen hebt die andere hoch, indem sie sich krümmt, und trägt sie so spazieren. Es könnte sich aber auch um unsere „Waage" bzw. „Schiffsschaukel" handeln.

Bockspringen

Die unerschöpfliche Quelle an Hinweisen zu Spielen, die das *Onomasticon* des Pollux darstellt, berichtet uns von einem weiteren klassischen Kinderspiel, das sowohl im Freien als auch in der Turnhalle noch heute ausgeübt wird: das Bockspringen.[23] Ein Junge stellt sich mit gebeugten Knien, rundem Rücken und den Händen auf den Oberschenkeln auf, und ein anderer überspringt ihn nach einem kurzen Anlauf. Beim Sprung werden die Beine gegrätscht, und man stützt sich mit den Händen auf dem Rücken des gebückten Spielkameraden ab. Nach ein paar Schritten bleibt auch der „Springer" in der beschriebenen Haltung stehen, und ein dritter Spielgefährte überspringt dann beide; der danach folgende Spielfreund muß dann drei Jungen überspringen und so fort. Der Archäologe Paolo Mingazzini nimmt an, dieses Spiel in einer der Stukkaturen der sogenannten pythagoräischen Basilika an der Porta

52. Knaben spielen Bockspringen.
Stuckrelief, Mitte des 1. Jh. n. Chr.
Rom, Basilika an der Porta Maggiore.

53. Knaben spielen Radschlagen.
Stuckrelief, Mitte des 1. Jh. n. Chr.
Rom, Basilika an der Porta Maggiore.

Maggiore in Rom entdeckt zu haben (Abb. 52). Wir geben hier seine Beschreibung wieder. „In der Mitte sehen wir einen zusammengekauerten Knaben auf der Erde sitzen sowie einen anderen aufrecht stehenden Jungen, der seine rechte Hand auf den Kopf des Sitzenden legt, fast um zu unterstreichen, daß dieser den Kopf gesenkt halten muß. Der stehende Junge dreht den Kopf zu einem nackten Knaben auf der linken Seite, um diesem damit anzuzeigen, daß der Moment gekommen ist loszulaufen. Der nackte Junge hält die Arme angewinkelt, mit nach außen gedrehten Handflächen: Es scheint mir unzweifelhaft, daß er dabei ist loszulaufen und die Arme bereit hält, um die Handflächen auf dem Kopf des auf dem Boden sitzenden Knaben abzustützen. Rechts entfernt sich außerdem schnell ein vierter Junge, wobei er sich zurückwendet und etwas schwenkt, das einer Knarre ... ähnelt; ... mit diesem Instrument gab man das Startsignal ..."[24]

Bockspringen wurde auch schon von den Ägyptern gespielt, was eine Kalksteinstatuette unbestimmter Herkunft[25] belegt, die sich im Oriental Institute von Chicago befindet.

Radschlagen

Diese Betätigung ist zurückzuführen auf eine Turnübung, die noch immer angewendet wird. Es geht darum, eine komplette Körperdrehung auszuführen, indem man zuerst die Hände auf dem Boden abstützt, denen sodann die Füße folgen usw.; ohne anzuhalten, legt man so die größtmögliche Strecke zurück.

Von diesem Spiel haben wir kein einziges Zeugnis, abgesehen von einer gewagten Interpretation des Archäologen Paolo Mingazzini, der diese Übung in einer Stukkatur in der römischen Basilika an der Porta Maggiore zu erkennen glaubt (Abb. 53): Ein Erzieher beaufsichtigt zwei bestrafte Schüler, die regungslos dastehen, während der dritte, nackt, auf der gegenüberliegenden Seite gerade dabei ist, ein Rad zu schlagen.

Stelzenlaufen

Der Gebrauch und die Kenntnis von Stelzen in der Antike sind belegt durch eine Amphora des Schaukel-Malers (Abb. 54) – auch wenn diese Szene oft nicht als Spiel, sondern als „Tänzer auf Stelzen"[26] im Rahmen des antiken griechischen Theaters interpretiert wird – ferner durch einige Vasenmalereien, auf denen Satyrn dargestellt sind, sowie durch ein Mosaik, auf dem ein „Tier-

54. Männer auf Stelzen.
Amphora des Schaukel-Malers,
6. Jh. v. Chr.
Christchurch (Neuseeland),
Canterbury Museum.

bändiger" abgebildet ist, der einem Raubtier entgegentritt (Abb. 55). Der Kämpfer ist dabei nicht mit den herkömmlichen Stelzen wiedergegeben, die von der Form her fast unverändert bis heute erhalten geblieben sind, sondern vielmehr mit kürzeren Stäben, die an der Schuhsohle befestigt zu sein scheinen. Es ist denkbar, daß ein ähnliches Gerät zum Spielen auch von Kindern benutzt wurde, und sei es nur, um das Verhalten der Erwachsenen nachzuahmen.

Steinewerfen

Wer hat nicht schon Steine auf irgendein Ziel geworfen? Die Natur liefert sie in Hülle und Fülle, und die fruchtbare Phantasie eines Kindes findet sofort die passendsten und reizvollsten unter ihnen heraus. Im Altertum nahmen die Götter am Leben der Menschen teil, und vielleicht durch ihr Eingreifen sprach einige Jahrzehnte vor der Geburt Christi eine reife Nuß an einem wunderschönen Baum folgendermaßen:

„Mich, den Nußbaum, pflanzte man hier an der Straße; nun werfen/Jungen so im Vorbei spielend mit Steinen nach mir./Immerfort treffen sie mich; schon haben sie all meine Äste/und mein sprossend Gezweig mit ihren Steinen geknickt."[27]

Ein Flachrelief aus der römischen Epoche belegt, daß die Kinder auch ein tödliches Gerät zum Steinewerfen kannten: die Schleuder. Sie ist dargestellt auf einem Sarkophag in den Vatikanischen Museen (Abb. 56): In der Mitte hält ein Jugendlicher eine Schleuder in der Hand, während einige Spielkameraden mit Nüssen spielen und andere sich raufen.

55. Gladiator (Tierbändiger) mit Stelzen. Mosaik, 3. Jh. n. Chr. Sousse (Tunesien), Archäologisches Museum.

56. Knabe mit Steinschleuder (in der Mitte). Detail eines Sarkophags, Mitte des 3. Jh. n. Chr. Rom, Vatikanische Museen.

1 Eros, der die Schaukel anstößt, ist auch auf einem apulischen Skyphos im Britischen Museum in London abgebildet.
2 Der Text ist überliefert von Hyginus, *Genealogie*, 130. Er ist allerdings bekannter als *Fabularum liber*, denn so wurde er vom ersten Verleger betitelt.
3 Vergil, *Georgica*, II, 389: „Rufen, Bacchus, dich an in fröhlichen Liedern und hängen/Schwebende Bilder dir auf im hohen Wipfel der Fichte."
4 Fest zu Ehren des *Liber pater*, des italischen Gottes der Fruchtbarkeit, der Natur und der Familie, vergleichbar mit dem griechischen Dionysos. Es wurde am 17. März abgehalten.
5 Pollux, *Onomasticon*, IX, 7,119.
6 Minucius Felix, *Octavius*, 3 (§6).
7 Ovid, *Liebschaften*, II, 11,13. Vgl. Valerius Maximus, *Denkwürdige Sprüche und Taten*, VIII, 8,1: „So entspannten sie sich auch mit Vergnügungen. Denn es steht fest, daß sie an den Stränden von Caieta und Laurento herumgezogen sind und Muscheln und Meerschnecken gesammelt haben ..." Derselbe Zeitvertreib wird von Cicero (Der Redner, II, 6) beschrieben.
8 Ovid, *Metamorphosen*, X, 259.
9 Der Autor bezieht sich auf die Bernsteintropfen. Vgl. Ovid, *Metamorphosen*, II, 364.
10 Griechisch *dielkystinda* oder *helkystinda*, von *helkystazo*, was „hin und her ziehen" bedeutet.
11 Rechteckiger, flacher, schräg abgeböschter Grabbau im alten Ägypten [Anm. d. Übers.].
12 Pollux, *Onomasticon*, IX, 7,112. Vgl. Hesych, *Lexikon*, sub voce *dielkystinda*; Aelian, *Geschichten*, XII, 9.
13 Platon, *Theaitetos*, 181a. Vgl. Pollux, *Onomasticon*, IX, 7,112.
14 Pollux, *Onomasticon*, IX, 7,116.
15 Pollux, *Onomasticon*, IX, 7,116 und 110.
16 Auf griechisch wurde dieses Spiel *kálamon peribénai* genannt.
17 Valerius Maximus, *Denkwürdige Sprüche und Taten*, VIII, 8, extr. 1. Aelian (*Geschichten*, XII, 15) gibt den Namen des Sohnes von Sokrates genau an: Lamprokles.
18 Plutarch, *Parallelbiographien: Agesilaos*, 25. Vgl. Aelian, *Geschichten*, XII, 5 und XIV, 46d.
19 Pollux, *Onomasticon*, IX, 7,122.
20 Hesych, *Lexikon*, sub voce *ephedristéras*.
21 Das bedeutet „in der hohlen Hand".
22 „Auf den Schultern tragen zu spielen" Vgl. Pollux, *Onomasticon*, IX, 7,122; Eusthatius, *Kommentar zur Ilias*, V, 306.
23 Von den Griechen *moskínda* genannt.
24 P. Mingazzini, in „Rendiconto Pontificia Accademia", 1959-61. Vgl. A. Teja, *Gymnasium Scenes in the Stuccos of the Underground Basilica di Porta Maggiore*. The International Journal of History of Sport 11/1, 1994.
25 Vielleicht aus dem Grab des Nikauanup in Sakkâra. Vgl. S. Donadoni, *L'Egitto* (Turin 1981).
26 Griechisch *hipogypónes*.
27 Antipater von Thessalonike, in *Anthologia Palatina*, IX, 3.

Nachahmungsspiele

Gladiatorenspiele

Während die Kinder vor zwanzig Jahren Cowboy und Indianer spielten, indem sie sich mit den Helden der Western-Filme identifizierten, spielen die Kinder der neunziger Jahre Krieg der Sterne (vielleicht auch mit Hilfe eines Computers). Dagegen nahmen sich die Kinder im antiken Rom – da sie die Leidenschaft und den Enthusiasmus breiter Bevölkerungsschichten für Gladiatorenkämpfe teilten – diese neuen Halbgötter zum Vorbild, wobei sie im Spiel deren Kämpfe imitierten. Es muß sich um einen weitverbreiteten Zeitvertreib gehandelt haben, wenn ein unbekannter Maler in einem Haus in Herculaneum zwei Amoretten als Gladiatoren malte. Sie sind mit einem Schild bewaffnet und kämpfen miteinander (Abb. 58).

Der griechische Philosoph Epiktet, der als Sklave in Rom lebte und nach seiner Freilassung dazu riet, vor dem Handeln immer die Voraussetzungen und die Folgen zu bedenken, mahnte: „... andernfalls wirst du dich wie die Kinder aufführen, die bald Ringkämpfer spielen, bald Einzelkämpfer, ..."[1]

Wagenrennen

Zwei Dinge waren die große Leidenschaft der Römer: zum einen die Gladiatorenkämpfe, zum anderen die Wagenrennen. Dio von Prusa beschreibt auf bewundernswerte Weise die Begeisterung für diese Vorführungen: „Aber wenn ihr in das Stadion kommt, wer könnte die Schreie dort beschreiben und den Krach und das Gezänk, die unzähligen Formen und Farben, und zuletzt die Flüche, die ihr in großer Vielfalt und Menge von euch gebt? ... Ich glaube ja auch, daß das Wagenrennen die Liebe der Stadt ist."[2]

Bestimmt haben römische Kinder, um sich die Zeit zu vertreiben, ein Tier vor ein Wägelchen gespannt, um auf diese Weise Wagenrennen nachzuahmen.

57. Zinngladiator. London, Britisches Museum.

58. Amoretten spielen Gladiator. Fresko aus Herculaneum, 1. Jh. n. Chr. Neapel, Archäologisches Nationalmuseum.

59. Kind auf einem Wagen, der von einer Ziege gezogen wird. Sarkophag-Relief, 2. Jh. n. Chr. Agrigent, Museo Archeologico Regionale.

60. Kind auf einem Zweigespann, gezogen von einer Ziege. Sarkophag des Cornelius Statius, 2. Jh. n. Chr. Paris, Musée du Louvre.

Jedoch sollten die Darstellungen, die die Verwendung von geflügelten Tieren[3], Hirschkälbern, Pfauen und Enten belegen, nur als künstlerische Freiheiten der Maler, Mosaikleger und Bildhauer angesehen werden.

Zum Beweis genügt es, das Haus der Vettier in Pompeji zu besuchen, wo ein wunderschönes Wagenrennen mit von Hirschkälbern gezogenen Wagen illustriert ist. Um es den wirklichen Rennen noch ähnlicher zu machen, hat der Künstler auch ein *naufragium*[4] wiedergegeben. Darüber hinaus ist ein Erote zu sehen, der zwei Delphine peitscht[5] und ein weiterer, der – ohne Wagen – auf eine bereits aufgezäumte Krabbe gestiegen ist.

Ein herrliches Beispiel für ein Wagenrennen in Anlehnung an diejenigen, die man beispielsweise im Circus Maximus in Rom austrug, sieht man auf einem Mosaik in Piazza Armerina (Abb. 61), wo das Fußbodenmosaik im Vestibül des sogenannten kleinen Zirkus in der Villa del Casale vier Zweigespanne zeigt, die von einem Gänsepaar, von Flamingos, Ringeltauben und Stelzvögeln gezogen werden[6]; in der Feldmitte ist die Spina[7] dargestellt, auf der der Obelisk[8] sowie die beiden *metae*[9] an den zwei Enden stehen. Ein Knabe wird von einem Spielgefährten, der ihm die Palme, das Symbol des Sieges, überreicht, zum Sieger ausgerufen.

Bekannt ist auch, daß Rennen mit kleinen, für Kinder geeigneten Wagen in Griechenland während des Anthesterienfestes[10] organisiert wurden.

Außerdem belegt ein Fragment des Anytes Pferderennen: „Knaben haben dich, Bock, mit purpurnen Zügeln versehen/und in das zottige Maul dir eine Trense gelegt,/spielen nun Pferderennen am Tempel des Gottes und wollen, daß du die fröhliche Schar/sanft und gelinde auch trägst."[11]

In Rom berichtet uns eine Inschrift von einem Unfall, der einem kleinen Wagenlenker zugestoßen ist: „Ich Florus liege hier, ein Lenker eines Zweigespanns, schnell beim Wagenrennen, bin ich schnell zu den Schatten herabgefahren."[12]

61. Kind auf einem Zweigespann, gezogen von einem Gänsepaar. Mosaik im Vestibül des sogenannten kleinen Zirkus in der Villa del Casale, 4. Jh. n. Chr. Piazza Armerina.

63. Kind auf einem Wagen, gezogen von zwei Spielgefährten. Fresko im Haus der Vettier, 1. Jh. n. Chr. Ausgrabungen Pompeji.

Es ist glaubwürdig, daß eine Ziege zur Unterhaltung eines Kindes vor einen Wagen gespannt werden konnte. Eine solche Szene ist auf zwei Sarkophagen abgebildet. Einer befindet sich im Archäologischen Museum von Agrigent (Abb. 59). Der andere, im Musée du Louvre, zeigt die Darstellung des Lebens und der Erziehung eines römischen Jungen, Cornelius Statius, angefangen vom Stillen an der Mutterbrust bis zur schulischen Ausbildung[13] (Abb. 60). In Ermangelung von Tieren war es durchaus üblich, zwei Freunde ausfindig zu machen, die dazu bereit waren, sich vor den Wagen spannen zu lassen. Das finden wir auf einem weiteren Fresko aus dem Haus der Vettier in Pompeji dargestellt (Abb. 63). Interessanterweise fällt auf, daß wohl aufgrund der beiden ziehenden Spielgefährten der Wagenlenker hier ohne Peitsche gezeigt wird. Sie ist ansonsten ein unverzichtbares Element bei dieser Art von Darstellungen.

Zinnsoldatenspiele

Wir wissen nicht mit Sicherheit, wie sich römische Kinder mit Zinnsoldaten vergnügt haben, aber bestimmt gab die individuelle Phantasie eines jeden Kindes genügend Anregungen, wie man zu fabelhaften Abenteuern aufbrechen konnte, indem man sich mit irgendeinem tapferen Feldherrn identifizierte.

Jedoch auch die Erwachsenen müssen es als einen angenehmen Zeitvertreib angesehen haben, wenn Horaz in seinem Brief an Lollius folgendes schreibt: „Da formen sich Parteien von Kähnen, der Kampf von Aktium wird mit jugendlichen Hilfsvölkern kriegsmäßig aufgeführt. Du bist Anführer, der Gegner ist dein Bruder, ein Teich die Hadria; schließlich reicht diesem oder jenem die beschwingte Siegesgöttin den Kranz."[14]

Ein römischer Zinnsoldat wird im Britischen Museum in London aufbewahrt (Abb. 62).

Richterspiele

Heutzutage ist es für einen Jungen nicht üblich, in einen Gerichtssaal zu gehen und einem Prozeß beizuwohnen. Im antiken Griechenland dagegen fanden die Staatsversammlungen, die politischen Kundgebungen und die Prozesse häufig auf öffentlichen Plätzen statt.

In Rom nahmen Eltern ihre Kinder mit, auch wenn es sich, wie bei den Patriziern, um die Teilnahme an offiziellen Versammlungen oder öffentlichen Zeremonien handelte.

So war für die Kinder der klassischen Antike Richter zu spielen ein Spaß, der heute undenkbar wäre. Begünstigt wurde er durch den ständigen Drang zur Nachahmung. Aelius Spartianus schreibt über den Imperator Septimius Severus: „Schon in frühester Kindheit, ..., spielte er mit den anderen Knaben immer nur Gerichtstag: Da nahm er selbst auf dem Richterstuhle Platz, wobei er sich Rutenbündel und Beile vorantragen ließ, und sprach Recht, indes die Kameraden sich in Reih und Glied um ihn scharten."[15]

Seneca bezeugt ebenfalls dieses Spiel, wobei er die Aktivitäten der Jugendlichen denen der Erwachsenen gegenüberstellt: „.... da jene [die Knaben] unter sich selbst Beamte haben und die *praetexta*[16], die *fasces*[17] und das Gericht imitieren, diese [die Erwachsenen] spielen dasselbe Spiel auf dem Marsfeld[18], dem Forum und in der Curia mit allem Ernst."[19]

62. Reiter aus Zinn. London, Britisches Museum.

64. Das Knobelspiel. Aus einem Grab in Theben (Ägypten).

Knobeln

Statt auf die Anzahl der gezeigten Finger zu setzen, versteckten die Menschen im Altertum eine bestimmte Anzahl von Nüssen[20], Mandeln, Muscheln oder Steinchen in einer Hand: Der Spielkamerad mußte dann erraten, ob es sich um eine gerade oder ungerade Zahl handelte. Dieses Spiel, *artiasmós* von den Griechen und *par impar* von den Römern genannt, wurde bereits im alten Ägypten gespielt (Abb. 64). Platon berichtet uns, wie Kinder insbesondere Knöchelchen in der Hand versteckt hielten; wer ihre Anzahl richtig erriet, gewann auf diese Weise die Knöchelchen in der Hand des Gegners: „... einige indes spielten Gerade und Ungerade in einer Ecke/des Auskleideraumes[21] mit einer Menge von Knöcheln, die sie aus einer Art von Körbchen hervorholten."[22]

Auch die Erwachsenen spielten dieses Spiel, sie setzten jedoch Geld als Preis aus. Augustus schreibt an seine Tochter Julia: „Ich habe dir zweihundertfünfzig Denare[23] geschickt, die Summe, die ich jedem meiner Gäste gab[24], falls sie während des Essens miteinander ... Pair und Impair spielen wollten."[25]

Kopf oder Zahl?

Die Römer nannten dieses Spiel *Navia aut capita*, denn das As[26] – die Münze schlechthin – trug auf der einen Seite den Bug eines Schiffes und auf der anderen das Bild des doppelköpfigen Janus (Abb. 65).

Das Spiel wurde genauso ausgeführt wie noch heute: „... wenn die Knaben Denare in die Luft werfen und *capita aut navia!* beim Spiel ausrufen, ..."[27]

Modellieren und Konstruieren

Die Freude, die Händchen in etwas Weiches und Geschmeidiges zu tauchen sowie beim Ballen der Fäuste die Masse zwischen den Fingern hindurchquellen zu fühlen, bietet einem Kind nicht nur dieses aufregende und angenehme Gefühl, sondern regt auch zu einer so kreativen Arbeit an, wie dem Modellieren.

In der Antike gab es kein Plastilin, aber Ton, Lehm und Wachs waren vorhanden. Die literarischen Quellen bestätigen uns, daß das Formen von Gegenständen, kleinen Tieren und mehr oder weniger wirklichkeitsgetreuen Figuren einer der häufigsten Zeitvertreibe der Kinder in der Antike war. Vielleicht sahen die Lehrer und Weisen jener Zeit in diesem Spiel eher eine vorbereitende Übung mit Blick auf eine zukünftige Arbeit im Erwachsenenalter, als nur ein Mittel, das es der Kreativität des Kindes erlaubte, sich frei zu entwickeln. Insbesondere in Griechenland verfolgte die Erziehung der Kinder ein soziales Ziel mit weitreichender Bedeutung, und jedes Spiel mußte die Vorbereitung des zukünftigen Menschen und Bürgers zum Ziel haben. Platon schreibt deswegen: „Will z. B. einer ein tüchtiger Landwirt oder Baumeister werden, so muß der eine sich spielend mit dem Bau von Kinderhäuschen beschäftigen, ..."[28]

Fünf Jahrhunderte später ist auch Lukian derselben Ansicht: „... und mach uns einen tüchtigen Bildhauer und Steinmetz aus ihm; an Anlage fehlt es nicht, wie du weißt. ... denn sobald ich von meinen Lehrern abgefertigt war, kratzte ich allenthalben Wachs zusammen und machte Ochsen, Pferde, ja – Gott verzeihe mirs – sogar Menschen ..."[29]

Quintilian, der Vorläufer einer modernen Ansicht über Kinder und deren Welt, nahm folgendes vorweg: „Auch würde mich das Spielen bei Knaben nicht stören – denn auch dies ist ein Zeichen von aufgewecktem Geist –, und bei einem Jungen, der trübe und immer mit hängendem Kopf dasitzt,

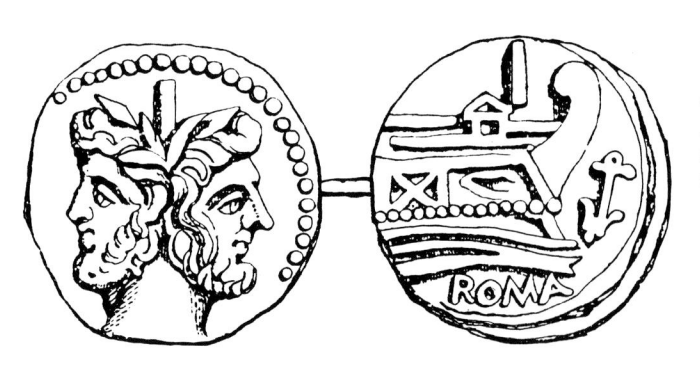

65. Römische Münze (As). Auf einer Seite der doppelköpfige Janus, auf der anderen der Bug eines Schiffes.

könnte ich nicht erwarten, daß er seinen Geist aufrafft, wenn es ans Studieren geht, falls ihm selbst zum Spiel, das doch in diesem Alter das Natürlichste ist, der Schwung fehlt."[30] Wenig Bedeutung hat dabei, ob das soeben erst fertiggestellte „Kunstwerk" sofort wieder zerstört wird, vielmehr besteht gerade darin der größte Spaß: zu zerstören, was gerade geschaffen wurde, es wieder aufzubauen und erneut zu zerstören und immer so fort. In der *Illias* finden wir ein sehr schönes Gleichnis zwischen Kriegshandlungen und dem Bauen mit nassem Sand am Meer: „[Phoibos].../riß die Mauer ein/Der Achaier, sehr leicht, wie ein Kind den Sand nahe am Meer,/Das, wenn es sich Spielwerke gebaut mit kindischem Sinn,/Sie wieder zusammenwarf mit Füßen und Händen, spielend."[31]

Seneca, der die Aktivitäten der Erwachsenen mit denen der Jugendlichen vergleicht, bezeugt, daß „.... jene [die Knaben] an den Stränden aus gebackenem Sand Abbilder von Häusern [bauen]..."[32]

1 Epiktet, *Handbuch*, 29,3.
2 Dio von Prusa, *Reden an die Alexandriner*, „Über die Begeisterung".
3 Sie sind im Archäologischen Nationalmuseum von Neapel auf einem Fresko aus Pompeji zu erkennen.
4 Das Überschlagen bzw. das Zerbrechen des Wagens bei voller Fahrt.
5 Dieses Thema ist auf einem Flachrelief im Kapitol von Brescia fast identisch aufgenommen worden.
6 Ein einfallsreicher Kunstgriff des Mosaiklegers besteht in der Farbgebung der Vogelfedern, die den Farben der Wagenlenker der vier Circusparteien entsprechen: weiß (*albata*), rot (*russata*), grün (*prasina*) und blau (*veneta*).
7 Einlassung, die die Rennbahn der Länge nach unterteilte, so daß zwei Bahnen entstanden.
8 Die Spinae wurden immer mit einem oder mehreren Obelisken geschmückt, abgesehen von kleinen Tempeln, Ädikulen, Statuen und Brunnen.
9 Halbkugelförmige Sockel, die die Spina an beiden Enden abschlossen; sie hatten fast immer drei Giebel – wie auch in unserem Fall.
10 Blütenfest zu Ehren des Dionysos in Athen [Anm. d. Übers.].
11 Anytes, in *Anthologia Palatina*, VI, 312.
12 *C.I.L.* VI, 2,10078.
13 Ebenso auf einer Choe in der Eremitage in St. Petersburg, auf der ein von zwei Ziegenböcken gezogener kleiner Wagen dargestellt ist.
14 Horaz, *Briefe*, I, 18,60 ff.
15 Aelius Spartianus, *Septimius Severus*, I, 4.
16 Mit einem purpurroten Band eingefaßte Toga, die von Kindern, aber auch von Richtern getragen wurde.
17 Symbol der höchsten Macht: Rutenbündel aus Ulmen- oder Birkenzweigen, zusammengebunden mit einem roten Riemen, aus dessen Mitte ein Beil hervortrat.
18 Gebiet zwischen den Hängen des Kapitols, des Quirinals und des Pincio bis hin zur Tiberschleife; für Jahrhunderte hielt man in dieser Ebene die Volksversammlungen ab.
19 Seneca, *Die Beständigkeit des Weisen*, 12,2. Die Kurie war der Versammlungsort zunächst der Bürgerschaft, dann des Senats.
20 Ovid, *Nüsse*, 79–80.
21 Der Palästra.
22 Platon, *Lysias*, 206e.
23 Römische Halbsilbermünze, 209 v. Chr. eingeführt [Anm. d. Übers.].
24 Während der Abendessen oder besser gesagt der Symposien war es allgemein Brauch, verschiedene Spiele zu spielen.
25 Sueton, *Kaiserbiographien: Augustus*, 71; man spricht auch vom Knöchelspiel.
26 Römische Kupfermünze [Anm. d. Übers.].
27 Macrobius, *Saturnalien*, I, 7,22.
28 Platon, *Gesetze*, I, 643b.
29 Lukian, *Traum*, 2.
30 Quintilian, *Redekunst*, I, 3,10.
31 Homer, *Illias*, XV, 361 ff.
32 Seneca, *Die Beständigkeit des Weisen*, 12,2.

**67. Säuglingsflasche.
Aus Enkomi (Zypern),
1400–1200 v. Chr.
London, Britisches
Museum.**

Das Spielzeug

Über Spielzeuge

Die Griechen schrieben den Spielen der Kinder und damit auch dem Spielzeug einen großen erzieherischen sowie religiösen Wert zu. Das erklärt, warum viele hellenische Spielsachen wahre Meisterwerke sind, z. T. dekoriert von Künstlern wie dem Penthesilea-Maler und von Pistoxenos.

Zahlreiche Schriftsteller und Dichter schrieben über Spiele: Krates verfaßte eine leider verloren gegangene Komödie, von der wir nur noch den Titel kennen, *Páidia*, was „Kinderspiele" bedeutet. Im Bereich der lateinischen Literatur wissen wir, daß Sueton der Autor zweier, ebenfalls verlorener Bücher über dieses Thema war: Eines hieß *Über die Kinderspiele der Griechen*, das andere behandelte dagegen die Spiele der römischen Kinder[1].

Das am meisten von den griechischen Kindern herbeigesehnte Fest war das der Anthesterien[2] zu Ehren der Toten[3] und des Dionysos. Dieses Fest dauerte drei Tage, und im Verlauf des zweiten Tages hatten die Kinder eine wichtige Rolle inne: Diejenigen unter ihnen, die älter als drei Jahre waren, wurden mit Blütenkränzen bekrönt und bekamen von den Eltern Choen[4] als Geschenk. Das sind Miniaturkrüge, verziert mit Darstellungen von Kinderspielen. Von diesen Gefäßen bekam der Festtag seinen Namen, eben „Fest der Choe".

In Rom schenkte man Spielzeug zur Geburt – oder besser gesagt, wenn die Eltern dem Neugeborenen einen Namen gaben[5] – oder auch zum Geburtstag oder aus Anlaß der Saturnalien[6] bzw. der *Sigillaria* (ein Fest, das die Satur-

**66. Säuglingsflasche
in Form eines
Schweinchens.
Aus Zypern,
2.–1. Jh. v. Chr.
London, Britisches
Museum.**

nalien fortsetzte und abschloß). Es handelte sich um eine Zeit der Erholung, in der man Geschenke austauschte, insbesondere Wachskerzen, kleine Götterfiguren, Puppen aus Paste und Terrakotta sowie verschiedene Lebensmittel und Nüsse. Martial schreibt dazu: „Nüsse zum Fest des Saturn, Juvenal, du Redegewandter, send ich dir hier; sie sind aus meinem eigenen Gut."[7] Außerdem berichtet Macrobius, daß „... die Sigillaria, ... das Spiel der Puppen und der Tonmarionetten der Kindheit zu bieten haben."[8] Und Catull bezeugt den Brauch, daß der Bräutigam am Tag der Hochzeit den Kindern Nüsse schenkte.[9]

Zum Spielzeug gehören auch die Säuglingsflaschen (Abb. 67), die nicht nur eine praktische Funktion hatten, sondern sie mußten auch durch interessante Formen – wie etwa Schweinchen (Abb. 66) und kleine Hunde – Aufmerksamkeit erregen. Daher besaßen sie auch immer sehr lebhafte Farben und machten außerdem Geräusche, sobald sie leer gesaugt waren: Dafür tat man in das Innere eine kleine Kugel oder ein Steinchen, wie bei den *crepitacula*.[10] Saugflaschen sind gewöhnlich die Gegenstände, die Kleinkinder mit ins Jenseits begleiteten, und deswegen sind die unterschiedlichsten Arten erhalten geblieben: Eine der ungewöhnlichsten unter ihnen hat die Form einer Maus und ist mit Pflanzenmotiven verziert.[11] Einige sehr interessante Stücke stammen aus der Sammlung des Fürsten von Biscari, Paternò Castello, aus dem 18. Jh., die sich heute im Museo Civico Archeologico von Catania befindet. Sie haben die Form eines Mohrenkopfes oder eines „aufgezäumten Lastpferdes mit seinem hölzernen Packsattel", aus dem „man durch ein durchbohrtes Röhrchen, das den Schwanz darstellt, bequem trinken konnte."[12] Das Britische Museum in London besitzt eine sehr einfache Säuglingsflasche mit einer merkwürdigen Inschrift, die lautet: „Trinke mich nicht nach und nach."

68. Bronzerassel der römischen Epoche. Erste Hälfte des 3. Jh. Tarragona, Museu Nacional Arqueològico.

69. Silberrassel. Aus Sainte-Colombe (Rhône). Lyon, Musée de la Civilisation Gallo-Romaine.

70. Terrakottarassel der römischen Epoche in Form eines Vogels mit Hirschgeweih. Bonn, Rheinisches Landesmuseum.

71. „Trillerpfeife", Klingel und Sparbüchse. Sammlung des Fürsten von Biscari. Catania, Museo Civico Archeologico.

72. Ein Kind in einer Wiege schüttelt eine Rassel. Detail einer Grabplatte, 3. Jh. n. Chr. Rom, Apronianus-Katakombe.

Die Erfindung der *crepitacula* wird Archytas zugeschrieben, dem pythagoreischen Philosophen aus Tarent.[13] Sie waren nichts anderes als Rasseln, das erste Spielzeug für die Allerkleinsten[14], das Kinder auch zur letzten Ruhe mit ins Grab begleitete. Die Griechen hatten für sie unterschiedliche Bezeichnungen[15], u. a. auch *gnorismata*, während die Römer sie *crepitacula* und *crepundia* nannten, vom Verb *crepare*, „Krach machen". Dieser Terminus könnte auch auf das Amulett oder den Anhänger hinweisen, den die Kinder häufig als Zeichen zur Wiedererkennung um den Hals trugen.[16]

Die *crepitacula* oder *tintinnabula* waren bei den wohlhabenderen Familien sicher aus Metall (Abb. 68–69), für die übrigen dagegen aus Terrakotta mit einem Steinchen bzw. einer oder mehreren kleinen Kugeln im Inneren.[17] Abgesehen davon, daß sie die Neugeborenen ablenken sollten, dienten sie den Ammen auch dazu, die Wiegenlieder rhythmisch zu untermalen, um so die Kleinen einschlafen zu lassen.[18] Viele Rasseln sahen wie Tiere aus, manchmal wie Phantasiegestalten, wie Vögel mit einem Hirschgeweih (Abb. 70) oder auch kleine Schweine mit menschlichen Zügen.[19] Eine weitere Rassel in Form eines zusammengekauerten Mohren kommt aus Korinth und ist signiert von einem Handwerker des 1. Jh. v. Chr. namens Philokleides.

Dieses Spielzeug gibt es in sämtlichen Kulturen: der ägyptischen, der griechischen und der römischen. Es stand als Symbol für die früheste Kindheit, was auch die Grabplatte aus den Apronianus-Katakomben in Rom zu beweisen scheint. Auf ihr ist die Figur eines Kindes in einer Wiege, das eine Rassel schüttelt, eingeritzt (Abb. 72). Es gab auch „Trillerpfeifen" und Klingeln, die in der bereits oben zitierten Sammlung des Fürsten von Biscari zu sehen sind (Abb. 71 und 73). Jedoch ist es bei dieser Art von Objekten schwierig, das reine Spielzeug von den Amuletten zu unterscheiden. Die Spielsachen

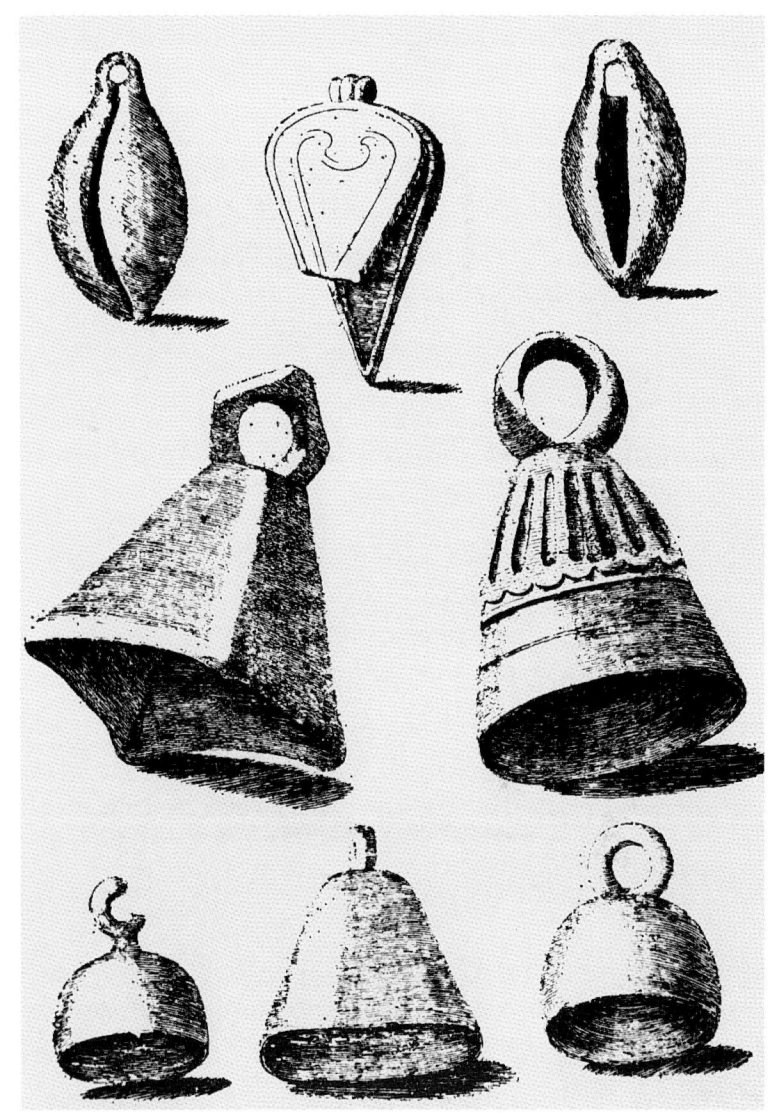

73. „Trillerpfeifen" und Glöckchen. Sammlung des Fürsten von Biscari. Catania, Museo Civico Archeologico.

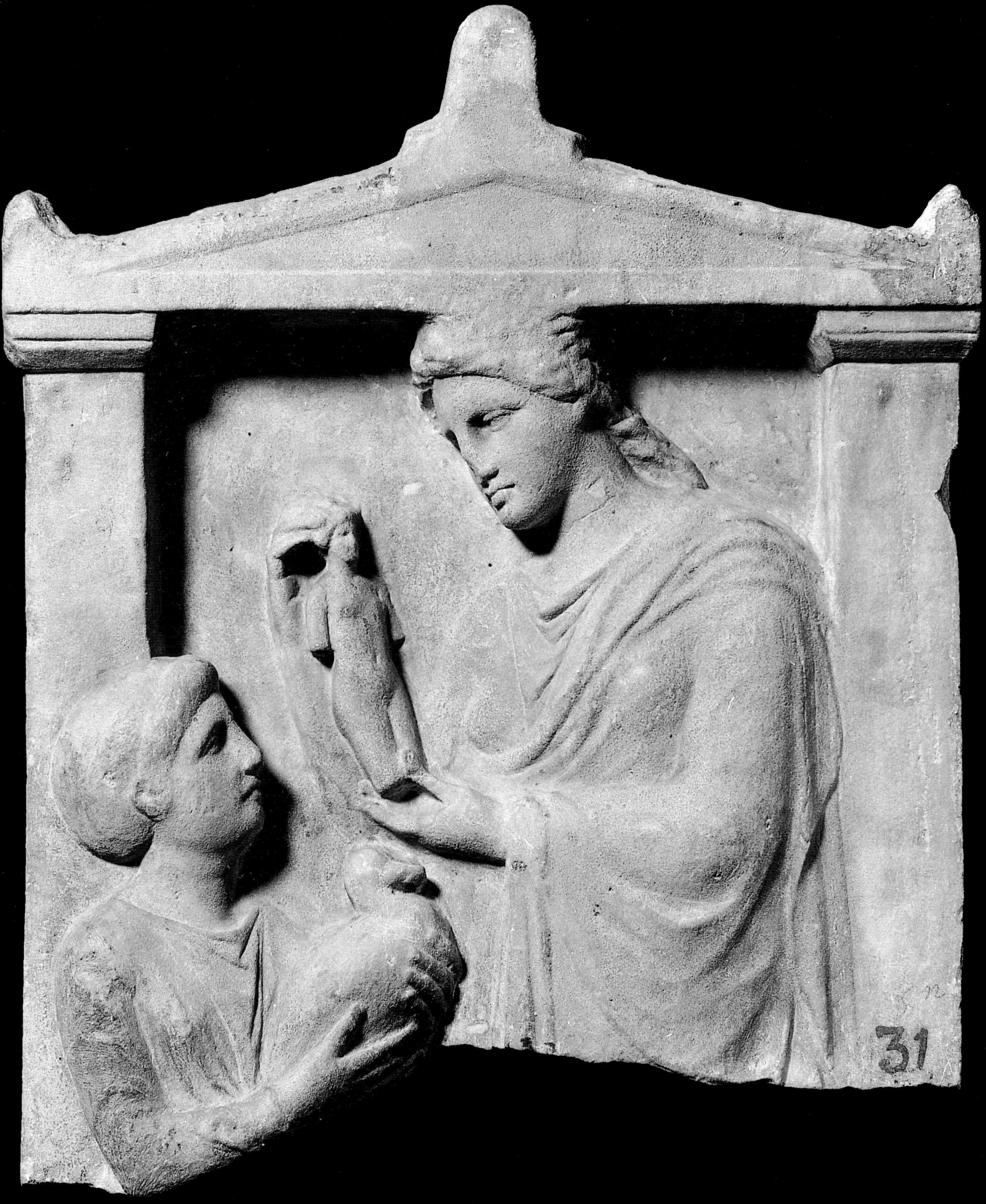
31

74. Ein Mädchen spielt mit einer Puppe. Attische Stele aus dem Piräus, erstes Viertel des 4. Jh. v. Chr. Avignon, Musée Calvet.

75. Knochenpuppe, der „Vestalin Cossinia" zugeschrieben, letztes Jahrzehnt des 2., Beginn des 3. Jh. n. Chr. Rom, Museo Nazionale Romano.

wurden in einem Korb[20] aufbewahrt, wie in jenem berühmten der Palestra, einer Figur im *Tau (Rudens)* des Plautus.[21] Aber einzigartig ist der Korb, von dem uns Vitruv berichtet: „Die erste Erfindung des Kapitells dieser Bauweise soll so vor sich gegangen sein: Eine jungfräuliche korinthische Bürgerin, schon für die Vermählung reif, wurde krank und starb. Nach ihrem Begräbnis sammelte ihre Amme die Spielsachen, an denen diese Jungfrau zu ihren Lebzeiten Gefallen gehabt hatte, legte sie in einen Korb, trug ihn zu dem Grabmal, setzte ihn oben darauf und legte, damit sich die Sachen unter freiem Himmel länger hielten, über den Korb einen Ziegel. Dieser Korb war zufällig über eine Bärenklauwurzel gesetzt. Mittlerweile, durch das Gleichgewicht niedergedrückt, trieb in der Frühlingszeit die Bärenklauwurzel in der Mitte Blätter und Stengel. Ihre Stengel wuchsen an den Seiten des Korbes empor, wurden jedoch von den Ecken des Ziegels durch dessen Gewicht nach außen gedrängt und gezwungen, sich nach außen umzubiegen und an den Enden einzurollen. Damals bemerkte Kallimachos, der wegen seiner geschmackvollen und schönen Marmorarbeiten von den Athenern Katatexitechnos genannt worden war, beim Vorübergehen an diesem Grabmal diesen Korb und die ringsherum sprossenden zarten Blätter, und, bezaubert von der Art und Neuigkeit der Form, schuf er nach diesem Vorbild die Säulen bei den Korinthern und legte ihre Symmetrien fest. Von hier aus ordnete er bei dem Bau eines Bauwerks korinthischer Bauweise die Berechnungen (der übrigen Teile)."[22] Wenn ein Kind starb, war es üblich, sein Lieblingsspielzeug mit ins Grab zu legen oder, im Fall eines noch nicht verheirateten Mädchens, seine Puppe mitzugeben. Dank dieses Brauchs sind uns zahlreiche *pupae* erhalten geblieben. Die Puppe im Grab eines Mädchens bedeutete nicht nur, daß die Bestattete noch ledig war, sondern verwies auch auf deren Keuschheit. In Tivoli, im Grab der Vestalin Cossinia, die sechsundsechzig Jahre lang im Dienst der Vesta[23] gelebt hatte und über siebzigjährig gestorben ist, wurde eine „aus Knochen geschnitzte Puppe mit beweglichen Gelenken ... an den Schultern, den Ellenbogen, an den Hüften und an den Knien ... mit einer dünnen Goldkette, ... geformt aus doppelten Kettengliedern, ... gedrehten Goldarmbändern ... an beiden Handgelenken sowie ebensolchen goldenen Knöchelringen [gefunden], ein vielsagender und bezeichnender Beweis für die Jungfräulichkeit der alten Vestalin."[24] (Abb. 75). Das war die romantische und bezaubernde Interpretation der Archäologen für viele Jahrzehnte. Die Wahrheit sieht aber leider anders aus: In der Nähe der alten Vestalin wurde ein Mädchen mit seiner Puppe beigesetzt; die Jahrhunderte und die Überschwemmungen des Aniene ließen das Spielzeug in das Grab der Cossinia fallen, wodurch der Irrtum zustande kam. Aufgrund einer genaueren Analyse erkannte man, daß das Grab der Vestalin Cossinia auf die ersten Jahrzehnte des 1. Jh. n. Chr. zurückgeht, während die Puppe in das 2. Jh. n. Chr. datiert.[25] Während der Christenverfolgungen in römischer Zeit bestatteten Eltern ihre Kinder in den Katakomben. Um ihr Grab in den dunklen Gängen wiederzufinden, legten oder mauerten sie die Puppe der verstorbenen Tochter (Abb. 76–77), kleine Terrakottagefäße, Terrakottasparbüchsen – die genauso aussehen wie die heutigen, kleine Masken aus Elfenbein oder Terrakotta, *bullae*

76. Knochenpüppchen auf dem Grab eines Mädchens, 4. Jh. n. Chr. Rom, Priscilla-Katakombe.

77. Im Kalk eingelassene Elfenbeinpuppe. 3. Jh. n. Chr. Rom, Novazianus-Katakombe.

sowie häufiger Rasseln auf dem Grab ein.[26] Griechische Grabmonumente beweisen, daß Mädchen, die vor ihrer Hochzeit gestorben waren, mit ihrer Puppe spielend dargestellt wurden. Eine attische Stele im Musée Calvet in Avignon zeigt ein Mädchen, das mit einem äußerst traurigen Blick seine Puppe anschaut, die sie vor sich hält.

Dieser ständige Bezug zum Tod mag nicht zu traurig erscheinen, insbesondere mit Blick auf die Objekte unserer Analyse: Spielzeug und Kinder, die Essenz des Lebens selbst. Es gibt zwei Faktoren, die uns dazu zwingen, diesen Aspekt in Betracht zu ziehen, wobei sich der eine aus dem anderen ergibt: die hohe Kindersterblichkeit, die zum Teil erst vor relativ kurzer Zeit überwunden wurde, sowie die Herkunft des größten Teils der Funde aus Ausgrabungen von Nekropolen.

Dagegen nahmen die griechischen Kinder von den Spielsachen Abschied, indem sie sie einer Gottheit wie Phöbos, Artemis oder Hermes opferten: „Philokles brachte dem Hermes als Weihegeschenke die trefflich lärmende Klapper aus Buchs, hier diesen Ball seines Ruhms, Knöchel, die er so herzlich geliebt, und endlich den Kreisel[27], den er so oftmal gedreht, Spielzeug aus kindlicher Zeit."[28]

Da die Mädchen in der Antike sehr jung heirateten, auch schon mit zwölf Jahren, war es für sie üblich, bis zur Hochzeit mit Puppen zu spielen.[29] Am Tag vor der Trauungszeremonie weihte die junge Frau ihre Puppe der Artemis oder der Aphrodite, um so die Loslösung von der Welt der Kindheit und den Eintritt in den Rang einer erwachsenen, verheirateten Frau und zukünftigen Mutter einer Familie zu unterstreichen. Der Göttin der Liebe sagte sie: „Oh Aphrodite verschmähe nicht/das kleine purpurrote Tuch/meiner Puppe./Ich, Sappho, weihe Dir dieses/kostbare Gut."[30] Und der Göttin der Jagd: „Vor ihrer Hochzeit entbot Timarete hier diese Pauke,/diesen entzückenden Ball, auch von den Locken das Netz[31]/und, wie es recht gebührt, die Puppen und Puppengewänder,/Artemis, dir, du Kind Letos[32], o Göttin der See[33],/dir, der Jungfrau, die Jungfrau. Halt über Timaretes Tochter/gnädig die Hände und sei, Fromme, der Frommen ein Schirm."[34]

Wenn eine Frau ihr erstes Kind zur Welt brachte, trug sie eine Puppe in den Tempel: „Augusta, Beschützerin der Kinder, bewahre in deinem Tempel diese Puppe und diese Krone aus glänzenden Haaren. Bewahre, Ilizia, diese Gabe der Anerkennung. Sie ist das Lösegeld für die Schmerzen der Tisis."[35] Die römischen Mädchen legten dagegen in archaischer Zeit ihre Puppen auf den Altar der häuslichen Laren.

Puppen

Das liebste Spielzeug der Mädchen zu allen Zeiten und das mit all seinen psychologischen, gefühlsmäßigen und propädeutischen Anknüpfungspunkten zutiefst mit der weiblichen Welt verbundene ist sicherlich die Puppe.

Viele Puppen blieben aus Ägypten erhalten (Abb. 78), von denen einige sogar bis in das Mittlere Reich zurückreichen. Auf den Gräberfeldern der XI. Dynastie in Theben ist eine bemerkenswerte Zahl von ihnen gefunden worden. Dabei handelt es sich anscheinend um eine besondere Art von Figuren, die die Fruchtbarkeit darstellen sollten. Wir zählen sie aber trotzdem zu den Puppen, da sie ihnen in auffälliger Weise gleichen. Es sind fast immer ungegliederte Objekte, wie jene, die in Hawwava gefunden wurden. Sie bestehen aus bemalter Terrakotta, sind häufig nur grob geformt oder, wie die beiden Puppen des Ägyptischen Museums in Turin, ohne Arme und Beine gestaltet. Eine der beiden hat noch ihre Haare, die durch Faïenceperlen[36]

78. Puppen aus
Ägypten.
Oxford, Ashmolean
Museum.

79. Die Puppe der Crepereia Triphaena. 150–160 n. Chr. Rom, Kapitolinische Museen.

80. Terrakottapuppe, 4. Jh. v. Chr. Brüssel, Musées Royaux d'Art et d'Histoire.

81. Puppe mit Krotalen. Griechische Terrakotta, zweite Hälfte des 4. Jh. v. Chr. Bologna, Museo Civico Archeologico.

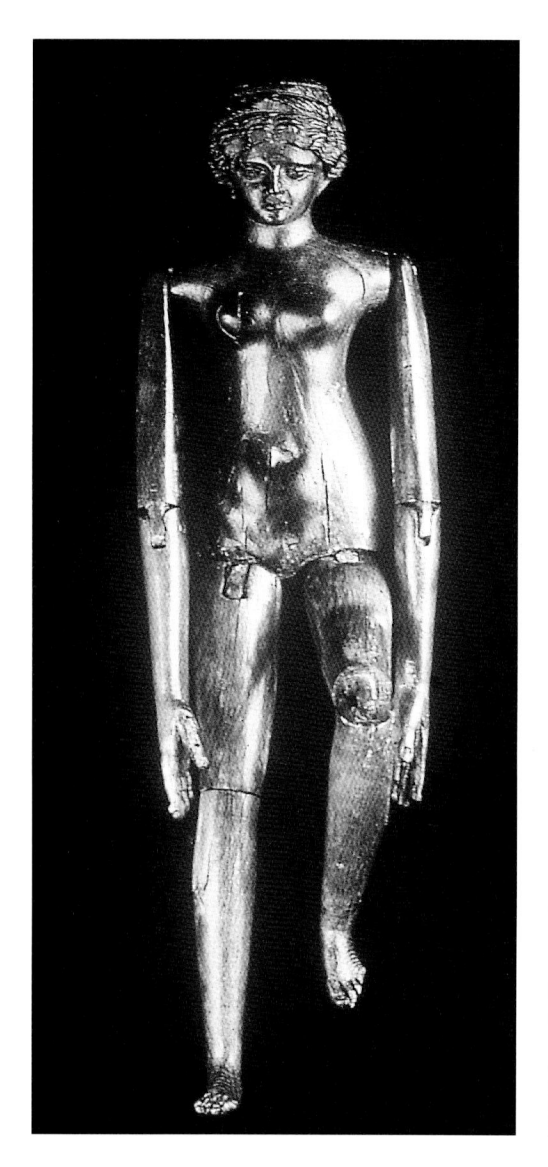

**82. Stoffpuppe.
Aus Oxyrhynchos
(Ägypten),
römische Periode.
London, Britisches
Museum.**

wiedergegeben sind. Diese Perlen sind auf Schnüre aufgezogen, die gleichmäßig über den Nacken verteilt sind.[37] Dank der besonderen Eigenschaften des ägyptischen Bodens, in dessen trockenem Sand archäologische Funde vollständig erhalten bleiben, können wir heute auch Stoffpuppen betrachten[38] (Abb. 82).

Als Zeugnis der griechischen Kultur kommen die ältesten Puppen aus Böotien, aus der zweiten Hälfte des 8. Jh. v. Chr. Ihr Körper ist glockenförmig und häufig mit geometrischen Mustern verziert, die von Tierdarstellungen begleitet werden. Es können aber auch nur Tiere wie Fische und Vögel auftreten.[39] Einige von ihnen messen fast fünfzig Zentimeter[40], jedoch wurden sie auch in kleinerem Format hergestellt.

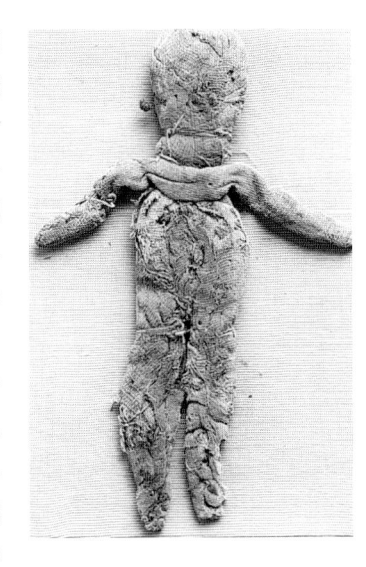

Die Handwerker, die die Puppen[41] produzierten, hießen bei den Griechen *koroplastai*, bei den Römern *figuli*. Sie arbeiteten mit Ton und fertigten Tonpuppen, die sie auf dem Markt verkauften.[42] Ton war ein oft verwendeter Rohstoff, da er nur wenig kostete[43], leicht auffindbar und sehr geschmeidig war. Darüber hinaus konnte er dekoriert und bemalt werden, so daß das Objekt, ästhetisch gesehen, realistischer und anziehender wurde. Der Kopf der Puppe war häufig mit einer Krone, einem Diadem oder einem Kranz geschmückt. Die vollkommensten Spielsachen hatten dank Zapfen oder Eisendrähten, die durch Löcher in den Gliedmaßen gezogen wurden, bewegliche Beine und/oder Arme. Der eine oder andere geschickte Vater hat sicherlich für seine Tochter eine Wachspuppe gemacht[44], wobei sich ihm allerdings das Problem der Dauerhaftigkeit stellte: „.... wie das Wachs in der Sonne, / ... so schmolz ihm das Fleisch, ...", schrieb Kallimachos.[45]

Die Suche nach einem immer größeren Realismus und außerdem der Wunsch, das Spielzeug schöner zu gestalten, veranlaßte die Künstler, auch Holz, Knochen und Elfenbein zu benutzen sowie die Flexibilität der Gliedmaßen durch die Beweglichkeit von Ellenbogen und Knien zu verbessern.

Die berühmteste Puppe, die uns aus der Antike erhalten geblieben ist, ist die *pupa* der Crepereia Triphaena (Abb. 79) – entdeckt im römischen Stadtviertel Prati am 10. Mai 1889 –, die Giovanni Pascoli zu einem herrlichen Gedicht in lateinischer Sprache inspirierte.

Die Chronik der archäologischen Entdeckung berichtet, daß neben dem Sarkophag des Vaters, der eines zwischen siebzehn und neunzehn Jahre alten Mädchens gefunden wurde. Es gibt keine Gewißheit darüber, ob sie, als sie starb, so kurz vor der Hochzeit stand, daß das Vorhandensein des auf den Finger gesteckten Eherings[46] gerechtfertigt wäre. Er wurde zusammen mit einer Puppe gefunden, die auf die noch unversehrte Jungfräulichkeit hinweist. Das Skelett war hervorragend erhalten, und der Kopf war noch mit einer kleinen Krone aus Myrte bekränzt, die von einer Silberschließe zusammengehalten wurde. Alle persönlichen Schmuckgegenstände fanden sich noch so, wie sie im Augenblick der Beisetzung niedergelegt worden waren. Neben der Crepereia lag eine Elfenbeinpuppe von außergewöhnlicher Machart, zusammen mit einer kleinen Schatulle (Abb. 87), ebenfalls aus Elfenbein, die zwei kleine Kämme (Abb. 85) und ein Spiegelchen aus Silber (Abb. 86) enthielt: das Toilettengerät der Puppe. Diese Puppe hatte auf einem Finger zwei Goldringe aufgesteckt. Einer der beiden enthielt einen kleinen Schlüssel, der zum

84. Tischservice in Miniatur, 2.-3. Jh. n. Chr. Köln, Römisch-Germanisches Museum.

Öffnen des Schmuckkästchens diente. Auf den anderen, mit einer Einfassung, waren zwei weitere Ringlein aufgezogen. Die Puppe ist dreiundzwanzig Zentimeter groß und hat ein kunstvoll ausgearbeitetes Gesicht, fast so, als ob es ein Portrait sein sollte. Die üppige Frisur ist mit minuziöser Sorgfalt ausgearbeitet; die Haare sind zu Zöpfen zusammengenommen und kronenförmig um den Kopf gelegt. Die Ohrläppchen haben Löcher für die Ohrringe. Kopf und Körper sind aus einem einzigen Stück gearbeitet, wohingegen die Arme und Beine – ihrerseits wieder untergliedert – mit dem Körper durch kleine Zapfen verbunden sind. Ein wirklich einzigartiges Schmuckstück des römischen Kunsthandwerks.

Nach der Puppe der Vestalin Cossinia und derjenigen der Crepereia Triphaena, gebührt in der besonderen Rangliste berühmter Puppen der dritte Platz der Puppe aus dem Grab der Maria, der Tochter des Generals Stilicho und Braut des Kaisers Honorius. Ist sie ein Hinweis auf die nicht vollzogene Hochzeit, da beide Brautleute noch Kinder waren? Bezogen auf die Bedeutung, die das Vorhandensein einer Puppe im Grab eines Mädchens hatte, scheint es tatsächlich so zu sein. Aber für alle Regeln kann es eine Ausnahme geben, insbesondere wenn es sich um eine Kaiserin handelt! Aufgrund des klassischen, erzieherischen Konzepts, demzufolge auch das Spielzeug für die Kinder lehrreich sein sollte, trugen einige Puppen die Gesichtszüge weiblicher Gottheiten. Dabei waren die beiden am weitesten verbreiteten der Typ der Hera, d. h. dem Vorbild der Ehefrau, sowie der Typ der Aphrodite, der Spenderin der Liebe und der Lust.

Verschiedene Museen besitzen Puppen, die Krotalen in den Händen halten.[47] Eine, die das Allard Pierson Museum in Amsterdam aufbewahrt und die in das Jahr 450 v. Chr. datierbar ist, hält die Krotalen mit beiden Händen und weist darüber hinaus noch Bemalungsspuren auf. Eine andere aus der Mitte des 4. Jh. v. Chr. ist im Museo Civico Archeologico von Bologna zu sehen[48] (Abb. 81).

Die antiken Puppen konnten, genauso wie die heutigen Exemplare, an- und ausgezogen werden: Die Gesichter waren gepflegt, die Haare und die Kopfbedeckung gemalt[49], die Augen geschminkt, die Lippen in Rot bemalt, wie bei einer Puppe, die in Karthago gefunden wurde. Einige der für die Mädchen der wohlhabenderen Klassen bestimmten Puppen waren mit einer reichen Ausstattung versehen und trugen kostspielige Kleider. Das belegt die Puppe

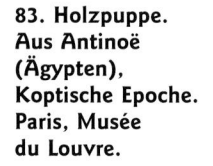

83. Holzpuppe. Aus Antinoë (Ägypten), Koptische Epoche. Paris, Musée du Louvre.

85. Elfenbeinkämme für die Puppe der Crepereia Triphaena, 150-160 n. Chr. Rom, Kapitolinische Museen.

86. Silberspiegelchen für die Puppe der Crepereia Triphaena, 150-160 n. Chr. Rom, Kapitolinische Museen.

88. Tischservice in Miniatur. Aus der Stips des Venustempels auf dem Monte Sant'Angelo (Terracina), Ende des 1., Beginn des 2. Jh. n. Chr. Rom, Museo Nazionale Romano.

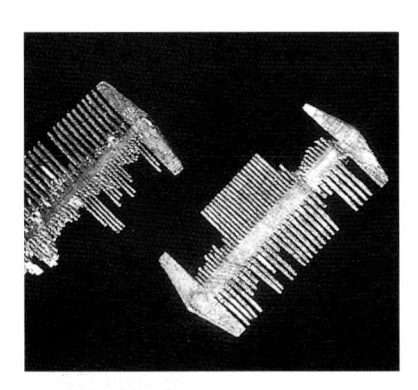

aus einem römischen Sarkophag[50], die noch Spuren eines mit Goldfäden durchwirkten Stoffes aufweist. Auch ungegliederte Puppen sind uns erhalten geblieben, von denen einige bereits eine vorgegebene Haltung einnehmen: sitzend[51] oder laufend mit einem vorgestellten Bein[52], Darstellerinnen einer Mal um Mal wiederholten, gewöhnlichen Szene, die nie langweilig wird.

Puppenausstattung

Welches Mädchen hat nicht seine Puppen auf Stühlchen rund um einen kleinen Tisch gesetzt, der für den Tee gedeckt ist, oder hat sein Püppchen nicht gefüttert und ins Bettchen gebracht? Ein Spiel, das so alt ist wie die Welt: kindgerecht die Welt der Erwachsenen wiederzugeben, mit der eigenen Puppe „Frau" zu spielen. Und so entdecken wir unter den archäologischen Funden kleine Möbel, Geräte und Geschirr in Miniatur, in kostbarer oder grober Machart, aus billigem oder teurem Material. Und es rührt uns, wenn wir uns die Mädchen vor fünftausend Jahren vorstellen, die Gesten und Verhaltensweisen wiederholen, die uns so vertraut sind – auch wenn die Archäologen sehr vorsichtig sind, eine ausschließlich spielerische Funktion dieser Objekte anzuerkennen. Aus Mesopotamien sind uns verschiedene Artefakte dieser Art erhalten geblieben: kleine

87. Schatulle für die Puppe der Crepereia Triphaena, 150-160 n. Chr. Rom, Kapitolinische Museen.

89. Metallstühlchen. London, Britisches Museum.

**90. Sessel mit Rückenlehne, kleines Tischchen, Diener mit Tablett und Anrichtetisch.
Aus der Stips des Venustempels auf dem Monte Sant'Angelo (Terracina), Ende des 1., Beginn des 2. Jh. n. Chr.
Rom, Museo Nazionale Romano.**

91. Metallbänkchen. London, Britisches Museum.

Möbelstücke aus Kalkstein und aus schwarzem Stein, ein Tisch, ein Bänkchen und ein Bett aus Terrakotta.

Pausanias[53] behauptet, im Tempel der Hera in Olympia ein Puppenbett, „großenteils mit Elfenbein verziert", gesehen zu haben. Es wurde der Göttin von Hippodameia geweiht, der Frau des Pelops.

Ein Grab in Brescello[54] hat uns die Ausstattung und das Geschirr eines Puppenhauses geliefert. Sie bestanden aus Blei und setzten sich zusammen aus einem 43 mm hohen Stuhl, einem 30 mm großen Tisch, einem zylindrischen Behälter und einem Gefäß, jeweils 30 mm hoch, die wohl beide dazu dienten, das Geschirr aufzunehmen. Das Geschirr umfaßte: ein Eimerchen und einen Korb mit Deckel, 22 und 20 mm groß, einen Kessel, eine Öllampe und

92. Sitzende Puppe.
Zu ihrer Rechten ein
Krater und ein Ofen,
zu ihrer Linken zwei
Stiefeletten.
Aus Athen, Ende des
5. Jh. v. Chr.
London, Britisches
Museum.

93. Rost mit Fischen.
Aus der Stips des
Venustempels auf dem
Monte Sant'Angelo
(Terracina),
Ende des 1., Beginn
des 2. Jh. n. Chr.
Rom, Museo
Nazionale Romano.

**94., 95. und 96.
„Filzpantoffeln",
Kelch mit Henkeln
und Rost in Miniatur.
Aus der Stips des
Venustempels auf dem
Monte Sant'Angelo
(Terracina),
Ende des 1., Beginn
des 2. Jh. n. Chr.
Rom, Museo
Nazionale Romano.**

(Abb. 88; 90; 93; 94; 95; 96), u. a. ein dreibeiniger Tisch mit Löwenfüßen, ein weiterer rechteckiger Tisch mit vier Beinen, der die Funktion einer Anrichte (*repositorium*) hatte, auf der die Speisen abgestellt werden konnten; weiterhin ein Sessel, zwei Hocker, ein Kandelaber sowie ein Figürchen, das einen Diener zeigt, der ein Tablett trägt. Um diese Spielsachen noch wirklichkeitsgetreuer zu gestalten, besaß das Mädchen auch kleine „Filzpantoffeln" (Abb. 96). Das waren spezielle Sandalen[57], die man nach antikem Brauch zum Abendessen anzog, zusammen mit dem „abendlichen Gewand". Bei dieser Ausstattung fehlten auch nicht die Vorlageplatten, einige von ihnen sogar mit einer Wiedergabe der Speisen (wie z. B. zwei Meerbarben), andere in Form von Muscheln, zudem zahlreiche Tabletts sowie auch ein Rost, um Fische zu grillen. Kein einziges Stück dieses durch Bleiguß hergestellten Spielzeugs übersteigt die Größe von vier Zentimetern. Sie sind wahrscheinlich das Geschenk einer Verlobten an Venus, die ein kleines Heiligtum im Tempel des Jupiter Anxur[58] besaß.

zwei runde Eskarien[55] mit einem Durchmesser von 40 und 70 mm, zwei ovale Platten, eine 50 mm lang und mit einer Verzierung in Form eines Fisches auf dem Boden, und die andere 70 mm lang sowie schließlich eine Schüssel in Form einer Muschel mit einer Länge von 38 mm.

In Terracina[56] dagegen kamen einunddreißig Stücke ans Licht

Weitere Puppenausstattungen sind in Pesaro im sogenannten „Knabenlararium" gefunden worden. Tischchen, Tabletts und andere Gegenstände dieser Art werden auch im Louvre aufbewahrt sowie in Berlin und im Britischen Museum in London (Abb. 89 und 91).

Die Puppen verfügten auch über Bettchen, um sich auszuruhen. Ein außergewöhnlicher Fund aus Ägypten[59] besteht aus einem kleinen Terrakottabett, auf dem eine Puppe ausgestreckt liegt. Ein ähnliches

97. Knetende Frau. Terrakotta aus Kamiros (Rhodos), 450 v. Chr. London, Britisches Museum.

98. Frau, die den Teig ausrollt. Terrakotta aus der Mitte des 5. Jh. v. Chr. London, Britisches Museum.

99. Vor dem Ofen sitzende Frau. Terrakotta, Beginn des 5. Jh. v. Chr. London, Britisches Museum.

100. Ofen. Terrakotta aus Dardanus in der Troas, Beginn des 5. Jh. v. Chr. London, Britisches Museum.

101. Frau in der Badewanne. Terrakotta aus Kamiros (Rhodos), Mitte des 5. Jh. v. Chr. London, Britisches Museum.

102. Knetende Frau. Terrakotta. Oxford, Ashmolean Museum.

Exemplar stammt aus Mesopotamien.⁶⁰ Viele Museen⁶¹ besitzen auch eine umfangreiche Reihe von „Küchengerät" (Abb. 84) und kleine Tischservices bescheidener Machart aus Terrakotta. Solche Gerätschaften wurden von vielen Familien im Altertum benutzt, so daß sie uns über den kindlichen Mikrokosmos der damaligen Zeit in seiner Einfachheit und Alltäglichkeit Zeugnis ablegen. Dasselbe läßt sich über die Spielsachen sagen, die im Britischen Museum aufbewahrt werden und die in realistischer Weise Szenen des häuslichen Lebens wiedergeben: eine knetende Frau⁶² (Abb. 97), eine andere vor dem Ofen (Abb. 99) und noch eine weitere, die sich in einer Badewanne wäscht (Abb. 101).

Spiele mit Tieren

Bei unserem Rundgang durch die kindliche Welt dürfen wir sicher nicht die Tiere übergehen, die zu den liebsten Spielgefährten gehören, die sich ein Kind wünschen kann.

Sie konnten eine religiöse Bedeutung haben, denn im überfüllten, klassischen Pantheon wurden jeder Gottheit ein oder mehrere Tiere zugeschrieben, die ihr eigen waren (wir erinnern an die Eule der Athena, den Adler des Zeus und die Tiger des Dionysos).

In Ägypten wurde diese Dualität aufgelöst durch eine Art Symbiose, bei der die Götter zwar mit menschlichen Zügen, aber mit einem Tierkopf dargestellt wurden, wie Sechmet, die Göttin mit dem Löwinnenkopf und Anubis, der Schakal-Gott.

Wenn wir außerdem noch den Glauben an die Metempsychose⁶³ mit einbeziehen, verstehen wir gänzlich die enge gefühlsmäßige Bindung, die unsere Vorfahren mit allen Tieren – und mit einigen im besonderen – verband. Es gibt zahlreiche Darstellungen (insbesondere griechische und etruskische) von Gastmählern und Leichenfeiern, in denen Tiere, wie Katzen, Hähne, Gänse und Hunde, auftauchen. Sind heute Hunde, Katzen und Ziervögel die beliebtesten Haustiere, so fällt dagegen bei der Betrachtung antiker Kunstwerke sofort die große Quantität an Figuren auf, bei denen Kinder mit Gänsen und Schwänen wiedergegeben sind. Dabei sind die Schwäne dem Apoll geweiht. Berühmt ist die Statue des „Mädchen[s] mit Gans", die Kopie einer Bronzeplastik des Boethos, die sich in den Kapitolinischen Museen in Rom befindet. Sie ist derjenigen in München sehr ähnlich, wobei auch sie die Kopie eines Bronzeoriginals aus der ersten Hälfte des 3. Jh. v. Chr. ist. Zahlreiche Statuen mit dieser Thematik besitzen auch die Vatikanischen Museen.

Tauben wurden von Mädchen ebenfalls sehr geschätzt, was die Fülle der Darstellungen beweist.⁶⁴

Jedoch auch Knaben fanden Gefallen an ihnen: Im Haus des Fufidius Successus in Pompeji⁶⁵ war ein Fresko zu sehen, das einen Jungen zeigt, der liebevoll an einer Leine eine Taube zurückhält, die versucht wegzufliegen.

Auf griechischen und römischen Grabmonumenten sehen wir häufig Mädchen und junge Frauen mit Tieren dargestellt, die sie zu Lebzeiten geliebt haben.

Anderen archäologischen Zeugnissen zufolge waren Vögel die bevorzugten Tiere der Ägypter und Griechen, und das auch wegen der stimmlichen Eigenheit einiger singender oder sprechender Arten.

**103. Knabe mit Gans.
Aus Lilaia, 3. Jh. v. Chr.
Athen, Nationalmuseum.**

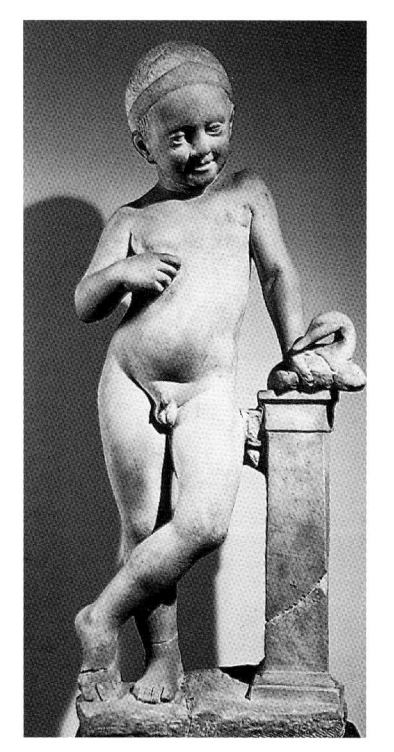

104. Familienszene mit Hund und Tauben. Flachrelief. Rom, Kapitolinische Museen.

105. Kind hetzt einen Hund auf, indem es ihm eine Schildkröte zeigt. Rotfiguriger, attischer Krater. London, Britisches Museum.

Ein wunderschönes Innenbild einer Kylix aus Orvieto[66], zeigt einen jungen sitzenden Mann, der einen Käfig mit einem Vogel auf den Knien hält, während auf einem von dem Eretria-Maler verzierten Epinetron[67] eine junge Frau dargestellt ist, die mit einem kleinen Vogel zu sprechen scheint. Sie hält ihn auf dem Handrücken der einen Hand, und mit dem auf den Vogel gerichteten Zeigefinger der anderen Hand scheint sie zu sagen: „Sei lieb!"[68]
Diese Darstellungen erinnern uns an den von Catull besungenen Vogel der Lesbia: „Spätzlein, Liebling du kleiner meines Mädchens,/Den sie spielend in ihrem Schoß hält und/Dem zum Schnäbeln sie reicht die Fingerspitze/ Und zu heftigem Picken immer anreizt,/Wenn mein strahlendes Liebchen, meine Sehnsucht,/Wünscht sich irgendein neckisch süßes Spielchen ..."[69]
Auf einem Askos im Archäologischen Nationalmuseum von Paestum (Abb. 107) ist ein Knabe abgebildet, der mit einem Wiedehopf spielt, wobei er ihm eine Grille als Futter reicht.

Von besonderem Interesse für unsere Thematik ist die Statue eines Kindes, das ein Sperlingnest auf dem Schoß hält.[70]

Ein Liebesbeweis für Tiere kommt von Martial: „.... wenn in ein winziges Hündchen der Publius närrisch verliebt ist, .../wenn eine Elster dir, Lausus, gefällt, die dich grüßt, .../wenn Telesilla ein Grab für ihre Nachtigall schuf ..."[71]

Als Zeugnis von Bestattungen besitzt das Museum von Auch in Frankreich die Grabstele eines kleinen Hundes namens Miya, dessen Tod seine Herrin wer weiß wie viele Tränen vergießen ließ; sicherlich genauso viele wie die kleine Tertia, die Tochter des Paulus Emilius, beim Tod des Perseus, ihres kleinen Hundes, vergossen hat; so überliefert es uns zumindest Plutarch.[72]

106. Kind läuft einem Pfau hinterher. Grabplatte aus dem 3. Jh. n. Chr. Rom, Domitilla-Katakombe.

107. Ein Junge gibt einem Wiedehopf eine Grille.
Askos des Assteas, ca. 360–350 v. Chr.
Paestum, Archäologisches Nationalmuseum.

108. Athlet mit Hase. Innenbild einer Kylix des Euphronios, Ende des 6. Jh. v. Chr.
London, Britisches Museum.

109. Junger Mann spielt mit seinem Hund.
Innenbild einer rotfigurigen, attischen Kylix des Brygos-Malers.
500–480 v. Chr.
Brüssel, Musées Royaux d'Art et d'Histoire.

110. Kind mit Schwimmvogel.
Marmorstatuette, römische Kopie, 1. Jh. v. Chr.
Sankt Petersburg, Eremitage.

111. Knabe spielt mit einem Hund.
Oinochoe aus Athen, ca. 440 v. Chr.
Karlsruhe, Badisches Landesmuseum.

112. Mädchen mit Katze (aus Bordeaux, Musée d'Art ancien). Kalkstein. Rom, Museum der römischen Kultur.

Grabinschriften für Tiere (bis hin zu einer Grille), die von Mädchen aufgezogen wurden, sind typisch in der hellenistischen, epigrammatischen Tradition. Die Statuenbasis einer liegenden Hora[73] in den Vatikanischen Museen belegt uns auch das Spiel eines Kindes mit einer Schildkröte.

Häufig praktizieren Kinder mehr oder weniger bewußt grausame Spiele. Pollux berichtet uns, daß „sie an dieses Tier [die melolanthe, ein Käfer] einen Faden anbinden und lassen es fliegen, dieses aber zieht den Faden beim Fliegen spiralförmig hinter sich her."[74] Sie spielten auch mit Hirschkäfern: Dabei schnitten sie dem Insekt den Kopf ab und formten aus seinen enormen Zangen eine Miniaturlyra.[75]

Ein wunderschöner Kelch[76] zeigt Eros mit einer Falle, wobei nicht eindeutig erkennbar ist, für welches Tier sie aufgestellt wurde. Dennoch wissen wir aufgrund anderer künstlerischer Belege, daß griechische Kinder mit Mäusen und Hasen spielten, die sie anleinten[77]; mit den zuletzt genannten ließ ein Junge wiederum seinen eigenen Hund spielen.[78]

Ein Epigramm des Meleager[79] erzählt uns, wie die Kurtisane Phanion einen Hasen geschenkt bekam[80], der, gestreichelt, verhätschelt und nur mit Blumen anstatt mit Gräsern und Kräutern gefüttert, an Verdauungsstörungen starb! Phanion bestattete ihn neben ihrem Bett, „um immer auch im Traum mein Grab neben dem Bette zu sehen".

Der Hase war auch das Symbol der Schnelligkeit, und so ist er mit einem Läufer auf dem Innenbild einer Kylix abgebildet, die sich im Britischen Museum in London befindet (Abb. 108).

Zu diesen Kunstwerken gehört auch die Statuette eines Kindes mit einzubeziehen, das liebevoll einen großen Fisch in seinen Armen hält.[81]

Aber der beste Freund des Menschen war zu allen Zeiten – zusammen mit

**113. Mädchenstatuette mit einem Vogel (Eule oder Käuzchen),
2. Jh. n. Chr.
Rom, Galleria Colonna**

der Katze, jedoch sie nur unter einzelnen Aspekten – der Hund, und er wird es auch immer sein. Hauptsächlich begegnen wir dem Hund in der Erwachsenenwelt, sei es nun für den Einsatz bei der Jagd, sei es bei Kämpfen zusammen mit Hähnen und Wachteln.

Belege für Freundschaft und Spiel zwischen Kindern, Hunden und Katzen fehlen nicht: Als Beispiele können die herrlichen Grabstelen eines Mädchens mit seiner Katze im Musée d'Art ancien in Bordeaux (Abb. 112) sowie die eines weiteren Mädchens mit Hund und Taube in den Uffizien von Florenz genannt werden.[82]

Tierfigürchen

Wenn es nicht möglich ist, ein echtes Tier zum Spielgefährten zu haben, gibt es immer noch die Alternative, eines aus Holz oder Terrakotta zu besitzen. Das Kind wird glücklich sein, wenn dieses ihm treu folgt, da es an einer Schnur festgebunden ist.

Die Tierfigürchen zählen zu der umfangreichsten Fundgruppe, die uns aus der Antike erhalten geblieben ist. Viele dienten sicherlich rituellen oder schmückenden Zielen bzw. als Weihgaben, und selbst die Archäologen sind nicht immer in der Lage, eine Unterscheidung vorzunehmen. Die Typologie der Tiere, die diesen „Zoo" bevölkern, ist sehr heterogen, ganz so wie die Sitten, die Gebräuche, die religiösen Glaubensrichtungen und die geographischen Gebiete der Handwerker waren, die sie herstellten. So finden wir als Spielzeug umgesetzt: Mäuse (Abb.114) und Tiger, Hähne und Hennen, Löwen

**114. Maus mit beweglichen Teilen, Körper in Terrakotta, Unterkiefer und Schwanz aus Holz,
ca. 1250 v. Chr.
London, Britisches Museum.**

115. Pferdchen (Aus Mainz. Köln, Römisch-Germanisches Museum). Kalkstein. Rom, Museum der römischen Kultur.

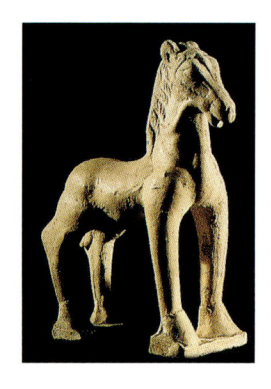

116. Terrakottapferdchen, 2. Jh. n. Chr. Saint-Germain-en-Laye, Musée des Antiquités Nationales.

(Abb. 118), Pferde (Abb. 115-116), Wildschweine, Widder, Stachelschweine, Flußpferde und Krokodile. Die beiden zuletzt genannten waren für die Griechen und die Römer exotische Tiere, jedoch bei den Völkern am Nil waren sie ständig präsent, und das in einem solchen Maße, daß das Krokodil für die Inkarnation des Gottes Sobek gehalten wurde. Tatsächlich sind aus Ägypten verschiedene Krokodile, die mit einer Schnur gezogen werden konnten, erhalten geblieben. Eines aus Holz, im Ägyptischen Museum in Berlin (Abb. 117), besitzt sogar einen beweglichen Unterkiefer, so daß das Tier das Maul auf und zu macht, wenn man es hinter sich her zieht. Obwohl es sich dabei ausschließlich um eine Bewegung des Unterkiefers handelt, gewinnt man trotzdem den Eindruck, daß das Krokodil gleichzeitig auch den Kopf anhebt.

Aus einem Fund, der in die XIX. oder XX. Dynastie datiert werden kann, stammt ein Schakalkopf, ebenfalls mit einem beweglichen Maul.[83]

Andere Beispiele für Tierfigürchen[84], die in das dritte Jahrtausend v. Chr. zurückreichen, kommen aus Mesopotamien und dem Iran. Aus Susa stammen z. B. ein Löwe, der auf einer Steinplatte mit Rädern kauert (Abb. 133) sowie ein stehendes Stachelschwein, ebenfalls auf einem fahrbaren Untersatz (Abb. 131), und außerdem noch kleine Wagen mit Widderköpfen.[85]

Pakistanischen Ursprungs sind dagegen einige tönerne Tierfigürchen: ein Vogel auf Holzrädern sowie ein paar Tonstiere mit beweglichem Kopf aus Mohenjo-daro und Harappa.

Aus Zypern kommt ein Spielzeug, das sich mehr auf das alltägliche Leben bezieht: ein Mann, auf einer Platte stehend, die als Wagen dient (aufbewahrt im Britischen Museum in London), sowie Reiter auf stilisierten Pferden.[86] Auch wenn ägyptische und zypriotische Zeugnisse nicht fehlen, so wurde das Pferd doch insbesondere in der griechischen und römischen Kultur dargestellt. Besonders die Römer pflegten eine leidenschaftliche Kultur für Pferde und Pferderennen. Zwei glänzende Beispiele für Terrakottapferde aus der römischen Epoche werden im Musée des Antiquités Nationales in Saint-Germain-en-Laye in Frankreich aufbewahrt (Abb. 116).

Das Museum besitzt darüber hinaus einen seltenen Fund: ein Pferd mit beweglichen Beinen. Viele Pferde besitzen ein Loch in den Nüstern, das dazu diente, ein Band hindurchzuziehen,

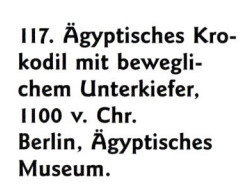

117. Ägyptisches Krokodil mit beweglichem Unterkiefer, 1100 v. Chr. Berlin, Ägyptisches Museum.

118. Holzlöwe mit beweglichem Unterkiefer.
Aus Ägypten.
London, Britisches Museum.

119. Terrakottawidder,
ca. 2. Jh. n. Chr.
Köln, Römisch-Germanisches Museum.

120. Löwe und Pferdchen aus Terrakotta,
ca. 2. Jh. n. Chr.
Köln, Römisch-Germanisches Museum.

121-122. Terrakotta-hähne.
Oxford, Ashmolean Museum.

so daß das Kind, wenn es seiner Phantasie freien Lauf ließ, ausgedehnte Ausritte unternehmen konnte. Derartige Fundstücke finden sich in zahlreichen Museen Europas. Aus der römischen Epoche ist uns eine bemerkenswerte Anzahl an Hoftieren erhalten geblieben: Hähne, Hennen (Abb. 121-122), Gänse, Enten, ja ein ganzer Hühnerstall, wie derjenige, der in Compiègne gefunden wurde.[87]

Häufig waren die Kinder bemüht, unter der Verwendung dessen, was sie im Haus finden konnten, ihr Spielzeug selbst herzustellen.

Ein Vater im antiken Griechenland sagte über seinen eigenen Sohn: „Als kleines Bübchen baut er schon daheim/Sich Häuschen, schnitzte Schiffchen, macht aus Leder/Sich Roß und Wagen, und aus Apfelschalen/Recht artge Frösche, ..."[88]

Wägelchen

So wie man Räder an Tierfigürchen anbaute, so gab es auch echte kleine Wagen mit ein, zwei, drei oder vier Rädern. Von ihnen besitzen wir reiche Zeugnisse aus allen Kulturen und Regionen: Mesopotamien, Syrien[89], Ägypten, Zypern, Griechenland und Italien.

Auf ein Wägelchen bezieht sich ein Vater, der sagt: „Dirs zulieb - du lalltest noch, sechs Jahr alt -/Als für den ersten Richtersold ich dir/Ein Wägelchen kaufte zum Diasienfest!"[90]

Die meisten Wagen bestanden aus einer einfachen Stange, an der zwei Räder befestigt wurden[91], wie wir es häufig auf Vasen (Abb. 134) und Grabstelen dargestellt finden. Diese Art des Wagens ist eindeutig auf einem Vasenbild aus Großgriechenland abgebildet, auf dem Eros mit seiner Mutter Aphrodite zu sehen ist.[92]

123. Terrakotta-dromedar.
London, Britisches Museum.

124. Zwei Vögel mit beweglichen Beinen.
Terrakotta.
London, Britisches Museum.

126. Kinder spielen mit einem Wägelchen.
Detail des Sarkophags der Artemidora, Mitte des 2. Jh. n. Chr.
Rom, Museo Nazionale Romano.

127. Kind mit einem dreirädrigen Wägelchen.
Flachrelief eines römischen Sarkophags, 2. Jh. n. Chr.
Rom, Museo Nazionale Romano.

128. Kind mit einem dreirädrigen Wagen.
Fries eines Grabmonuments, 3.-4. Jh. n. Chr.
Rom, Museo Nazionale Romano.

In der Vasenmalerei sind uns reizende und alltägliche Szenen des Familienlebens erhalten geblieben, wie jene eines Kindes, das es geschafft hat, das eigene Wägelchen mitzunehmen, während es wegen der Verrichtung einer Notdurft auf einer *sella cacatoria* sitzt (Abb. 136).

Zu den Wägelchen zählen wir auch ein anderes elementares und noch einfacheres Spielzeug, das sich die Kinder alleine anfertigen konnten, indem sie einen Stock mit einem gabelförmigen Ende verwendeten, an dem nur ein Rad eingelassen wurde.[93] Einige Sarkophage geben es sehr gut wieder; insbesondere einer, in der Villa Torlonia (ehemalige Villa Albani) in Rom (Abb. 135), belegt, daß das Spiel nicht nur darin bestand, das Wägelchen vor sich her zu schieben, sondern damit regelrechte Wettläufe auszutragen.

Das Flachrelief illustriert in nacheinander folgenden Bildern den Ablauf des Wettstreits: Von links nach rechts machen sich einige Eroten entlang der Startlinie[94] – sie ist gekennzeichnet durch zwei Hermen – bereit, während ein Spielkamerad das Startzeichen gibt. Weiter rechts zeichnet ein anderer die Ziellinie ein. In der Mitte der Darstellung wohnen wir dem Verlauf des Rennens bei, während ganz rechts der Sieger mit der Siegespalme[95] zu sehen ist. Die Griechen nannten dieses Spiel *hamaxís*.

Bekannt ist auch ein besonderer kleiner Wagen, der drei Räder aufweist und der auf einigen Fundstücken wiedergegeben ist.[96] Eines davon ist ein Fresko im Kolumbarium in der Via Portuense (Abb. 125) in Rom: Ein Junge vergnügt sich mit diesem rudimentär zusammengebauten Spielzeug,

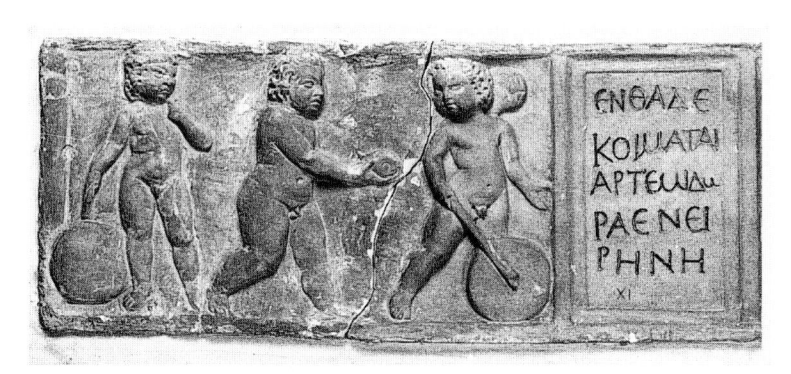

125. Knabe mit einem dreirädrigen Wägelchen.
Detail der Malerei im Kolumbarium in der Via Portuense, Mitte des 2. Jh. n. Chr.
Rom, Museo Nazionale Romano.

129. Modell eines Wägelchens aus Terrakotta.
Aus Syrien, ca. 2000 v. Chr.
Oxford, Ashmolean Museum.

131. Stachelschwein auf einer Platte mit Rädern.
Aus Susa (Mesopotamien), Ende des 2. Jahrtausends v. Chr.
Paris, Musée du Louvre.

130. Reiter.
Römische Epoche.
Köln, Römisch-Germanisches Museum.

132. Widder mit Rädern.
Aus Susa (Mesopotamien).
Marseille, Musée d'Archéologie Méditerranéenne.

133. Löwe auf einer Platte mit Rädern.
Aus Susa (Mesopotamien), Ende des 2. Jahrtausends v. Chr.
Paris, Musée du Louvre.

134. Kind mit Wägelchen.
Choe, Mitte des 5., Beginn des 4. Jh. v. Chr.
Florenz, Archäologisches Nationalmuseum.

135 Unten. Wettrennen mit einem einrädrigen Wägelchen.
Sarkophag eines Kindes, Mitte des 3. Jh. n. Chr.
Rom, Villa Torlonia (ehemalige Villa Albani).

136. Kind auf einer *sella cacatoria* mit seinem neben ihm stehenden Wägelchen.
Oinochoe aus Athen, 440–430 v. Chr.
London, Britisches Museum.

während die Spielgefährten Ball spielen. Auf einem Sarkophag (Abb. 126) ist eine Magd dargestellt, die die Arme nach einem kleinen Kind ausstreckt, da sie Angst hat, daß es von seinem Wägelchen fällt.

Auf der Vorderseite eines Sarkophags ist eine Reiseszene abgebildet: An den beiden äußeren Seiten sieht man ein *carpentum*[97], in dem hochrangige Personen sitzen, während in der Mitte, unter einem kleinen Baum, zwei Kinder spielen, und zwar das eine mit einer Gans und das andere mit einem dreirädrigen, kleinen Wagen (Abb. 127).

Darüber hinaus gibt es aber auch echte Wagen, die danach zu unterscheiden sind, ob sie nun den Kindern zum Spielen oder zum Transport von Personen und Sachen dienten.

Diese unterschiedliche Konstruktion der Wagen wird auf einer attischen Oinochoe im Allard Pierson Museum in Amsterdam deutlich, wo ein Knabe ein kleines Frachtgut auf einem Wägelchen transportiert. Ähnliches zeigt eine weitere Oinochoe, die im Britischen Museum in London aufbewahrt wird. Man sieht deutlich eine Plattform, die nur für den Warentransport geeignet ist, während zwei Kinder die Arbeit des Vaters nachahmen, indem sie Weintrauben aufladen.

Dagegen hat ein Wagen für den Transport von Personen größere Räder. Es handelt sich entweder um Scheiben- oder um Speichenräder. Ferner besitzt ein solcher Wagen eine längere und stabilere Deichsel. Ein derartiger Wagen ist auf einer rotfigurigen Vase ca. aus dem Jahr 410 v. Chr. im Musée du Louvre zu sehen. Auf einigen Wagen ist sogar ein Stuhl befestigt, der manchmal sogar eine Rückenlehne aufweist.

Der eine oder andere Vater bzw. begabte Handwerker war sicher fähig, zum Zeitvertreib der eigenen sowie anderer Kinder echte Wagenmodelle zu bauen,

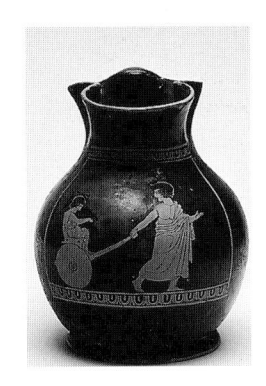

138. Knabe zieht einen Spielgefährten auf einem Wagen. Rotfigurige Choe, ca. 400 v. Chr. Brüssel, Musées Royaux d'Art et d'Histoire.

137. Jungen mit „zirzensischem" Wagen. Aryballos. Oxford, Ashmolean Museum.

die denen der Wagenlenker bei den Wagenrennen im Zirkus sehr ähnlich waren. Solche Wagen sind auf einer Oinochoe in den Staatlichen Antikensammlungen in München und auf einem Aryballos des Makron im Ashmolean Museum in Oxford abgebildet (Abb. 137).

Schiffchen

Nur selten gibt es Nachbildungen von Schiffen, die als Spielzeug hätten verwendet werden können. Aus Mesopotamien ist ein Tonschiffchen grober Machart aus dem 4. Jahrtausend v. Chr. erhalten geblieben. Im Inneren befanden sich fünf Ruderer, für die das Schiff vielleicht modelliert worden ist. Ein weiteres Fundstück aus dem 7. Jh. v. Chr. stammt aus Korinth.[98]

Im Petrie Museum in London wird ein Holzschiffchen aufbewahrt, das auf einem vierrädrigen Gestell montiert ist. Gefunden wurde es in einem Grab in El Faijûm. Es könnte sich dabei um ein Totenschiff handeln, das als Spielzeug dargestellt wurde, aber man kann dazu nichts mit Sicherheit sagen.

Auf alle Fälle wissen wir, daß Kinder mit Schiffchen spielten, denn Aristophanes schreibt: „Als kleines Bübchen baut er schon daheim / Sich Häuschen, schnitzt Schiffchen, ..."[99]

Kreisel

Kreisel[100] gehören zu den ältesten Spielen und waren auch in archaischer Zeit weit verbreitet. Ebenso bekannt zu Zeiten Homers, der in der *Illias* das schnelle Drehen des Kreisels vergleicht mit der Rotation eines von Ajax Telamon geworfenen Steins[101], spielten mit ihm auch schon ägyptische Kinder, was durch einige Funde belegt ist.

In einem Grab des Kemada in Memphis wurde ein Kreisel aus dunklem

139. Miniaturschiff. Aus Tello (Mesopotamien), Ende des 4. Jahrtausends v. Chr. Paris, Musée du Louvre.

140. Schieferscheibe für einen ägyptischen Kreisel, 1. Dynastie, Thinitenzeit. Paris, Musée du Louvre.

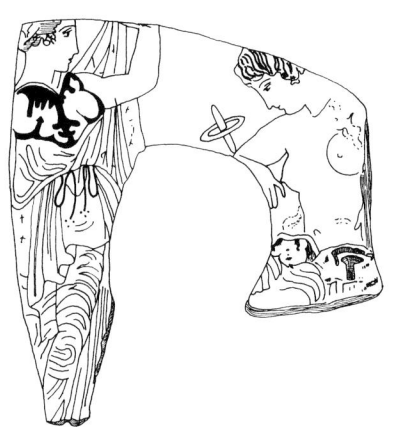

142. Scheibenförmiger Kreisel. Fragment einer Vase aus Athen (aus Daremberg-Saglio, sub voce *Turben*).

Schiefer gefunden, der in das Alte Reich datierbar ist. Darauf sind Gazellen eingeritzt, die von Hunden verfolgt und geschlagen werden.

Es sind verschiedene Kreiseltypen entdeckt worden; der gebräuchlichste hat eine zylindrische Form mit einem zugespitzten Ende.[102] Das Kreiseln selbst erzeugte man entweder durch eine Schnur oder durch eine Peitsche.[103] Die besagte Schnur wurde um den Körper des Kreisels gewickelt, wobei die parallelen Rillen das Aufwickeln erleichterten (Abb. 141).

Eine wunderschöne Kylix, aufbewahrt in den Musées Royaux d'Art et d'Histoire in Brüssel, zeigt ein Mädchen mit einer Peitsche in der Hand und einem Kreisel zu ihren Füßen (Abb. 143). Szenen dieser Art sind auch auf anderen Vasenbildern dargestellt worden: auf dem Innenbild einer Kylix des Syriskos in Baltimore, auf einer Pelike im Archäologischen Museum von Matera, auf dem Deckel einer Pyxis der Sammlung Kanellopoulos in Athen. Auf einer rotfigurigen, attischen Lekythos in Tübingen (Archäologisches Institut) ist ein außergewöhnlicher Spieler dargestellt: der Gott Hermes, der auch der Beschützer der Kinderspiele ist.

Die Kreisel wurden von zahlreichen Dichtern besungen, zu denen auch Vergil gehört: „Wie zuweilen ein Kreisel sich dreht unterm Wirbel der Peitsche den in großem Bogen die Knaben rings in der freien Halle treiben, versessen aufs Spiel, der fliegt unterm Hieb des Riemens in kreisendem Rund, unwissend bestaunen, von oben schauend die Knaben verwundert das wirbelnde Buchsbaumgebilde."[104]

Viele Kreisel tragen elegante Verzierungen: Blattmotive, Efeuranken oder Palmetten und auch Darstellungen von Tieren, wie Enten.[105]

Damit sie Krach machten – das gefällt Kindern immer sehr – fügte man in die Kreisel kleine Metallobjekte ein, was ein Epigramm des Martial bestätigt: „Warum der klappernde Ring in dem weiten Rund mit herumläuft?/Daß vor dem klingenden Reif jeder, der kommt rasch entweicht."[106]

Eine andere Art Kreisel bestand dagegen aus einer einfachen Scheibe (Abb. 140) mit einem Loch in der Mitte, durch das man ein spitzes Stöckchen schob.[107] Um ihn kreiseln zu lassen, reichte es, das eine Ende des Stöckchens zwischen Daumen und Zeigefinger zu nehmen und ihn in eine Drehbewegung zu versetzen (Abb. 142). Noch eine andere Art bestand aus einem einzigen, scheibenförmigen Stück mit einer Spitze in der Mitte auf beiden Seiten. Auch diese Art des Kreisels ist belegt durch einen Fund im Musée

141. Kreisel, 8. Jh. v. Chr. London, Britisches Museum.

143. Mädchen spielt mit einem Kreisel. Innenbild einer Kylix des Sotades-Malers. Aus Athen, ca. 430 v. Chr. Brüssel, Musées Royaux d'Art et d'Histoire.

**144. Scheibenförmiger Kreisel mit doppelter Spitze.
Saintes, Musée Archéologique.**

Archéologique von Saintes in Frankreich (Abb. 144).

Plinius d. Ä. erzählt, daß zu seiner Zeit die Kreisel aus Buchsbaum hergestellt wurden. Äußerst selten sind etruskische Zeugnisse zu Spielen und Spielzeug, jedoch in den Antikensammlungen in München befindet sich eine Bronzestatuette vom Ende des 4. Jhs. v. Chr., die einen nackten Jüngling mit einem Kreisel in der Hand zeigt.

Abschließend eine Kuriosität: Der Kreisel wurde auch bei Weissagungen[108] eingesetzt, und das so häufig, daß Ovid schrieb: „Sie kennt genau die Kraft …/der bewegten Fäden an den gedrehten Kreiseln."[109]

Spulen (oder Jojo)

Für die Archäologen gehören die Spulen zu den kostbarsten Spielsachen, denn berühmte Vasenmaler, wie der Pistoxenos-Maler und der Penthesilea-Maler, haben wundervolle Stücke mit mythologischen Szenen oder mit Szenen des alltäglichen Lebens verziert. Eines der künstlerisch wertvollsten Beispiele stammt vom Penthesilea-Maler und zeigt Eros bewaffnet mit einer Sandale, wie er sich auf zwei Knaben stürzt, von denen der eine dabei ist, mit einem Kreisel zu spielen, der andere dagegen mit einem Reifen; dieselbe Szene ist vom selben Maler auf eine Kylix[110] gemalt worden (Abb. 147). Das pädagogische Prinzip der Alten war es, die Taten der Götter und der Helden vom frühesten Kindesalter an als beispielhaft zu lehren. Was gäbe es hierzu für ein besseres Medium als ein Spielzeug, das sich durch seine Form hervorragend dazu eignete, mit solchen Szenen bemalt zu werden? So bestehen die Spulen aus zwei flachen Scheiben, die in der Mitte durch einen kleinen zylindrischen Stab miteinander verbunden sind. Nachdem ein Faden an diesem Stab befestigt und ganz um ihn herumgewickelt worden war, mußte man diesen Faden an einem Ende festhalten und ihn dann fast ganz abrollen lassen. Jedoch kurz bevor er sich ganz abgewickelt hatte, gab man der Spule einen geschickten Ruck nach oben, wodurch sich der Faden in entgegengesetzter Richtung wieder um den Stab wickelte.

Die Szene eines Knaben mit Umhang, der mit einer Spule spielt, ist nur auf zwei Vasenbildern wiedergegeben. Auf dem Innenbild einer Kylix in Berlin (Abb. 145) sieht man einen bemäntelten Jüngling mit vorgestrecktem rechtem Arm, der seine Spule, die bereits fast den Boden berührt, laufen läßt. Zudem gibt es eine Darstellung

145. Jüngling mit Umhang spielt mit einer Spule. Innenbild einer rotfigurigen, attischen Kylix, ca. 440 v. Chr. Berlin, Staatliche Museen, Preußischer Kulturbesitz.

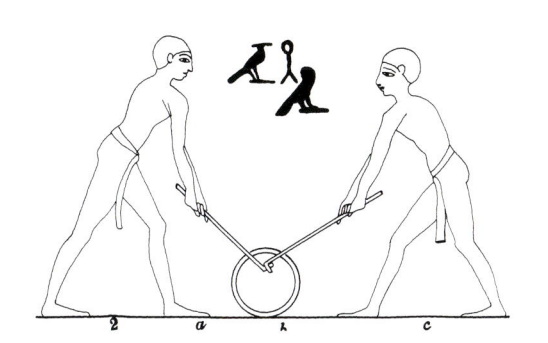

146. Reifenspiel im Alten Ägypten. Grab des „Gaufürsten" Roti, XI.–XII. Dynastie. Beni Hasan.

auf einer Oinochoe in Erlangen in Bayern. Beide Stücke stammen aus dem 5. Jh. v. Chr.[111]

Es ist anzunehmen, daß Spulen normalerweise aus nicht zerbrechlichem Material, wie etwa Holz, hergestellt wurden.[112]

Das Reifenspiel

Die älteste Darstellung eines Spiels mit einem Reifen reicht bis zu den Ägyptern zurück. Im Grab des „Gaufürsten" Roti in Beni Hasan finden wir eine Malerei, die zwei Männer mit je einem hakenförmig gekrümmten Stock zeigt. Dabei versuchen beide auf ihrer Seite, einen Reifen zu sich zu ziehen (Abb. 146).

Die griechische[113] und die römische[114] Kultur haben uns eine Vielzahl von Darstellungen des Reifenspiels überliefert. In ihnen erscheint immer nur ein einzelner Spieler, und im allgemeinen ist der Stock, der dazu dient, den Reifen vorwärts zu treiben, ganz gerade[115] und nicht gekrümmt[116] gezeichnet.

148. Eros mit Reifen. Rotfigurige, athenische Amphora aus Nola, ca. 480 v. Chr. London, Britisches Museum.

147. Jüngling flüchtet mit dem eigenen Reifen. Detail einer Kylix des Penthesilea-Malers, 5. Jh. v. Chr. Berlin, Staatliche Museen, Preußischer Kulturbesitz.

149. Ganymed mit Reifen.
Rotfiguriger Glockenkrater des Berliner Malers.
500–460 v. Chr.
Paris, Musée du Louvre.

151. Hermes verfolgt Ganymed. Rotfigurige, attische Amphora des Alkimachos-Malers, ca. 470 v. Chr. Sankt Petersburg, Eremitage.

Horaz spricht den Griechen die Urheberschaft für das Reifenspiel zu: „... besser versteht sich [der edle Knab] ... / Auf das griechische Reifenspiel ..."[117]
Der Reifen wird den jugendlichen Gottheiten zugeschrieben, wie Eros (Abb. 148), dem Gott der Liebe, und Ganymed (Abb. 149), Mundschenk des Zeus aus dem königlichen Geschlecht von Troja.

Viele hervorragende Abbildungen, insbesondere in der Vasenmalerei, Werke der hervorragendsten griechischen Künstler, geben Zeus wieder, wie er Ganymed, der den Reifen vor sich hertreibt, verfolgt.[118]

Es ist uns zwar kein einziger Reifen erhalten geblieben, aber nach einer antiken Norm[119] mußten die Reifen bis zu den Hüften der Kinder reichen. Und in dieser Art sind sie tatsächlich auf vielen rotfigurigen Vasen sowie auf Reliefs dargestellt. Normalerweise waren sie aus Bronze, doch die einfachsten Reifen waren nichts anderes als der Eisenring eines Wagenrads. Das bezeugt erneut Martial, der in einem Epigramm je nach Verwendung die entsprechende Vokabel unterscheidet: *rota* für das Rad beim Einsatz während der Arbeit und *trochus* für den Reifen der Kinder.[120]

Da für Kinder ein Spiel um so schöner ist, je mehr Krach es macht, zog man auf den großen Reifen auch andere kleine Metallringe auf, die beim Drehen des Reifens sowohl gegeneinander als auch auf das Pflaster schlugen, wobei sie einen ohrenbetäubenden Lärm verursachten. Für den Arzt Antillos hatten sie einzig und allein die Aufgabe, Freude zu bereiten.

150. Junge Frau mit einem Reifen, auf den zwei Ringe aufgezogen sind. Flachrelief aus Este. Wien, Kunsthistorisches Museum.

152. Wettlauf mit
Scheiben im Zirkus.
Sarkophag,
zweite Hälfte des
3. Jh. n. Chr.
Rom, Museo
Nazionale Romano.

Diese „Erfindung" ist durch Martial belegt: „... wie der Reifen, dran hell, läuft er, die Schelle erklingt ..."[121]

Ein Flachrelief (Abb. 150), auf dem man ganz deutlich zwei auf den Reifen aufgezogene Ringe sieht, dokumentiert auch die besondere Art des hakenförmigen Stocks, der nur selten in der griechischen und römischen Ikonographie dargestellt wird und dessen Aussehen an die ägyptische Form erinnert. Einige Fundstücke, zu denen auch zwei Sarkophag-Vorderseiten gehören, zeigen dagegen den Gebrauch von Scheiben, die wie Reifen verwendet und mit dem üblichen kleinen Stock vorwärts getrieben wurden. Um anzudeuten, daß die Kinder bei diesem Spiel regelrechte Gruppenwettkämpfe austrugen und es sich nicht um ein einsames Vergnügen handelte, zeigt ein Flachrelief im Museo Nazionale Romano (Abb. 152) dieses Spiel, mit dem hier Eroten beschäftigt sind, im Zirkus. Das ist erkennbar anhand der *metae* der Spina. Die Verwendung des Reifens wurde auch als sportliche Übung angeraten, und er wurde deswegen auch von den Athleten und in der Palästra benutzt. Hippokrates, der Begründer der griechischen Medizin, verschrieb das Reifenspiel in Fällen, in denen ein therapeutisches Schwitzen erwünscht war. Wie der Kreisel, konnte auch der Reifen ein Instrumentarium der Zauberkünste werden: „Und so wirbelt herum dieser Bronzediskus, so will es Aphrodite./So soll auch er sich stets vor unseren Türen winden."[122]

Mikado

Man spielte es mit einem Bündel von Holzstäbchen wie bei dem heutigen gleichnamigen Spiel. Nachdem der erste Spieler alle Stäbchen in einer Hand

**153. Junge Ägypter spielen das Ästchenspiel.
Grab des „Gaufürsten" Roti,
XI.-XII. Dynastie.
Beni Hasan.**

zusammengenommen hatte, ließ er sie fallen, indem er die Hand öffnete. Die Geschicklichkeit bestand dann darin, ein Hölzchen nach dem anderen wieder aufzunehmen, ohne dabei die anderen auch nur unmerklich zu bewegen. Wir nehmen jedoch an, daß das Mikadospiel im Altertum mehr für Weissagungen als zum Spiel benutzt wurde.

Ein Mikadospiel wird in Lyon im Musée de la Civilisation Gallo-Romain aufbewahrt.

Das Ästchenspiel

Es handelt sich um ein ägyptisches Spiel, das Ippolito Rosellini, der es auf einer Darstellung im Grab des „Gaufürsten" Roti in Beni Hasan entdeckte (Abb. 153), folgendermaßen beschreibt: „.... zwei Männer ... machen ein bestimmtes Spiel mit Ästchen und die darüber stehende Inschrift, die es benennt, scheint es von 'Finger' abzuleiten, so als wolle sie die Gewandtheit der Finger andeuten, die notwendig ist, um das Spiel mit diesen Ästchen zu spielen, die, von dem einen über Kreuz gehalten, zu vibrieren scheinen, während der andere sie auf dem Handrücken annimmt."[123] Von nachfolgenden Kulturen sind keine weiteren Informationen erhalten geblieben.

Marionetten

Ob die Alten ein Spiel bzw. eine Aufführung gekannt haben, das mit unserem Kasperletheater vergleichbar wäre, wissen wir nicht. Wie bekannt ist handelt es sich dabei um Puppen mit einem Holzkopf, an den ein vollständiges Gewand mit Ärmeln angenäht ist. Sie werden mit nur einer Hand bewegt, die unter den Stoff geschoben wird, so als wäre es ein Handschuh. Die Menschen der Antike kannten allerdings Marionetten[124]; bevor diese zum

**154. Marionettenpüppchen,
359-325 v. Chr.
Mailand, Museo
Teatrale alla Scala.**

155. Legionärstorso. Aus dem Grab der Claudia Victoria in Trion, 70–115 n. Chr. Lyon, Musée la Civilisation Gallo-Romaine.

Spielzeug und zum Schauspiel wurden, verwendete man sie in religiösen Zeremonien. Herodot berichtet, daß die Ägypter „.... andere Symbole [erdacht haben], etwa eine Puppe von einer Elle[125] Länge, die durch eine Schnur bewegt wird. Diese Puppe tragen Frauen durch die Dörfer, ..."[126] Der Archäologe Gayet[127] hat in Antinoë im Grab der Chelmis, Sängerin des Osiris-Antinous, ein vollständiges kleines Marionettentheater gefunden; die Marionetten werden in das 3. Jh. n. Chr. datiert und haben einen Körper aus Holz und einen Kopf aus Elfenbein. Eine einzigartige Gruppe von vier kleinen, zwergenhaften Elfenbeinstatuen, die mittels einer Schnur tanzen, ist unter den Beigaben eines Grabes der XII. Dynastie in Lischt gefunden worden. Wir wissen mit Sicherheit, daß die Griechen Marionettenaufführungen veranstalteten, denn das beweist ein Passus bei Platon, der, um ein Gleichnis zu ziehen, sagt: „.... ein Weg hin, längs dessen eine niedrige Mauer errichtet ist ähnlich der Schranke, die die Gauklerkünstler vor den Zuschauern errichten, um über sie weg ihre Kunststücke zu zeigen."[128]

Zur Zeit des Sophokles gaben Marionettentheater bereits unabhängige Vorführungen. Ein gewisser Pothinos erwarb einen so großen Ruf als Puppenspieler, daß ihm die Athener, fasziniert von seinen Aufführungen, das Dionysos-Theater zu Verfügung stellten.[129] Im *Symposion* des Xenophon spricht Phillippos, ein Narr aus Syrakus, der von Bankett zu Bankett zog, um sich das Essen mit seinen Scherzen zu verdienen: „Denn diese schauen sich meine Marionetten an und ernähren mich."[130] Aristoteles beschreibt sie so: „Auf ähnliche Weise ziehen auch Marionettenspieler einen einzelnen Faden und bewirken so, daß die Puppe den Hals bewegt, und die Hände wie ein Lebewesen, und die Schultern und die Augen, es gibt aber auch die Möglichkeit, alle Glieder zu bewegen, mit einer gewissen Harmonie."[131] Wir geben hier eine Stelle wieder, die die große Technik bei diesen Aufführungen zeigt und außerdem belegt, wie mit Hilfe der Marionetten mythologische und geschichtliche Themen behandelt wurden, immer mit dem Ziel, zu belehren und zu erziehen: „Zu Anfang öffnete sich die Bühne, dann erschienen zwölf Figuren im Bilde, diese waren auf drei Reihen verteilt. Sie waren als Danaer dargestellt, welche die Schiffe ausbessern und Vorbereitungen treffen, um sie ins Meer zu ziehen. Diese Figuren bewegten sich, indem die einen sägten, die anderen mit Beilen zimmerten, andere hämmerten, wieder andere mit

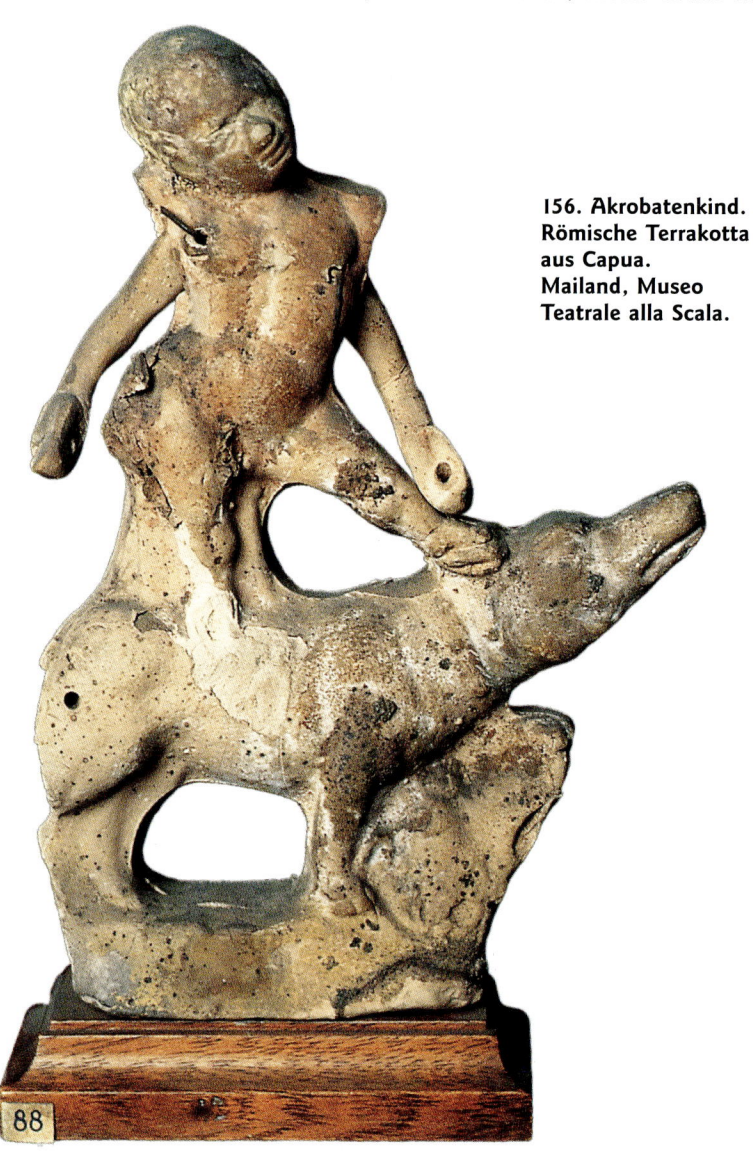

156. Akrobatenkind. Römische Terrakotta aus Capua. Mailand, Museo Teatrale alla Scala.

großen und kleinen Bohrern arbeiteten. Sie verursachten ein der Wirklichkeit entsprechendes, lautes Geräusch. Nach geraumer Zeit wurden aber die Türen geschlossen und wieder geöffnet und es gab ein anderes Bild. Man konnte nämlich sehen, wie die Schiffe von den Achäern ins Meer gezogen werden. Nachdem die Türen geschlossen und wieder geöffnet waren, sah man nichts auf der Bühne als gemalte Luft und Meer. Bald darauf segelten die Schiffe in Kiellinie vorbei. Während die einen verschwanden, kamen andere zum Vorschein. Oft schwammen auch Delphine daneben, die bald im Meer untertauchten, bald sichtbar wurden, wie in Wirklichkeit. Allmählich wurde das Meer stürmisch, und die Schiffe segelten dicht zusammengedrängt. Machte man wieder zu und auf, war von den Segelnden nichts zu sehen, sondern man bemerkte Nauplius mit erhobener Fackel und Athene, die neben ihm stand. Dann wurde über der Bühne Feuer angezündet, wie wenn oben die Fackel mit ihrer Flamme leuchtete. Machte man wieder auf und zu, sah man den Schiffbruch und wie Ajax schwamm. Athene wurde auf einer Schwebemaschine, und zwar oberhalb der Bühne, emporgehoben, Donner krachte, ein Blitzstrahl traf unmittelbar auf der Bühne den Ajax, und seine Figur verschwand. Und so hatte das Stück, nachdem geschlossen war, ein Ende."[132]

Es handelte sich um die Inszenierung einer bekannten Legende, in der Nauplius, der griechische Held und Vater des Palamedes, sich an den Führern des griechischen Heeres rächte.[133] Nachdem diese am Ende des Krieges die trojanische Küste verlassen hatten, um in das Vaterland zurückzukehren, kamen sie bei Nacht auf die Höhe der Insel Euböa. Hier sahen sie entlang des kapharischen Vorgebirges brennende Fackeln und nahmen Kurs auf diese Lichter. Sie waren von Nauplius entzündet worden, damit die Schiffe an den Klippen zerschellten. Bei diesem Schiffbruch fand Ajax Oileus den Tod.

157. Krieger in orientalischer Kleidung. Römische Terrakotta. Mailand, Museo Teatrale alla Scala.

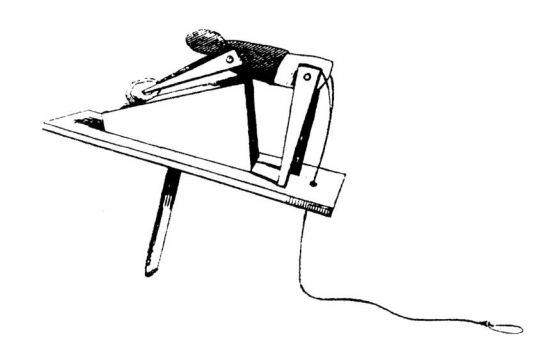

158. Den Nudelteig ausrollende Frau. Leiden, Rijksmuseum van Oudheden.

Es ist jedoch nicht einfach, die Marionetten, die Teil eines professionellen Puppentheaters waren, von denen zu unterscheiden, die nur zur Unterhaltung der Kinder dienten. Diodor aus Sizilien erzählt: „Antiochos aus Kyzikos verfiel bald, nachdem er die Königsherrschaft erlangt hatte, … einem Verhalten, das eines Königs unwürdig ist. … Er bemühte sich auch um das Marionettenspiel und um sich selbst bewegende, fünf Ellen[134] hohe Tiere, aus Gold oder Silber …"[135] Das Museo Teatrale alla Scala in Mailand besitzt drei Fundstücke, die Marionetten für ein kleines, häusliches Theater sein könnten, sie entspringen mehr der Phantasie als technischer Vollkommenheit: Eine ist eine Gliederpuppe, die ein Metallringlein auf dem Kopf trägt (Abb. 154), die andere ist ein Krieger[136] (Abb. 157) und die letzte ein auf einem Hund stehendes Kind; mit der einen Hand bewegte es mit einer Schnur den Schwanz des Hundes, und mit der anderen hielt es ihn an der Leine (Abb. 156). Im Grab der Claudia Victoria[137] in Trion, nahe Lyon, wurde der Elfenbeintorso eines Legionärs gefunden (Abb. 155). Diese Art von Fundstücken ist nur für die ersten Jahrhunderte unserer Zeitrechnung belegt. Richtig, auch ein Kind kann mit einer männlichen Puppe spielen, jedoch ist es glaubhafter, Spielsachen männlichen Geschlechts, wie den Krieger und den Legionär, zu den Figuren eines häuslichen Puppentheaters zu zählen. Schließlich wurde der Terminus Marionette, wie heute auch in metaphorischem Sinn gebraucht, um damit Menschen ohne eigenen Willen zu beschreiben: „… wie eine Holzfigur bewegst du dich, die eine fremde Hand am Faden zieht."[138]

„Roboter"

Der griechische Ausdruck *autómaton* bedeutet „was sich von selbst bewegt". Die Griechen kannten also Maschinen, die Bewegungen und manchmal auch den Anschein eines lebendigen Körpers erzeugten. Wir erweitern die Bedeutung des Terminus „Automaten" vielleicht etwas, das aber nur, um hier Spielsachen zuzuordnen, die derartigen Gegenständen stark ähneln.

Heron von Alexandria, berühmt in der Wissenschaft der Mechanik, schrieb über die Kunst, Automaten herzustellen. Und er selbst erfand einen außergewöhnlichen Wagen, der aus einer Art Eisenflasche bestand, die auf vier Räder gelegt wurde. Sie war ausgestattet mit einem kleinen Ofen, mit dem das in ihr enthaltene Wasser zum Kochen gebracht wurde. Der aus dem Flaschenhals austretende Wasserdampf trieb den Wagen an.

Es wurden Spielsachen mit technischen Eigenschaften gefertigt, die modernen Zeiten würdig sind: Aulus Gellius berichtet, daß Archytas „eine Nachbildung einer Taube, … nach einem gewissen System konstruiert und durch mechanische Kunst aus Holz hergestellt [hat], die sich in die Luft geschwungen. Dieses Kunstwerk wurde durch Schwungkräfte in die Höhe getrieben und durch eine verborgene und eingeschlossene Strömung von Luft in Bewegung gesetzt."[139]

Dieses einfallsreiche Spielzeug kannten und schätzten auch die Römer; dazu schreibt Petronius im *Satyricon*: „Als wir also tranken und seine Feudalität auf das gründlichste bewunderten, brachte ein Sklave ein silbernes Skelett herein, mit einem Mechanismus der Art, daß sich seine Glieder und Gelenke locker in jeder Richtung biegen ließen."[140]

Das Rijksmuseum van Oudheden in Leiden besitzt ein wirklich originelles Spielzeug: eine Frau, die Nudelteig ausrollt (Abb. 158). Die Bewegung der Arme und des Rückens erfolgt durch das Ziehen und Loslassen einer Schnur sowie aufgrund einer genau berechneten Neigung der Figur. Sie wird so zunächst nach oben gezogen und fällt dann automatisch wieder herab.

1 Es sind davon nur wenige Stellen erhalten geblieben, überliefert durch das byzantinische Lexikon *Suida*.
2 Fest des neuen Weines vom 11. bis zum 13. des Monats Anthesterión, d. h. im Februar/März.
3 Noch heute gibt es in vielen Ländern den Brauch, Geschenke, anstatt zu Weihnachten, anläßlich der Wiederkehr der Verstorbenen zu verteilen.
4 Miniaturisierte Oinochoe.
5 In Griechenland hielt man am fünften oder siebenten Tag nach der Geburt die Reinigungszeremonie (*amphidromía*) ab, die auch die Anerkennung der Vaterschaft begründete; in Rom dagegen fand diese Zeremonie am zehnten Tag statt. Wurde der Junge (häufiger das Mädchen) nicht wiedererkannt, so wurde das Kind mit Zeichen zur Wiedererkennung „ausgestellt". Das konnten Amulette, Tand und Spielzeug sein oder solche Dinge, durch die Palestra, eine Figur im *Tau* (*Rudens*) des Plautus, ihre Eltern wiederfindet: ein goldener Dolch, eine zweischneidige Axt, eine silberne Sichel, ein Schweinchen aus Terrakotta, ein goldener Anhänger.
6 Altrömische Feiern zu Ehren des Saturn, die zuerst am 17. Dezember abgehalten wurden und dann in der Kaiserzeit bis auf sieben Tage ausgedehnt wurden.
7 Martial, *Epigramme*, VII, 91,1.
8 Macrobius, *Saturnalien*, I, 11,1.
9 Catull, *Gedichte*, 61,131: „Gib den Knaben die Nüsse, du/Fauler Lustknabe, lang genug/Hast damit du gespielt. Doch jetzt/Dienen wir dem Talasius./Gib die Nüsse her, Knabe."
10 Das sind Klappern oder Rasseln, die auf griechisch *platáge* genannt werden.
11 Diese Säuglingsflasche befindet sich im Museo Archeologico Regionale von Syrakus.
12 Storoni Mazzolani, *Il ragionamento del Principe di Biscari a Madama N. N.* (Palermo 1991).
13 430–360 v. Chr.
14 Martial, *Epigramme*, XIV, 54: „Wenn dir vom Hausgesind ein kleiner Schreier am Hals hängt, schüttle sein Händchen zart hier dieses Klappergerät."
15 Auch *epísema*, *spargána*.
16 Das Kunsthistorische Museum in Wien besitzt eine Goldkette mit gut fünfzig Anhängern dieses Typs. Ebenso interessant sind zwei Ketten, die bei einer Ausgrabung in der Via Salaria in Rom entdeckt wurden (Fiorelli, *Notiziario degli scavi*, 1886, 210).
17 Eine solche ist im Musée Rolin in Autun zu sehen und eine weitere mit mehreren Kugeln in Colmar im Musée d'Unterlinden.
18 Lukrez, *Die Natur der Dinge*, V, 228: „Jedoch verschiedene Herden und Vieh wachsen und wilde Tiere, und sie brauchen doch keine Kinderrasseln (*crepitacilis*) und niemand benötigt die Schmeichellaute der Kinderamme und Gerede in gebrochener Babysprache, noch verlangen sie verschiedene Kleider je nach dem Wetter des Himmels."
19 Wie die Tonrassel mit dem Aussehen einer Frau, die in dem Grab eines sechs- bis siebenjährigen Mädchens in der Via Nomentana in Rom entdeckt wurde (aufbewahrt in den Magazinen des Museo Nazionale Romano). Außerdem eine Rassel mit dem Äußeren eines Kindes im Wallraf-Richartz-Museum in Köln.
20 *Cista, cistella*.
21 Plautus, *Das Tau* (*Rudens*), IV, 4,118.
22 Vitruv, *Architektur*, IV, I §§ 9–10.
23 Wer das Gelübde der Keuschheit nicht erfüllte, war dazu verdammt, lebendig in einem unterirdischen Raum auf dem *campus sceleratus* begraben zu werden. Der Dienst der Vestalinnen, der im Alter zwischen sechs und zehn Jahren begann, betrug mindestens dreißig Jahre.
24 Gioachino Mancini im *Notiziario degli scavi*, 1930.
25 Bordenache-Battaglia, *Corredi funerari in età imperiale o barbarica nel Museo Nazionale Romano* (Rom 1983).
26 Für den Abbé Martigny (*Dictionnaire des antiquités chretienne*, sub voce *Jouets*) kein heidnischer Ritus, sondern ein symbolischer Akt, der an eine wichtige Regel des christlichen Lebens erinnerte: „Wahrlich, ich sage euch: Wenn ihr nicht umkehret und werdet wie die Kinder, so werdet ihr nicht ins Himmelreich kommen" (*Matthäus*, XVIII, 3); unserer Ansicht nach eine etwas „an den Haaren herbeigezogene" These.
27 Kreisel, aber es könnte auch die „Knarre" oder ein anderes Gerät sein, das Töne erzeugt.
28 Leonides von Tarent, in *Anthologia Palatina*, VI, 309.
29 Anonymus, in *Anthologia Palatina*, VI, 280.
30 Athenaeus, *Deipnosophisten*, IX, 410e. Vgl. Persius, *Satire*, II, 69: „...was nutzt in heiligen Dingen das Gold? Doch wohl nicht mehr als Puppen, der Venus geschenkt von der Jungfrau!"
31 Es diente dazu, die Haare zusammenzuhalten.
32 Mutter von Artemis und Apollon, die von Zeus gezeugt wurde.
33 Artemis.
34 Anonymus, in *Anthologia Palatina*, VI, 280. Vgl. Theodor, in *Anthologia Palatina*, VI, 282: „Hermes, Kalliteles brachte/... den Ball, der immerzu fliegt. O nimm die Geschenke,/du, der Ordnung und Zucht jungen Epheben verleiht."
35 Persius, *Satire*, VI, 274.
36 Französisch für gefirnisste oder glasierte Keramik.
37 Die beiden Puppen im Metropolitan Museum in New York sind den Funden im Ägyptischen Museum in Turin sehr ähnlich.
38 Außer denen im Britischen Museum in London, gibt es eine weitere im Ashmolean Museum in Oxford.
39 Einige befinden sich im Musée du Louvre in Paris sowie im Museum of Fine Arts in Boston.
40 Eine Puppe mit diesen Ausmaßen wird im Nationalmuseet von Kopenhagen aufbewahrt, eine weitere in der Sammlung Erlenmeyer in Basel.
41 Griechisch *koura* (Mädchen), *nympha* (Braut).
42 Lukian (*Lexiphanes*, 22) schreibt in einem Gleichnis: „So ist dir auch jetzt verborgen geblieben, daß du den Puppen, die von den Marionettenspielern hergestellt und für die Agora geschaffen werden, ähnelst, da du außen zwar blau und rot angemalt bist, drinnen aber aus Ton bist und sofort kaputtgehst."
43 Viele, nicht gegliederte Puppen wurden in Modeln ausgeformt und dann *sigillaria* genannt.
44 Griechisch *dagys*, Wachspuppe (jedoch gebraucht für die Zauberei).
45 Kallimachos, *Hymne an Demeter*, 92.
46 *Anulus pronubus* mit zwei eingeritzten rechten Händen, die sich gegenseitig drücken und ein Ährenbündel halten, wodurch ein Bezug zu dem antiken Hochzeitsritus der *confarreatio* hergestellt wird.
47 Griechisches Musikinstrument, rundlich, ähnelt unseren Zimbeln; es wurde zur Begleitung beim Tanz und bei den or-

giastischen Riten des Dionysos verwendet.

48 Die Puppe, die sich im Archäologischen Museum von Tarent befindet, hält vielleicht eine Krotale in der rechten Hand (der linke Arm fehlt).

49 Bei der Puppe aus Lipari waren die Haare z. B. schwarz gemalt.

50 Diese 26 cm große Puppe aus dem 4. Jh. v. Chr. wurde bei den Ausgrabungen der Basilika San Sebastiano an der Via Appia in Rom auf der linken Seite entdeckt.

51 Ein Beispiel ist in den Antikensammlungen in München zu sehen. Sie ist 18,5 cm hoch und datiert in das 5.-4. Jh. Die Arme sind jedoch beweglich.

52 Im Musée d'Archéologie Méditerranéenne von Marseille ist ein Püppchen aus roter Terrakotta in dieser Haltung zu sehen, das auf das 3.–2. Jh. zurückgeht. Es ist nackt, 34 cm groß, und der Kopf fehlt.

53 Pausanias, *Führer durch das antike Griechenland*, V, 20,1.

54 Ort in der Provinz Reggio Emilia. Hier wurde das Grab einer vierzehnjährigen, später adoptierten Sklavin namens Julia Graphis entdeckt. Vgl. M. R. Rinaldi, *Ricerche sui giocattoli nell'antichità a proposito di un'iscrizione di Brescello*. Epigraphica 1/4, 1956 (1958).

55 Häusliche Herde.

56 Ausgrabung des Heiligtums auf dem Monte Sant'Angelo. Vgl. M. Barbera, *I crepundia di Terracina*. Bollettino d'Archeologia 10, 1991.

57 Ein weiteres Beispiel für „Filzpantoffeln" finden wir im Britischen Museum in London.

58 Vielleicht stellt der Name Anxur die ursprüngliche Gottheit dar, die von den Volskern angebetet und dann an die Person des kindlichen Jupiter angeglichen wurde.

59 Genauer gesagt aus Tell el-Amarna; er ist etwa um 1500 v. Chr. datierbar und befindet sich im Britischen Museum in London.

60 Ende des 3. Jahrtausends (London, Britisches Museum); auch das Museum von Idlib bewahrt drei Tischchen unterschiedlicher Größe.

61 Köln, Römisch-Germanisches Museum; Tarragona, Museu Nacional Arqueològic; Lipari, Museo Archeologico Eoliano (mit Funden, bis aus dem 5. Jh. v. Chr.).

62 Eine Terrakotta, die eine knetende Frau darstellt, wird auch im Musée du Louvre in Paris aufbewahrt.

63 Theorie mit der Grundidee, daß es eine Seelenwanderung in ein Tier oder einen anderen Menschen gibt.

64 Die schönsten sind eine Mädchenstatue, die eine Taube an die Brust drückt (Kapitolinische Museen in Rom) und ein Grabrelief aus Paros, Ende des 4. Jh. v. Chr. (Metropolitan Museum in New York).

65 *Regio* I, *Insula* 9, *Nummer* 3; das abgenommene Fresko befindet sich im Archäologischen Nationalmuseum von Neapel.

66 Die Kylix befindet sich im Britischen Museum in London; sie ist ein Werk des Käfig-Malers, eines attischen Töpfers aus der dritten Dekade des 5. Jh. v. Chr.

67 Beim Spinnen der Wolle über Knie und Oberschenkel gestülpte Schutzbekleidung aus Leder oder Ton; aufbewahrt im Nationalmuseum von Athen.

68 Die Szene mit einem auf einem Finger sitzenden Vogel ist unter vielen anderen auch auf einem Gefäß des Primatenmalers im Thorvaldsens Museum in Kopenhagen sowie auf einer Hydria des Meidias-Malers im Archäologischen Nationalmuseum von Florenz dargestellt.

69 Catull, *Gedichte*, 2. Vgl. ebd., 3: „Weinet …/Denn gestorben ist meines Mädchens Vöglein/Er, der Sperling, des Mädchens ganze Wonne,/Den sie mehr noch als ihre Augen liebte."

70 Rom, Vatikanische Museen, Galleria Chiaramonti.

71 Martial, *Epigramme*, VII, 87; Theophrast, (*Charaktere*, XXI, 9) verspottet den Menschen, der einen Grabstein zur Erinnerung an seinen Hund aufstellt.

72 Plutarch, *Opere morali*, 198,2.

73 Die Basis aus dem 2. Jh. n. Chr. kommt von der tyrrhenischen Küste.

74 Pollux, *Onomasticon*, IX, 7,124.

75 Siehe den Mythos des Terambos.

76 Ein Werk des Diomedes-Malers, das sich in der Sammlung McCoy in Texas (USA) befindet.

77 Zu sehen auf dem Innenbild einer Kylix in Berlin, Staatlichen Museen, Preußischer Kulturbesitz.

78 Die Szene ist auf einem Flachrelief im Musée du Louvre in Paris dargestellt.

79 Meleager, in *Anthologia Palatina*, VII, 207.

80 Die Bedeutung dieses Geschenks liegt in der Tatsache, daß der Hase das Symbol für die erotische Leidenschaft und deswegen der Aphrodite geweiht war.

81 Befindet sich in der Biblioteca Apostolica im Vatikan.

82 Wenig bekannt, aber besonders schön ist die Grabstele des Mädchens Tyrannis (2. Jh. n. Chr.), das mit einem anmutigen, kleinen, bellenden Hund spielt (Magazin im Heiligtum des Siegreichen Herkules in Tivoli).

83 Er befindet sich im Musée du Louvre in Paris.

84 Vielleicht sind diese Spielsachen eher den Wägelchen zuzuordnen, genau wie das Krokodil (Abb. 117) und alle anderen Tiere, die, belegt durch die Löcher in den Nüstern, gezogen wurden.

85 Sie gehen zurück bis in das Jahr 2000 v. Chr.

86 Diese Funde reichen zurück in das Jahr 450 v. Chr.; sie befinden sich im Mr. Butcher's Museum in Dorset, England.

87 Er wird aufbewahrt im Musée des Antiquités Nationales von Saint-Germain-en-Laye.

88 Aristophanes, *Wolken*, 881.

89 Zwei formschöne, mit Einritzungen verzierte Wagen befinden sich im Britischen Museum in London; einer ist geschlossen (2500–2300 v. Chr.), der andere hat einen Sitz und ein Geländer (ca. 2000 v. Chr.).

90 Das Hauptfest des Zeus Meilíchios (wohlwollend), gefeiert in Athen zur Reinigung des Volkes. Vgl. Aristophanes, *Wolken*, 864.

91 Diese Art hieß auf lateinisch *plostellum*. Vgl. Aristophanes, *Wolken*, 880, der von Lederwägelchen spricht.

92 Apulische Hydria des Chamay-Malers, aufbewahrt in Berlin, in den Staatlichen Museen, Preußischer Kulturbesitz.

93 Oft ist es schwer zu unterscheiden, ob sich diese Darstellungen auf dieses Spiel beziehen oder ob es sich um eine flache, dem Reifen vergleichbare Scheibe handelt. Wenn die Stange in der Mitte der Scheibe endet, gehen wir davon aus, daß es ein „Wägelchen" ist.

94 Bei den Athletenrennen im Stadion hieß sie *áphesis*.

95 Insbesondere während der römischen Epoche und bei den zirzensischen Wettkämpfen symbolisierte der Palmwedel den Sieg; bei den griechischen Agonen wurden größtenteils Kronen und Stirnbinden verwendet.

96 Einige Wissenschaftler identifizieren dieses Spielzeug mit einem Laufstall.

97 Zweirädriger Wagen, der an Festtagen insbesondere von Frauen und Priestern benutzt wurde.

98 Es befindet sich im Britischen Museum von London.

99 Aristophanes, *Wolken*, 880.

100 Griechisch *strómbos*; lateinisch *turben* und *turbo*.

101 Homer, *Illias*, XIV, 413: „.... Einen von denen [einen Stein] hob er auf /.../ Und wie ein Kreisel trieb er ihn mit dem Wurf, und der lief rundherum."

102 Ein Kreisel mit doppelter Spitze aus der zweiten Hälfte des 7. Jh. v. Chr., mit einer Größe von 9,1 cm, wird in Heidelberg im Antikenmuseum des archäologischen Instituts der Universität aufbewahrt.

103 Persius (*Satire*, III, 50,51) schreibt, daß es sein größter Wunsch war, „daß ja nicht einer gewiefter den Kreisel treibt mit der Peitsche."

104 Vergil, *Aeneis*, VII, 378. Vgl. Tibull, *Elegien*, I, 5,3: „.... denn ich wirble dahin, wie ein in Schwung gesetzter Kreisel, den geschickt, geübt ein Knabe treibt, über die Ebene saust."

105 Im Museum of Fine Arts in Boston kann man einen Kreisel aus dem 6. Jh. v. Chr. sehen, der aus Böotien kommt und 9,4 cm groß ist.

106 Martial, *Epigramme*, XIV, 169; vgl. ebd., XI, 21: „.... wie der Reifen, dran hell, läuft er, die Schelle erklingt."

107 Einige Wissenschaftler meinen, diese Art Kreisel wurde für Wahrsagungen benutzt.

108 Die Fähigkeit, die Zukunft durch göttliche Eingebung oder Zauberkunst vorauszusagen. Sie spielte eine wichtige Rolle in der römischen Religion und beim Aberglauben.

109 Ovid, *Liebschaften*, I, 8,7. Vgl. Properz, *Elegien*, II, [28B]

34: „Die Kreisel, die zu Zaubersprüchen gewirbelt werden, ..."; vgl. *ebd.*, III, 6,26.

110 Darüber ein interessanter Artikel von Chiara Mercati, *Rocchetti attici figurati: ipotesi d'uso*. Annali della facoltà di Lettere e Filosofia dell'Università degli Studi Perugia 25/1, 1987-88.

111 C. Weiss und A. Buhl, *Votivgaben aus Ton. Jojo oder Fadenspule?* Archäologischer Anzeiger, 1990.

112 Eine Holzspule aus der römischen Epoche wird im Musée Archéologique von Dijon in Frankreich verwahrt. Weitere befinden sich im Martin von Wagner Museum in Würzburg sowie an der Universität von Erlangen.

113 Griechisch *trochós*, vom Verb *trécho*, „sich bewegen", „dank eines Impulses laufen".

114 Lateinisch heißt Reifen *trochus*, *turbo* und *orbis*.

115 Griechisch *elatér*, *rabdos*; lateinisch *clavis*.

116 Lateinisch *clavis adunca*. Vgl. Properz, *Elegien*, III, 14,6: „.... das krumme Treibholz des rollenden Reifens erklingt ..."

117 Horaz, *Gedichte*, III, 24,55-58.

118 Beispiele: auf einer Amphora des Pan-Malers aus Nola, die im Museum of Fine Arts in Boston aufbewahrt wird, auf einer Hydria des Eupolis-Malers in den Vatikanischen Museen und auf einer Pelike Syleus-Malers im Museo Faina in Orvieto.

119 Antillos, *Oribasius*, 6,2.

120 Martial, *Epigramme*, XIV, 168: „Grad ist das Rad zu beziehen. Du gibst mir ein nützlich Geschenk da. Kindern dient es zum Spiel, mir zur Bekleidung des Rads."

121 Martial, *Epigramme*, XI, 21. Vgl. ebd., XIV, 168, wo der Dichter von *garruli anuli* spricht.

122 Theokrit, *Idyllien*, II, 30-31.

123 I. Rosellini, *Monumenti dell'Egitto e della Nubia*, II, 3,3.

124 Hampelmann oder Puppe aus Holz, von oben bewegt durch die Fäden des Marionettenspielers. Manchmal ist sie auch auf einem Brettchen befestigt, das vom Puppenspieler in der Hand gehalten wird, der dann jedesmal die Fäden von unten zieht. Griechisch *neurospásmata*, die lateinische Sprache hat keinen feststehenden, spezifischen Begriff für Marionetten: *larvae* (Petronius), *mobile lignum* (Horaz), *homuncoli*, *imagunculae animatae*, *ligneolae figurae* und andere mehr.

125 Ca. 44 cm.

126 Herodot, *Geschichte*, II, 48.

127 Gayet, *Le dernières découvertes archéologiques faites en Egypte et le Thâtre de Marionettes d'Antinoë*. La Revue LII, Paris 1904.

128 Platon, *Der Staat*, 514b.

129 Athenaeus, *Deipnosophisten*, I, 19e.

130 Xenophon, *Symposion*, IV, 55.

131 Aristoteles, *Über den Kosmos*, VI, 398b,16-19.

132 Heron von Alexandria, *Automatentheater*, XII, 3 ff.

133 Palamedes wurde fälschlicherweise von Odysseus angeklagt, Gold unterschlagen zu haben, und deswegen verurteilten die Achäer ihn zum Tode. Vgl. Ovid, *Metamorphosen*, XIII.

134 Über 2,20 m.

135 Diodor aus Sizilien, *Historische Bibliothek*, XXXIV et XXXV, 34.

136 Beachtenswert die beiden Schwerter an den Seiten.

137 Es geht zurück auf die Zeit zwischen 70-115 n. Chr.

138 Horaz, *Satire*, II, 7,80-82. Auch Mark Aurel benutzt sehr oft diesen Ausdruck: *Selbstbetrachtungen*, II, 2; VI, 16 und 28; VII, 3 und 29; XII, 19 und III, 16: „.... triebhaft wie am Faden gezogen zu werden ..."

139 Aulus Gellius, *Attische Nächte*, X, 12,9.

140 Petronius, *Satyricon*, 34.

Erwachsenenspiele

Gesellschaftsspiele und Spiele im Freien

160. Ein seltenes Original des *kóttabos*. Perugia, Archäologisches Museum.

Kottabos

In Griechenland und Rom wurden anläßlich der Symposien[1] Musiker, Akrobaten und Tänzer engagiert und Geschicklichkeitsspiele organisiert, um damit die Gäste zu erfreuen. Der Lexikograph Pollux zählt gut zweiundfünfzig auf, wobei es sich überwiegend um Rätsel handelt.

Ein häufig auch unter den Angehörigen des Volkes praktizierter Spaß war das sogenannte *eikasmós*, d. h. das Ziehen von – natürlich komischen – Vergleichen, die der Auslöser waren für bissige und gegenseitige Spötteleien unter den Anwesenden.

Das am besten belegte Spiel ist der Kottabos, der nach Anakreon im 5. Jh. v. Chr. auf Sizilien entstand und sich dann in Griechenland und Etrurien ausbreitete; dagegen wurde er in Rom anscheinend nicht gespielt. So schrieb der Dichter aus Teos: „Den sizilischen Kottabos tanzte er mit angewinkelten Armen."[2] Das Spiel bestand darin, einen kleinen Teller[3], der in einem instabilen Gleichgewicht auf der Spitze einer Metallstange[4] (Abb. 160) lag, zu Fall zu bringen, indem man ihn mit einem kleinen Weinstrahl traf. Die Metallstange stand inmitten des Saals und hatte in ihrer Mitte eine durchbohrte Scheibe. Der spielende Gast mußte, nachdem er den Zeigefinger durch einen der Henkel einer mit Wein gefüllten Trinkschale[5] gesteckt und deren Fuß auf die Innenseite des Unterarms gestellt hatte (Abb. 164), mit schnellem und gleichmäßigem Schwung die Flüssigkeit auf das Tellerchen schleudern, um es so zu Fall zu bringen: „.... und aus Teischen Bechern/spritzt laut klatschend der Wein herab", schreibt Alkaios.[6] Die Menge des bei jedem Wurf geschleuderten Weins wurde als *latax* oder *latáge* bezeichnet.

Die ursprüngliche sikulische Art[7] ging von einem stehenden Spieler

159. Kottabos-Spiel aus dem Stand. Rotfigurige Oinochoe des Phiale-Malers, aus Tarquinia, 440–430 v. Chr. Berlin, Staatliche Museen, Preußischer Kulturbesitz.

161. Wettkampf im Kottabos-Spiel. Griechische Wandmalerei im Grab des Tauchers, ca. 480 v. Chr. Paestum, Archäologisches Nationalmuseum.

162. Etruskischer Kottabos-Spieler. Fresko in der Tomba Cardarelli, 530-500 v. Chr. Tarquinia, in loco.

aus (Abb. 159), während das ausgestreckte Liegen auf der Kline hauptsächlich in Attika üblich war. Hier begründete man auch den Brauch, das Tellerchen in einem mit Wasser gefüllten Behälter schwimmen zu lassen, wobei dieser dann durch den Wurf mit dem Wein versenkt werden mußte.[8]

Bei den ikonographischen Belegen erscheint die liegende Wurfposition häufiger. Dabei sind uns Darstellungen erhalten geblieben, die wahre Meisterwerke der Malerei sind. Zu ihnen gehören die nördliche Wand aus dem Grab des Tauchers in Paestum (Abb. 161), auf der zwei Liebende und zwei Kottabos-Spieler dargestellt sind, sowie die Vasenmalereien so herausragender Künstler wie Euphronios[9], Phitokles[10] und Douris[11]. Die stehende Position ist gut auf einer Oinochoe des Phiale-Malers erkennbar: Man sieht einen sehr hohen *kóttabos* (der um ein Viertel höher ist als der neben ihm stehende Mann), einen stehenden Spieler zur Linken sowie zur Rechten einen Zuschauer, der in Erwartung des Ausgangs des Wurfs nach oben blickt. Dieses Spiel erforderte natürlich eine ganz besondere Geschicklichkeit.

Der Wein konnte aber auch gespuckt werden. Eine Symposionsszene zeigt zwischen zwei Klinen einen *kóttabos*; auf der rechten Kline sind ein Spieler und ein Mann mit einer Lyra abgebildet; auf der linken Kline liegt eine weiterer Gast, der mit nach oben erhobenen Gesicht und geschlossenen Lippen gerade dabei ist, den Wein auszuspucken.[12]

Die wenigen erhaltenen *kóttaboi* sind alle in Etrurien gefunden worden; einer, aus der Tomba dei Volumni befindet sich im Archäologischen Museum von Perugia.[13] Zahlreicher sind dagegen die z. T. detaillierten Darstellungen dieses Objekts, wie diejenigen auf zwei Krateren, von denen einer, in den Vatikanischen Museen, dem Phiton zugeschrieben wird, der andere dagegen, im Archäologischen Nationalmuseum von Neapel, dem Maler von Boston CA.

163. Hetären beim Kottabos-Spiel. Psykter des Euphronios, Ende des 6. Jh. v. Chr. Sankt Petersburg, Eremitage.

164. Kottabos-Spieler. Innenbild einer rotfigurigen Kylix, ca. 520–500 v. Chr. Brüssel, Musées Royaux d'Art et d'Histoire.

165. Symposionsszene mit *kóttabos*. Glockenkrater, 340–330 v. Chr. Würzburg, Martin von Wagner Museum.

Eine dritte detaillierte Darstellung des *kóttabos* ist auf einer Kylix zu sehen, auf der eine vollständige Symposionsszene ausgeführt ist; der Spieler, der mit dem Spiel beschäftigt ist, ist vielleicht ein Perser, erkennbar an der „barbarischen" Form der Kopfbedeckung.[14]

Aus literarischen Fragmenten[15] kann man schließen, daß auch eine an der Decke aufgehängte Laterne als *kóttabos* dienen konnte. Auch der *kóttabos* selbst konnte aufgehängt werden. Neben der wettkämpferischen Seite des Spiels gab es auch einen Liebesaspekt[16] (Abb. 166): Wer die Zielscheibe traf, durfte den Namen der Person nennen, von der er sich Gefälligkeiten[17] erhoffte. Und ungeachtet der Gefühle, wurde häufig für den Sieger eine der Mägde des Hausherrn als Preis ausgesetzt. Der Komödiendichter Platon erzählt in einem Fragment einer seiner mythischen Parodien, *Der beleidigte Zeus*, daß Herakles zu einem Gastmahl von einer Hetäre eingeladen wurde, und um sich während des Wartens die Zeit zu vertreiben, wurde für die beiden Liebenden das Kottabos-Spiel vorbereitet. Herakles wollte Umarmungen und Küsse als Preis aussetzen[18], doch die Hetäre forderte Geld, Schmuck und Wertgegenstände. Am Ende des Spiels verlor Herakles alles, was er bei sich trug und auch noch das Mahl, denn nachdem die Hetäre das bekommen hatte, was sie wollte, setzte sie ihn vor die Tür.

Wie bei vielen anderen Spielen, gab es auch dabei Menschen, die aufgrund des Geräusches, den der fallende Teller erzeugte, Vorhersagen über die Zukunft machten.

Das Kottabos-Spiel wurde auch bei den Etruskern viel gespielt, sie kannten ebenfalls die beiden Wurfpositionen: stehend oder liegend. In der Tomba Cardarelli (Abb. 162) in Tarquinia ist ein bärtiger Symposiast mit einem in der Taille zusammengebundenen Umhang zu sehen, der in der rechten

166. Eros bereitet den *kóttabos* vor. Lekythos aus Gnatia, die der „Stockpart-Gruppe" zugeschrieben wird, ca. 320 v. Chr. London, Britisches Museum.

167. Spiel oder Bestrafung? Choe. Athen, Nationalmuseum.

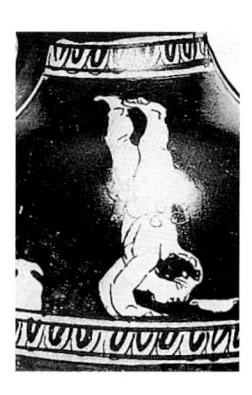

Hand eine Kylix in der Nähe eines *kóttabos* hält. Weitere Zeugnisse belegen, daß auch Hetären Kottabos spielten, was eine Kylix des Malers von Bryn Mawr[19] sowie ein Psykter des Euphronios (Abb. 163) beweisen. Der Letztgenannte zeigt drei Kurtisanen, die auf weichen Kissen ausgestreckt sind: Eine von ihnen spielt die Doppelflöte, die zweite hält eine Kylix in der Hand, und die dritte ist dabei, den Wein auf den *kóttabos* zu schleudern.

Das Gebärdenspiel

Während der Feste und Bankette wurde als weiteres Spiel auch das Gebärdenspiel veranstaltet.[20] Es wurden ein König[21] – nicht zu verwechseln mit dem *rex convivii* – oder eine Königin gewählt bzw. ausgelost. Sie hatten die Macht, die Teilnehmer, die Untertanen genannt wurden, jede beliebige Geste nachmachen zu lassen, die ihnen in den Sinn kam. Während eines Festmahls wurde Phryne[22], eine berühmte griechische Kurtisane des 4. Jhs., zur Königin ernannt. Sie nahm ein Handtuch, tauchte es in ein Wasserbecken und wischte sich damit das Gesicht ab. Alle anwesenden Frauen mußten dasselbe tun, mit dem Ergebnis, daß – da sie stark geschminkt waren – das gesamte Make-up verloren ging und damit auch ein großer Teil ihres Reizes. Phryne, die diese Kunstgriffe nicht anwendete, blieb allein durch ihre Anmut schön[23], die von Praxiteles eindeutig dokumentiert ist; sie war das Modell für sein berühmtestes Werk, die Aphrodite von Knidos.[24]

Am Endes jedes Spiels war eine Preisverleihung für die Sieger vorgesehen, aber ebenso das Austeilen von Strafen an die Besiegten. Es handelte sich unzweifelhaft um den erheiterndsten Moment, da die Fröhlichkeit und das Geschrei noch mehr zunahmen. Die gebräuchlichsten Strafen bestanden darin, den Verlierer zu zwingen, über sich selbst mit den schlüpfrigsten und vulgärsten Schmähungen zu fluchen oder den Saal dreimal zu umrunden, wobei man die Flötenspielerin auf den Armen trug. Oder aber man mußte, begleitet von den fröhlichen Witzen der Anwesenden, völlig nackt tanzen bzw. sich vielleicht einem Spiel[25] unterziehen, das uns Pollux beschreibt; er betont, daß es „.... ein Spiel [sei], das zum Lachen erfunden wurde: Man mußte, die Hände auf dem Rücken haltend, einen Gegenstand mit dem Mund aufnehmen, der in ein mit Hefemost angefülltem Becken eingetaucht war"[26] (Abb. 167). Es war demnach einem Geschicklichkeitsspiel sehr ähnlich, das man bei ländlichen Wettkämpfen austrug. Dabei mußte man versuchen, einen der in einem Wasserbecken schwimmenden Äpfel mit den Zähnen zu packen, ohne dabei die Hände zu benutzen.

Das Gebärdenspiel hatte seinen Ursprung in Griechenland – zumindest nach einer weiteren Überlieferung von Pollux[27] – und stammt von einem Kinderspiel ab, das *basilinda* hieß. Es war dem eben beschriebenen Spiel grundsätzlich ähnlich. In Rom nahm man es wahrscheinlich wieder in eine Zeremonie mit auf, die während der Saturnalien abgehalten wurde. Dieses Fest veranstaltete man zum Gedenken an das goldene Zeitalter, das auch als „Königreich des Saturn" bezeichnet wurde. Es handelt sich dabei um eine mythische und glückliche Zeit, in der alle Menschen gleich waren. In Erinnerung daran aßen während der Saturnalien auch die Sklaven am Tisch des Herren[28] und konnten somit am Spiel des Königs teilnehmen. Horaz[29] erzählt, daß die Kinder bei ihren Spielen einen König ernannten, wobei sie folgenden Satz ausriefen: „.... König wird, wer's recht gemacht! Ja, das sei die eherne Schutzwehr: Gewissensreinheit, frei von schuldgequälter Angst. Was meinst du, bitte: ist Roscius Gesetz vom Ritterzensus weiser oder der Knaben Singsang ...?"[30] Sie bezogen sich dabei auf die Lex Roscia, die dem Reiterstand

**169. Spiel des *askoliasmós*.
Mosaik aus Ostia,
2. Jh. n. Chr.
Berlin,
Staatliche Museen,
Preußischer
Kulturbesitz.**

die Ehre zuteil werden ließ, sich im Amphietheater auf die vordersten Plätze zu setzen. Dieses Spiel wird auch von Trebellius Pollio erwähnt, der Gallienus anklagt, den Staat in einer unverantwortlichen Weise zu verwalten, und dabei behauptet: „Und nicht anders führt er den Staat, als wenn Jungen zum Spaß die Machthaber im Spiel imitieren."[31]

Askoliasmós

Der *askoliasmós* war, insbesondere in Attika, ein sehr beliebtes Spiel: Es handelte sich um den Tanz auf einem Weinschlauch. Dieser bestand aus der Haut eines dem Dionysos geopferten Ziegenbocks, die durch Fett rutschig gemacht wurde. Pollux weist darauf hin, daß der Schlauch mit Luft und nicht mit Wein gefüllt war[32], was aber sehr seltsam erscheint, denn es ist auch überliefert, daß der Gewinner als Preis den Schlauch selbst erhielt. Die Feste, an denen gewöhnlich solche Spiele ausgetragen wurden, hießen Askolien und fanden jedes Jahr am 28. November statt. Vergil beschreibt sie folgendermaßen: „.... Bei lustigem Bechergelage/Sprangen sie froh auf dem Teppich der Wiesen, glitschend im Schlauchtanz."[33] Dieser Zeitvertreib für die Erwachsenen kommt von den Kinderspielen[34], denn der Terminus *askoliasmós* bedeutet „Sprung mit wackeligem Fuß". Platon erzählt im *Symposion*[35,] wie Zeus, als er androht, die Menschen in zwei Hälften zu zerschneiden, seine Wut so ausdrückt: „.... so werde ich sie abermals in zwei Hälften zerschneiden, so daß sie auf einem Beine hüpfen müssen wie die Schlauchtänzer." Daraus ist zu schließen, daß der Tanz auf dem Schlauch von den Besten und Mutigsten auch auf nur einem Bein hüpfend ausgeführt wurde.

Es sind nicht viele Darstellungen erhalten geblieben, die dieses Spiel gut belegen, aber es gibt eine sehr aussagekräftige Gemme (Abb. 168): Ein Satyr auf einem Weinschlauch scheint in einem prekären Gleichgewicht zu stehen. Zu seiner Linken ist ein Mann mit Lendenschurz bereit, ihm zu helfen, während rechts ein zweiter Satyr die Szene beobachtet.

Eine komplexere Komposition ist auf einem Mosaik aus Ostia abgebildet: Bacchus und Ariadne werden als Zuschauer gezeigt, zusammen mit Satyrn und Frauen rund um den Schlauch. Sie beobachten einen Mann, der sich bereit macht, auf den Weinschlauch zu steigen (Abb. 169).

**168. Spiel des
askoliasmós.
Gemme
(aus I. M. Raponi,
*Recueil de pierres
antiques gravées*).**

170. Zwei Bälle aus Pflanzenfasern und drei aus innen hohler Fayence.
Turin, Ägyptisches Museum.

Ballspiele

Geplant war zunächst, diese Thematik getrennt nach dem Kinder- und Erwachsenen-Ballspiel zu behandeln. War eine solche Trennung für das Knöchelspiel möglich, ohne dabei Wiederholungen oder Unklarheiten zu riskieren, haben wir es dagegen für das Ballspiel nicht als notwendig erachtet, eine solche Unterscheidung vorzunehmen.

Im Altertum wurde das Ballspiel mit unterschiedlichen Zielsetzungen betrieben: zur Unterhaltung, als Geschicklichkeitsspiel, zur Therapie oder als Gesundheitspflege sowie als Wettkampf. Die Jongleure benutzten einen oder besser gesagt mehrere Bälle[36], oft aus Glas[37], um die Gäste während der Symposien zu unterhalten. Außerdem belegen literarische Zeugnisse spielerisch-sportlicher Aktivitäten, daß das Ballspiel sowohl als vorbereitende Übung als auch als ein therapeutisches Verfahren angesehen wurde. Der berühmte Arzt Galen schrieb ein Traktat *Rund um den kleinen Ball*, und wir wissen auch, daß ein gewisser Timokrates aus Sparta der Autor eines der wichtigsten Traktate zu diesem Thema war.[38]

„Der rasche Ball, bei dem der Eifer leicht dich über alle herbe Mühe täuscht, ..."[39] ist tatsächlich ein Spiel mit weit zurückreichenden Wurzeln. Die ersten Zeugnisse liefern Malereien aus dem alten Ägypten, etwa aus dem Jahr 1900 v. Chr. (Abb. 171–172): Auf der einen sind mehrere junge Frauen dargestellt, wobei jede für sich alleine spielt, indem sie den Ball in die Höhe wirft und dann wieder auffängt; eine hat dabei sogar die Arme überkreuzt. Eine zweite Gruppe zeigt ein Mannschaftsspiel: Drei Mädchen auf der einen Seite und drei auf der anderen werfen sich gegenseitig den Ball zu.

In Ägypten konnte der Ball aus Leinen, gefüllt mit Kleie oder ineinandergeschlungenen Palmblättern, aus Ton oder Majolika[40] sein; es gibt auch Lederbälle aus zwölf, um einen Kern gewickelten Bändern. Ein solcher Ball ist im Museum von Manchester zu sehen. Der Durchmesser dieser Bälle schwankt zwischen drei und neun Zentimetern. Einige Stücke befinden sich auch in den ägyptischen Museen von Turin (Abb. 170), Kairo, London und Berlin.

Den ersten literarischen Hinweis auf den Ball finden wir abermals in der *Odyssee*: Die schöne Nausikaa und ihre Mägde „... nahmen die Tücher sie ab vom Kopf und begannen ein Ballspiel. ... Da warf denn die Königin eben/ einer der Mägde den Ball zu und fehlte die Magd, in den tiefen/ Wirbel doch traf sie."[41]

Und eben der Tochter des Alkinoos wird von Agallis, dem Gelehrten von Korkyra[42] aus dem 3. Jh. v. Chr., die Erfindung des Balls zugeschrieben. Jedoch sind die Zuweisungen der Autoren unterschiedlich: Herodot[43] und Plinius d. Ä.[44] lassen die Erfindung des Balls bis zu den Lydern zurückreichen,

171–172. Ägyptische Mädchen beim Ballspiel.
Detail einer Wandmalerei aus einem Grab,
ca. 1900 v. Chr. Beni Hasan.

173. Jugendliche spielen Ball. Fresko im Kolumbarium in der Via Portuense in Rom, Mitte des 2. Jh. n. Chr. Rom, Museo Nazionale Romano.

174. Mädchen spielen Ball. Mosaik in der Villa del Casale, 4. Jh. n. Chr. Piazza Armerina.

andere sehen den Ursprung in Sikyon[45], wieder andere in Sparta.[46] Unter den zahlreichen Spielvarianten waren die folgenden die gebräuchlichsten:

Ball in der Luft: Der Ball mußte so hoch wie möglich geworfen werden, während die Gegner versuchen sollten, ihn in der Luft zu fangen, bevor er den Boden berührte. Das war das Spiel der Argonauten.[47] Pollux nennt es Spiel „der Urania".[48]

Homer erzählt bei der Beschreibung der Spiele, die von den Phäaken organisiert wurden, von einer Begegnung zwischen zwei jungen Männern: „Rückwärts gebeugt warf einer ihn [den Ball] auf zu den schattenden Wolken;/ Immer wieder fing dann der andere ihn auf in gewandtem/Hochsprung[49], ehe die Füße den Boden wieder berührten."[50]

Auf dieses Spiel könnte sich die Figur eines Mannes auf einer Kylix aus dem 6. Jh. v. Chr. im Musée du Louvre beziehen: Er ist im Moment des Ballwurfs mit leicht gebeugten Knien und nach hinten ausgestrecktem rechten Arm dargestellt. Eine Statuenbasis aus der Themistokleischen Mauer (Abb. 175) im Nationalmuseum von Athen zeigt dagegen zwei Mannschaften mit je drei Spielern, während es in der homerischen Erzählung nur zwei Gegner gibt.

Geschenkter Ball (datatim ludere): ein einfaches Werfen des Balles, wie es uns das bekannte „Mosaik der zehn 'Bikinimädchen'" in der Villa del Casale in Piazza Armerina (Abb. 174) überliefert.

Geraubter Ball: Jeder Spieler mußte versuchen, den anderen Mitspielern den Ball abzunehmen. Auch dieses Spiel könnte seine Entsprechung in dem berühmten Fresko des Kolumbariums in der Via Portuense (Abb. 173) finden, wo man auf einer Mauer eine Szene erkennt, die sich aus zwölf Personen zusammensetzt: Links ein junger Mann mit einem dreirädrigen Wägelchen, in der Mitte vier im Kreis stehende Mädchen, die miteinander sprechen,

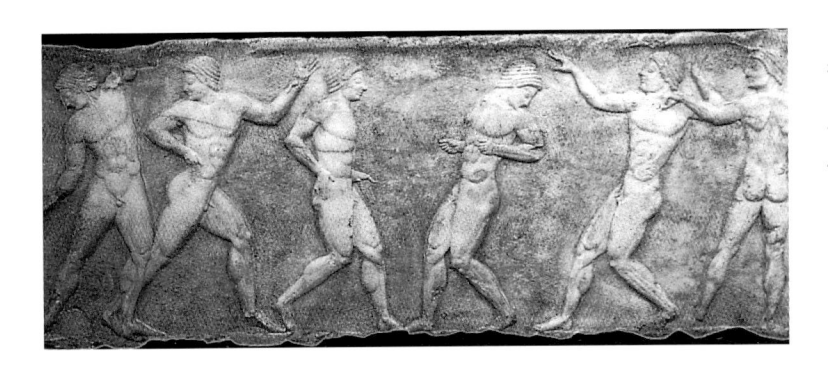

175. Zwei Mannschaften stehen sich beim Ballspiel gegenüber. Statuenbasis aus der Themistokleischen Mauer, ca. 510 v. Chr. Athen, Nationalmuseum.

176. Grabstele eines Athleten. Aus der Themistokleischen Mauer, ca. 510 v. Chr. Athen, Nationalmuseum.

sowie ein Knabe und zwei Mädchen, die Blindekuh spielen. Die Komposition schließt mit dem Ballspiel ab, das zwischen zwei jungen Männern und zwei Mädchen ausgetragen wird: Die beiden Jungen stehen in der Mitte, und die beiden außenstehenden Mädchen scheinen sich den Ball so zuzuwerfen, daß er nicht von den zwei anderen Spielgefährten aufgefangen wird, die gleichzeitig natürlich versuchen, seiner Herr zu werden.

Aporrhaxis: Zwei Kontrahenten spielten es mit einem kleinen Ball; einer von ihnen versuchte, den Ball so oft wie möglich aufspringen zu lassen, indem er ihn schräg auf den Boden schleuderte; der Spielkamerad mußte ihn auf dieselbe Weise mit der Handfläche zurückwerfen. Eine Variante des Spiels bestand darin, den Ball gegen eine Mauer zu werfen, wobei es sich hier um ein oder zwei Spieler handeln konnte.

Episkyros: Für die Griechen hieß so ein Spiel, das sie auch „Spiel der Knaben"[51] und „gewöhnlich"[52] nannten, weil es viel gespielt wurde.[53] Man trug es mit zahlreichen Spielern aus, die sich in gleicher Anzahl gegenüberstanden. Mit Steinen[54] zog man drei Linien, eine Mittel- und zwei Grundlinien, die das Spielfeld der beiden Mannschaften begrenzten. Das Spielfeld mußte sehr lang sein. Das Spiel begann, indem man den Ball so weit wie möglich von den Gegnern wegschleuderte, die ihn fangen und ihn nun ihrerseits von dem Punkt aus, wo sie den Ball bekommen hatten, zurückwerfen mußten, ohne dabei vorwärts zu gehen. Die Spieler durften sich in ihrem Bereich des Spielfelds frei bewegen, abgesehen von dem Moment, in dem der Ball zurückgeworfen wurde. Es ist zu vermuten, daß es das Ziel des Spiels war, einen Spieler nach dem anderen auszuschließen, und zwar immer dann, wenn der Ball außerhalb der Grundlinie oder von niemandem gefangen wurde.

Pollux[55] berichtet, daß die Spartaner dieses Spiel *sphairomachia* nannten,

177. Das Ballspiel in einer Palästra. Schwarzfigurige, attische Lekythos des Edinburgh-Malers, 6. Jh. v. Chr. Oxford, Ashmolean Museum.

178. Abrollung der gemalten Szene auf der Lekythos in Abb. 177.

179. Ball. Fußbodenmosaik in der Apsis des *Frigidariums* der Thermen der Aqua Marcia, hadrianische Zeit. Ostia, Ausgrabungen.

und zitiert zum Beweis Statius, wobei er klarstellt, daß der Dichter diesen Begriff in den *Silvae*[56] verwendet. Jedoch wird von denselben antiken Autoren dieses Spiel häufig mit dem Namen *harpaston* zitiert; es könnte sich dabei um die Weiterentwicklung des *episkyros* in römischer Zeit handeln.

Harpaston: Zu diesem Spiel gibt es zwei Theorien. Für einige[57] ist es das Spiel des *phaininda*, das nur den Namen verändert hat; für andere dagegen ist es ein eigenes Spiel, das den Namen von dem Ball hat bzw. umgekehrt. Der lateinische Name des *harpaston* ist *ludere raptim*. Es ging darum, einen Ball über die Verteidigungslinie der gegnerischen Mannschaft zu tragen. Die Spieler einer Mannschaft durften das Spielfeld der gegnerischen Mannschaft betreten, wobei sie sich untereinander den Ball zuwarfen und die Gegner mit Finten, direktem Körperkontakt usw. täuschten. Die Worte des Antiphanes, die uns durch Athenaeus erhalten geblieben sind, geben die Idee dieses Spiels gut wieder: „Er nahm den Ball und gab ihn freudig dem anderen, der aber verpaßte ihn, aus dem schlug er ihn heraus, und den anderen wieder stellt er auf, wobei er gellend ruft: Weit draußen, bei ihm, über ihn, runter, hoch, zu kurz, gib ihn ab beim Drehen."[58] Die Ähnlichkeiten mit dem modernen Rugby-Spiel sind offensichtlich.

Phaininda: Dieses Spiel hat seinen Namen von seinem Erfinder *Phenidos* oder von dem Verb *phenakízein*, „irreführen".

Ludere expulsim: Das war eine Art Tennis[59] ohne Schläger und Netz, bei dem man den Ball dem Gegner durch einen kräftigen Schlag

180. Mädchen spielt mit einem Ball. Rotfiguriger Skyphos aus Süditalien, hellenistische Epoche. Laon, Musée de Laon.

mit der Handfläche zurückspielen mußte. Vielleicht bezieht sich Plautus in der Komödie *Der Parasit Curculio* auf diese Art des Spiels, wenn er schreibt, daß einige Diener „den Ball ... schlagen, ob sie werfen oder fangen."[60]

Trigon oder „Ball zu dritt" war während der Kaiserzeit sehr in Mode. Martial spricht davon: „Der Ball zum Dreispiel. Schlägst du brillant mit der Linken mich ab, so bin ich dein eigen. Kannst du es nicht? So gib, Tölpel, den Ball mir zurück."[61] Die drei Spieler stellten sich an den Eckpunkten eines Dreiecks auf, das auch auf der Erde eingezeichnet sein konnte. Dort mußten sie stehen bleiben, ohne sich zu rühren. Man benutzte mehrere Bälle, und ein Spieler konnte plötzlich mehr als einen Ball werfen oder auch mehr als einen gleichzeitig von mehreren Spielgefährten bekommen. Die Geschicklichkeit bestand darin, sie alle zu fangen und auch alle wieder zurückzuwerfen. Bei diesem Spiel hatte man Sklaven zum Einsammeln der verloren gegangenen Bälle[62] sowie für das Zählen der Punkte[63]. Eine Malerei, die in Rom entdeckt wurde (Abb. 181), illustriert drei Spieler, die sich mehrere Bälle zuwerfen, während ein vierter den Fortgang des Spiels kontrolliert. Dieser ist vielleicht für die Punktezählung zuständig, was durch eine auf einer Mauer eingeritzte Inschrift in der Basilika von Pompeji bestätigt zu werden scheint: „Amianthus, Epaphra und Tertius spielen mit Hedystus. Jucundus Nolans führt. Citus zählt. Der Sieg gehört Amianthus."[64]

Einige Spiele, die nur schwer zu interpretieren sind, finden sich in zwei literarischen Fragmenten. Eines ist von Neavius, der sich in me-

181. Das Trigonalspiel. Zeichnung nach einem Fresko in den Titus-Thermen von Rom.

taphorischem Sinne auf das Ballspiel bezieht (die Verse richten sich an ein Mädchen mit lockeren Sitten): „Sie bietet sich an, indem sie sich abwechselnd verkauft und sich allen hingibt."[65] Das andere stammt von Antiphanes: „Er nahm den Ball und gab ihn freudig dem anderen, der aber verpaßte ihn, aus dem schlug er ihn heraus, und den anderen wieder stellt er auf, wobei er gellend ruft ..."[66]

Die bildenden Künste haben uns Szenen und Bilder mit Bällen überliefert, die von einem modernen Künstler ausgeführt zu sein scheinen: Wir beziehen uns dabei z. B. auf eine Grabstele des 6. Jh. v. Chr. (Abb. 176), auf der ein Spieler mit einem Ball auf den Knien spielt sowie auf ein Mosaik in den Thermen der Aqua Marcia von Ostia (Abb. 179), auf dem der aus sechseckförmigen Stücken zusammengefügte Ball, der aus Leder zu sein scheint, den heutzutage beim Fußballspiel verwendeten Bällen annähernd gleich ist. Das Ballspiel wurde im Sphairisterion[67], einem eigens dafür vorgesehenen Raum, ausgetragen. Es gab ihn in Griechenland[68] und in den großen kaiserlichen, römischen Thermen[69], wo man nur zum Vergnügen Ball spielte; in republikanischer Zeit dagegen spielten die jungen Römer auf dem Marsfeld. Die Sphairisteria wurden auch in den Villen für Sommerfrischen, *ad otium*, von vermögenden Personen erbaut. So beschreibt etwa Plinius d. J. den Raum, der in seiner Villa in der Toskana für das Ballspiel bestimmt ist, folgendermaßen: „Im Oberstock des Auskleidezimmers ist ein Spielplatz, der für mehrere Arten von Spielen und mehrere Gruppen von Spielern Raum hat."[70]

Beim Ballspiel wurden die Besiegten „Esel"[71] genannt, und wenn sie aus dem Spiel ausschieden, sagte man: „Esel, sitz." Von diesem Brauch berichtet Platon: „Wer aber jetzt fehl geht und weiterhin fehlgehen wird, der muß 'Esel sitzen', wie die Knaben beim Ballspiel sagen. Wer aber ohne Fehl obenauf

182. Mädchen spielt mit drei Bällen. Weißgrundige Lekythos, 460–450 v. Chr. Leipzig, Antikenmuseum der Universität.

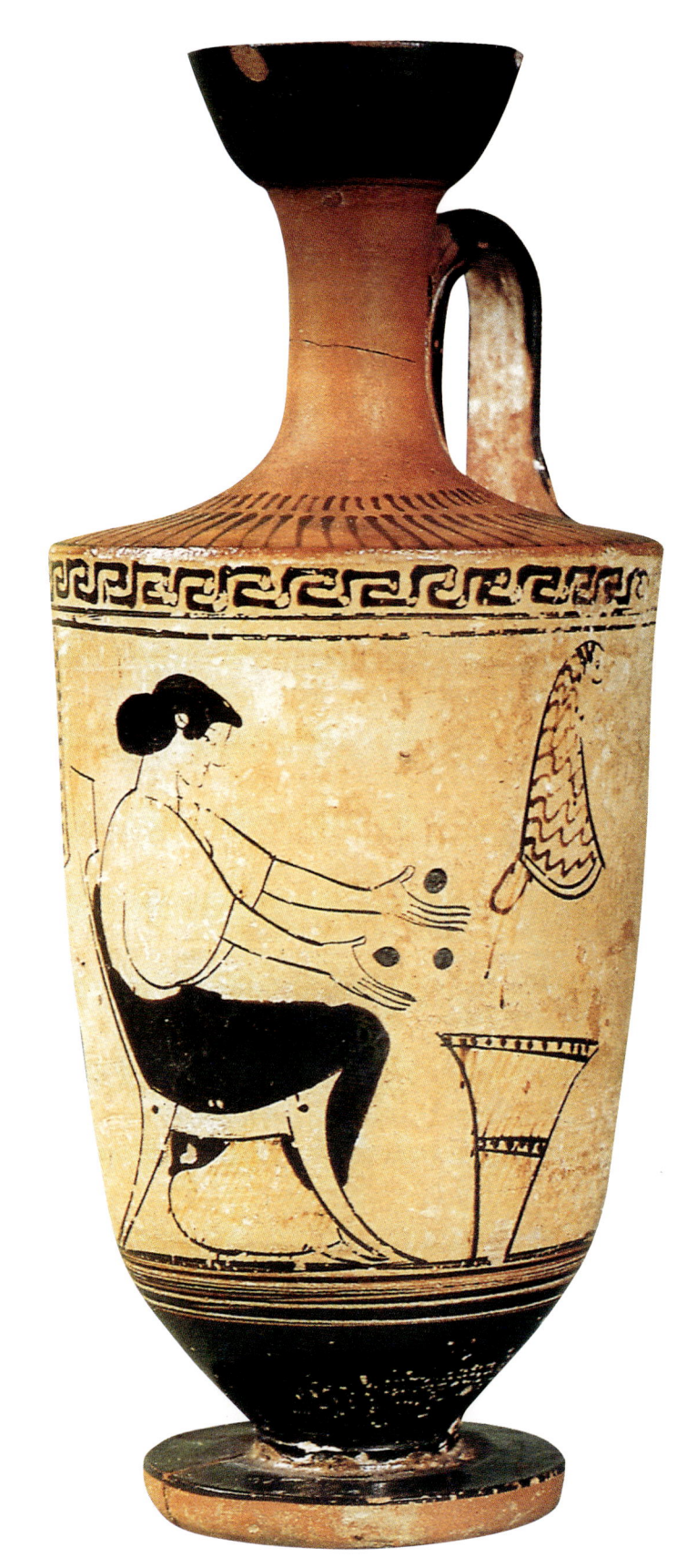

bleibt, der soll König über uns sein und kann uns jede beliebige Frage zur Beantwortung vorlegen."[72]

Die Vasenmalerei illustriert den Gebrauch des Balls auch als Zeitvertreib für nur eine Person, wie das „Auftitschen" des Balls auf die Erde – gut dargestellt auf einem rotfigurigen Skyphos aus der hellenistischen Epoche (Abb. 180), aufbewahrt im Musée de Laon in Frankreich – oder das einfache In-die-Luft-Werfen und Auffangen, wobei man auch mit zwei oder drei (Abb. 182) oder noch mehr Bällen spielen konnte, um die Übung schwieriger zu machen. Äußerst zahlreich sind die Darstellungen dieses Zeitvertreibs; darunter ganz besonders eine attische Lekythos in den Antikensammlungen in München sowie eine apulische Amphora des Museo civico in Bassano del Grappa.

Eine Lekythos zeigt außerdem ein Spiel, das dem Volleyball sehr ähnlich ist, jedoch von einzelnen Spielern bestritten wird: Drei „Träger" halten jeweils einen Spielkameraden auf den Schultern. Gleichzeitig fangen sie den Ball, den ein vierter Spieler gerade wirft (Abb. 177-178). Ein ähnliches Thema wird auch in einer ägyptischen Malerei behandelt. Sie zeigt zwei Mädchen, die auf den Hüften zweier Spielgefährtinnen sitzen und sich einen Ball zuwerfen (Abb. 171).

Für jedes der erwähnten Spiele gab es spezielle Ballarten:

Follis: Ball von großen Ausmaßen[73], leicht und mit Luft gefüllt, den Martial, ihn personifizierend, wie folgt sprechen ließ: „Geht, ihr Jünglinge nur! Für mich paßt ein schwächeres Alter. Kindern geziemt dieser Ball, und er geziemt auch dem Greis."[74] Man sagte[75], er sei von einem gewissen Atticus aus Neapel erfunden worden.

Paganica[76]: Aus Leder und von mittlerer Größe, mit Federn gefüllt, entspricht er der „palla rustica", die wieder von Martial beschrieben wird: „... der ländliche Ball/... Eng mit Federn gestopft, ist der Dorfball weniger locker/als der mit Luft, aber nicht straff wie der einfache Ball."[77]

Trigon: Klein und sehr hart wurde er für das Spiel zu dritt verwendet.

Harpaston: Ball mittlerer Größe, der im gleichnamigen Spiel benutzt wurde.[78]

Glasbälle[79]: Sie wurden insbesondere von Jongleuren gebraucht.

Das Äußere des Spielballs bestand aus Stoff- oder Lederstücken, die zusammengenäht[80] und rot[81], grün[82] und gold eingefärbt wurden; manchmal besaßen sie geometrische Zeichnungen. Das Innere bestand aus Wolle oder Federn[83]; die einfachsten wurden mit Roßhaar[84] gefüllt, auf lateinisch *pilus*, woher der Name *pila*[85] oder *sphaira* für den Ball stammt.

Interessant ist ein Epigramm Martials, das wir als „Zusammenfassung" über die von den Römern vorwiegend verwendeten Ballarten bezeichnen können: „Ob du im zähen Ringen dich übst, im erhitzenden Dreieck, ob aus dem Staub du den Ball eilend zu ergreifen dich mühst, ob du das Federgewicht ermißt von dem lockeren Schlagball, ob du im hurtigen Lauf Athas zu schlagen versuchst ..."[86]

**183. Mädchen hält einen Ball in der Hand.
Terrakotta aus Süditalien, Ende des 3. Jhs. v. Chr.
Laon, Musée de Laon.**

In der Mythologie stellte Hephaistos für den kleinen Zeus einen Ball her, dessen „.... Ringe aus Gold gefügt sind, um einen jeden winden sich zweifache Knoten; die Fugen aber sind verborgen, eine dunkelblaue Spirale läuft über sie alle hinweg. Wenn du[87] ihn aber mit deinen Händen wirfst, zieht er wie ein Stern leuchtend seine Bahn durch die Luft."[88]

Was die Schläger für die verschiedenen Ballspiele betrifft, so ist der einzige, der belegt ist, eine Art Hockeyschläger[89] (Abb. 184). Es gibt jedoch Wissenschaftler, die den Gebrauch des Tennisschlägers bis zu den Römern zurückreichen lassen möchten, wobei sie als Beleg die Verse Ovids anführen, der als einziger das Wort *reticulum*[90] benutzt. Insbesondere muß man jedoch beachten, daß Ovid in dem Abschnitt, in dem er diesen Terminus verwendet, nur eine Reihe von Brettspielen auflistet. Es handelt sich dabei sowohl um Glücksspiele – Würfel und Knöchelchen, als auch um Denkspiele – *ludus latrunculorum* und *duodecim scripta*. Nur in einem weiteren Passus, über die Spiele, die für den Mann geeignet sind, nennt er das Ballspiel, wobei er klarstellt, daß dieses zusammen mit anderen nicht zu den Spielen gehört, die die „beschränkte Natur" den Frauen zugestanden hat. Es ist also undenkbar, daß der Dichter neben so gleichartigen Spielen ein Ballspiel beschreibt, das sich noch dazu – nach seiner Ansicht über die Rolle der Frauen – für das schöne Geschlecht nicht schickt.

Bei dem Spiel, das Ovid andeutet, könnte es darum gehen, einen kleinen Ball aus einer Art Haarnetz, wie es die Frauen benutzen, herauszunehmen, wobei bestimmte Schwierigkeiten und Hindernisse überwunden werden mußten, die uns jedoch nicht mehr bekannt sind.

Im 12. Jh. spricht auch Johannes Kinamon von einem „Rakett", jedoch befinden wir uns hier bereits in der byzantinischen Epoche.[91]

Große Persönlichkeiten waren begeisterte Anhänger[92] des Ballspiels: Sophokles[93], Alexander der Große[94], Cäsar[95], Augustus[96], Mark Anton[97], Cato Uticensis[98], Maecenas[99] und Mucius Scaevola[100].

Die Vasenmalerei aller Epochen ist reich an Darstellungen, insbesondere von Frauen, die sich damit vergnügen, drei oder mehr Bälle – die manchmal durch Obst, wie Äpfel[101], Nüsse usw. ersetzt werden – bei einem Geschicklichkeitsspiel in die Luft zu werfen (Abb. 182).

184. Hockeyspieler. Relief auf einer Statuenbasis. Aus der Themistokleischen Mauer, ca. 510 v. Chr. Athen, Nationalmuseum.

1 Der abschließende Teil griechischer und römischer Bankette, dessen Hauptziel die Freude am Trinken war. Sie wurden zusätzlich untermalt durch Späße, Witze und Vorführungen von Jongleuren sowie belebt mit Musik, Tänzen und Gesängen.
2 Anakreon, *Fragmente*, II, 429s ed. Kaibel=Loeb 415 (S. 95) = Athenaeus, Deipnosophisten, X, 427d.
3 *Plástinx*.
4 *Rhábdos kottabiké*.
5 Normalerweise handelte es sich um eine Kylix, jedoch ist auch der Gebrauch einer Lekythos auf einer Amphora des Euphronios im Musée du Louvre von Paris belegt.
6 Alkaios, *Fragmente*, 24 Diehl.
7 Griechisch *apó ankyles*.
8 Den Beweis finden wir auf einer Lekanis (der Behälter [d. h. eine flache, runde Schale; Anm. d. Übers.], der mit Wasser gefüllt wurde) im Agora-Museum in Athen. Eine noch bessere Bestätigung liefert eine korinthische Trinkschale im Britischen Museum in London, auf der man ein Mädchen in klassischer Wurfstellung sieht. Sie ist zu einem kleinen Becken hingewendet, in dem eine Ente schwimmt, die vielleicht die nur schwer darzustellenden Tellerchen symbolisieren soll.
9 Insbesondere eine Amphora im Musée du Louvre in Paris.
10 Innenbild einer Kylix in den Vatikanischen Museen in Rom.
11 Dem Douris wird eine attische Kylix zugeschrieben, die an der Universität von Mannheim aufbewahrt wird. Auf ihrem Innenbild ist ein *kóttabos* dargestellt.
12 Von H. Heidelmann beschriebenes Vasenbild, *Sopra il gioco del kóttabos*. Annali dell'Istituto di corrispondenza archeologica, 1968.
13 Das Archäologische Museum in Perugia besitzt auch den *kóttabos*, der erst kürzlich in der Tomba del giovane Arnth gefunden wurde. Alle *kóttaboi* haben an der Spitze ein menschliches Figürchen, das entweder mit einem erhobenen Arm oder mit dem Kopf zur Auflage des Tellerchens dient.
14 Außenbild einer Kylix im Archäologischen Nationalmuseum von Florenz. Ein schöner *kóttabos* ist auch auf einem rotfigurigen Skyphos im Britischen Museum in London dargestellt.
15 Eubulos (vgl. Kock, *Comicorum Atticorum Fragmenta*, II, 171,16); und Kratinus (vgl. Kock, *C.A.F.*, II, 93,273).
16 In besonderer Weise bei Aristophanes, *Archanes*, 525: „Nun stahlen junge Burschen, die zuviel/getröpfelt, die Si-maitha weg, die Metze, aus Megara."
17 Auf dem Psykter des Euphronios steht neben dem Arm der den Wurf ausführenden Hetäre eine Inschrift, die lautet: „Ich werfe dieses für dich, Leagros."
18 Eine Figur im Satyrspiel *Salmoneus* des Sophokles (Salmoneus tragikos, Fragmente, frg. 494, A. Nauck 1964) sagt: „Das ist sie, Geilheit und das Schmatzen der Küsse, was dem Sieger im Kottabos winkt." Vgl. B. A. Sparkes, *Kóttabos: an athenian after dinner game*. Archaeology 13, 1960.
19 Baltimore, Sammlung Robinson.
20 Auf griechisch *keléusmata*, was „Befehle des Anführers" bedeutet. Vgl. Cassius Dio, *Römische Geschichte*, 71, 5,3.
21 Einen König zu wählen, war die übliche Gepflogenheit auf allen römischen Symposien. Zum Beispiel wurde durch Würfeln der *magister* oder *rex convivii* ermittelt, der auch *arbiter bibendi* genannt wurde. In Griechenland hieß er *basiléus* und bestimmte u. a., in welchem Verhältnis das Wasser mit dem Wein gemischt werden mußte und wann getrunken wurde. Für die Auslosung benutzte man auch Knöchelchen, wie uns Horaz berichtet (Horaz, *Gedichte*, I, 4,17): „Dürftig ist Plutos Haus und kamst du erst dorthin: Nimmer wirst du/ums Königtum bei Weingelagen würfeln."
22 Phryne ergötzte sich sehr am „Geldspiel". Pollux (*Onomasticon*, IX, 7,118) beschreibt es wie folgt: „Man muß eine gerade [stehende] Münze drehen und die kreiselnde Münze dann mit dem Finger anhalten ...", ohne daß sie umfällt. Die Griechen nannten dieses Spiel *chalkísmos* oder *chalkínda*. Vgl. Hesych, *Lexikon*, sub voce *chalkínda*.
23 Galen, *Protrepticos*, 10.
24 Ihr schenkte der Künstler vier Statuen.
25 Griechisch *trygodephesis*.
26 Pollux, *Onomasticon*, IX, 7,124.
27 Pollux, *Onomasticon*, IX, 7,110.
28 Dionysios von Halikarnassos, *Römische Antiquitäten*, IV, 14.
29 Horaz, *Briefe*, I, 1,59–62.
30 Die Lex Roscia des Jahres 67 v. Chr. legte fest, daß man, um in den Stand der Reiter eingeschrieben zu werden, nicht weniger als 400000 Sesterze besitzen mußte, eine übermäßige Summe.
31 Trebellius Pollio, *Gallieni duo*, 4,3.
32 Pollux, *Onomasticon*, IX, 7,121.
33 Vergil, *Georgica*, II, 383.
34 Siehe das „Kranichspiel".
35 Platon, *Symposion*, 190, d5.
36 Ein Jongleur ist auf schöne Art durch eine Statuette in den Staatlichen Museen von Berlin dargestellt sowie auch auf dem Grabstein der Settimia Spica aus Este, der sich jetzt im Palazzo Ducale in Mantua befindet.
37 In der Galleria Lapidaria des Vatikans wird die Inschrift eines gewissen Ursus Togato aufbewahrt, in der von seinen Kühnheiten mit den Glasbällen erzählt wird.
38 Athenaeus, *Deipnosophisten*, I, 14f. Auch Kaiser Gallienus schrieb ein Traktat über das Ballspiel und deutete das Problem der „Kosten" an. Er schreibt, daß für das Ballspiel weder viel Zeit noch eine teure Ausrüstung notwendig waren.
39 Horaz, *Satire*, II, 2,11. Vgl. Ovid, *Die Kunst zu lieben*, III, 383.
40 Die erhaltenen gebliebenen waren fast mit Sicherheit Votivgaben.
41 Homer, *Odyssee*, VI, 100 und 115. Auf diese Verse greift Apollonius von Rhodos in der *Argonautika* (IV, 948) bei einem Gleichnis zurück: „Wie Mädchen am sandigen Meeresstrand, das Gewand zweimal um die Hüfte/geschlungen, sich mit einem runden Ball vergnügen, den sie, eine nach der anderen,/fangen und ganz hoch in die Luft werfen, wobei er niemals den Boden berührt ..."
42 Das heutige Korfu. Agallis war eine Landsmann der Nausikaa, denn die Phäaken beherrschten zur Zeit des trojanischen Kriegs diese Insel. Vgl. Athenaeus, *Deipnosophisten*, I, 14d-e. Vgl. *Suida*, sub voce *Agallis*.
43 Herodot, *Geschichte*, I, 94.
44 Plinius d. Ä., *Naturgeschichte*, VII, 205.
45 So Dikaiarchos aus Messene, Geograph und Historiker des 4. Jh. v. Chr. sowie ein Schüler des Aristoteles.
46 Hippasus, Historiker des 2. Jh. v. Chr., in Athenaeus, *Deipnosophisten*, I, 14d-e. Vgl. Corpus Inscriptionum Graecorum (*C.I.G.*), 1386 und 1432; Ovid, *Tristia*, II, 485 und Properz, *Elegien*, III, 14,5.
47 Apollonius von Rhodos, *Argonautika*, IV, 949.
48 Pollux, *Onomasticon*, IX, 7,106.
49 Das ist so zu interpretieren: Der Ball mußte im Sprung

gefangen werden, ohne dabei einen Fuß auf dem Boden zu haben; sonst wäre das Auffangen ungültig gewesen.

50 Homer, *Odyssee*, VIII, 374.
51 *Ephebiké*.
52 Griechisch *epíkoinos*.
53 Pollux, *Onomasticon*, IX, 7,104.
54 Griechisch *skyros*.
55 Pollux, *Onomasticon*, IX, 7,107.
56 Statius, *Silvae*, IV, 24.
57 Athenaeus (*Deipnosophisten*, I, 14f) schreibt: „Das sogenannte Spiel des *harpaston* wurde *phaininda* genannt." Vgl. Pollux, *Onomasticon*, IX, 7,105.
58 Athenaeus, *Deipnosophisten*, I, 15a. Vgl. Antiphanes, *Fragmente*, 234k.
59 Es wäre eher mit dem französischen *jeu de paume* zu vergleichen.
60 Plautus, *Der Parasit Curculio*, II, 3.
61 Martial, *Epigramme*, XIV, 46.
62 *Calligere* oder *referre pila* in Martial, *Epigramme*, XII, 82,3: „Oftmals fängt er den warmen Ball mit der Rechten und Linken, um die gefangenen dann immer zu zählen für dich, hebt den schlaffen Ball aus dem Staub und bringt ihn dir wieder."
63 *Numerare pila*.
64 *C.I.L.*, IV, 1936.
65 Naevius, *Fragmente*, 63.
66 Antiphanes, *Fragmente*, 234K.
67 Pollux, *Onomasticon*, IX, 7,107.
68 Ein Teil des Innenhofs des Gymnasions wurde generell für das Ballspiel verwendet.
69 Reste dieser Räume sind nicht erhalten geblieben, aber Palladio hebt sie auf den Grundrissen der Titus- und Nero-Thermen in Rom hervor. Vgl. O. Bertotti Scamozzi, *Les Bâtimens et les dessins de André Palladio* (Vicenza 1796).
70 Plinius d. J., *Briefe*, V, 6,27.
71 Griechisch *onoi*, lateinisch *asses*.
72 Platon, *Theaitetos*, 146a. Siehe auch das Gebärdenspiel. Vgl. Pollux, *Onomasticon*, IX, 7,106.
73 Hatte er dieselben Merkmale und war etwas kleiner, so hieß er *follicolo* (Athenaeus, *Deipnosophisten*, I, 14f).
74 Martial, *Epigramme*, XIV, 47.
75 Athenaeus, *Deipnosophisten*, I, 14f.
76 Der Ausdruck kommt von *pagus*, Dorf.
77 Martial, *Epigramme*, XIV, 45.
78 Martial, *Epigramme*, XIV, 48.
79 Ein gewisser Ursus rühmt sich in einer Inschrift aus dem Jahre 126 n. Chr. (*C.I.L.*, VI, 9797), er sei der erste gewesen, der bei den öffentlichen Spielen von Rom mit Glasbällen spielte.
80 Seneca, *Quaestiones naturales*, IVB, 11,3.
81 Homer, *Odyssee*, VIII, 373.
82 Petronius, *Satyricon*, 27.
83 Martial, *Epigramme*, XIV, 45.
84 Anonymus, in *Anthologia Palatina*, XIV, 62: „Mächtig bin ich behaart, doch halten mir die Blätter die vielen/Haare verborgen, sofern nirgends ein Löchlein erscheint./Sammeln sich Kinder, dann spiele ich froh mit ihnen, und zeigt sich/einer im Wurf nicht geschickt, steht es als Esel dabei."
In den *Codices Salmasiani* findet man unter den „Bankett-rätseln" eines, das dem Ball gewidmet ist: „Nicht bin ich mit einer Mähne umgeben und nicht mit Haaren bedeckt, denn drinnen/hab ich die Haare, die niemand sieht, und mich werfen Hände und mit Händen werde/ich auch wieder in die Luft geworfen"; vgl. A. Riese, *Anthologia Latina* (*Symposii Aenigmata*, I, 59), Leipzig 1869.
85 Isidor von Sevilla, *Origines*, XVIII, 69,1.
86 Martial, *Epigramme*, IV, 19,5.
87 Eine Anspielung auf Aphrodite, die sich an Eros wendet und ihm den Ball verspricht, wenn er den Liebespfeil für Jason in das Herz der Medea abschießt.
88 Apollonius von Rhodos, *Argonautika*, III, 135 f.
89 Genannt *alsulegia*.
90 Ovid, *Die Kunst zu lieben*, III, 361.
91 Johannes Kinamon, *Geschichte*, VI, 5. Der Autor spricht von einem in Mode gekommenen Spiel am Hof des Kaisers Manuel I. Komnenos, bei dem man auf Pferden ritt und eine Art Schläger hatte. Er war von mittlerer Länge und besaß ein gekrümmtes und breites Ende, um dessen Mitte Darmsaiten gewickelt waren. Einige Jugendliche, die in zwei Gruppen geteilt waren, galoppierten zur Mitte des Spielfelds, wo ein etwa apfelgroßer Ball lag und jeder versuchte dann diesen in die gegnerische Hälfte zu schlagen [dieses Spiel scheint dem heutigen Polo-Spiel sehr ähnlich zu sein; Anm. d. Übers.].
92 Lukian, *Anacharses*, 38.
93 Während einer Theateraufführung, bei der er die Rolle der Nausikaa spielte, wurde ihm für seine Geschicklichkeit beim Ballwurf applaudiert. Vgl. Epiktet, *Diatribe*, II, 5,18.
94 Athenaeus, *Deipnosophisten*, I, 19a und Plutarch, *Parallelbiographien: Alexander*, 39 und 73.
95 Eine köstliche Anekdote erzählt Macrobius in den *Saturnalien*, II, 6,1.
96 Sueton, *Kaiserbiographien: Augustus*, 83.
97 Julius Capitolinus, *Mark Anton, der Philosoph*, IV, 5,9.
98 Plutarch, *Parallelbiographien: Cato d. Ä.*, 50.
99 Horaz, *Satire*, I, 5,48.
100 Valerius Maximus, *Denkwürdige Sprüche und Taten*, VIII, 2.
101 Sehr schön und interessant ist die Pyxis des Malers von London D 12 im Museum of Art von Toledo (USA).

Glücksspiele

Über Glücksspiele

In allen Epochen und in allen Kulturen hat der Staat versucht, das Glücksspiel wegen seiner negativen Auswirkungen zu reglementieren, und oft hat er es auch verboten. Darin machten die griechische und die römische Kultur keine Ausnahme.

Plutarch verbot den Philosophen das Glücksspiel und riet ihnen, statt dessen *petteía*[1] zum Zeitvertreib zu spielen[2]; im übrigen war er sehr kritisch in Bezug auf alle Glücksspiele, denn er hielt sie für die Zerstreuung der Verbrecher in den Gefängnissen.

In Griechenland gab es bestimmte Punkte, an denen sich die Glücksspieler versammelten. Einer davon war der Tempel der Athena Skira, von dem der Name *skirapheion* kommt, womit der Versammlungsort der leidenschaftlichen Glücksspieler gemeint ist.[3] Ein weiterer Treffpunkt war in Korinth beim Pirene-Brunnen.[4]

Juvenal beklagt sich, indem er schreibt: „Wann war die Spielsucht stärker? Zum Hasard des Spieltisches geht man ja nicht mehr nur mit seiner Börse – nein, den ganzen Geldschrank setzt man ein. Ist es nicht mehr als irrsinnig, hunderttausend Sesterzen zu verspielen und dem vor Kälte zitternden Sklaven sein Hemd vorzuenthalten?"[5]

Die Römer hatten bereits in republikanischer Zeit[6] sehr strenge Gesetze gegen diese Praktiken erlassen. Insbesondere die *lex alearia* untersagte das Würfelspiel, wobei sie die Gewinne mit dem Verbrechen des Raubes gleichstellte sowie eine Geldstrafe in Höhe des vierfachen Spieleinsatzes festlegte[7]; Spielschulden wurden nicht anerkannt, und ein Gläubiger konnte keine legale Klage gegen einen Schuldner anstrengen.

Ovid schreibt in seinem Werk *Tristia:* „Schriften gibt es sogar von der Kunst,

185. Spieler in einem *Thermopolium* in der Via Mercurio, 1. Jh. n. Chr. Ausgrabungen Pompeji.

Mit Würfeln zu spielen –/unseren Vätern galt dies als kein leichtes Vergehen ..."[8] Plautus ist noch genauer und schreibt in *Der angeberische Soldat*[9]: „Und daß sie künftighin das Knöchelspiel-Verbot[10] nicht listig mehr umgehen, so seid dafür besorgt, daß sie daheim beim Essen ohne Knöchel sind."

Dagegen war es erlaubt, zur Zeit der Saturnalien zu wetten: „Üppige Tage des greisen Sichelträgers herrschen, und es regiert der Würfelbecher."[11] Und auch während der sportlichen Wettkämpfe war es gestattet, Wetten abzuschließen.[12]

Über die Einhaltung dieser Gesetze wachten die Ädilen: „Schnöd verraten vom Würfelklang, erbittert,/aus verstohlener Kneipe frisch verhaftet,/beim Aedilen der trunkene Spieler Gnade."[13]

Das Spiel, das schon von Natur aus erregt und Leidenschaft weckt, läßt, wenn es zum Glücksspiel wird, diese Leidenschaften in Raufereien enden. Ovid beschreibt uns diese Ausschreitungen auf besondere Weise: „Nicht auf der Hut sind wir; wir öffnen im Eifer die Herzen/Spiel deckt öfters die Brust bis in Ihr Innerstes auf./Dann naht Zorn mit verzerrtem Gesicht; dann naht die Gewinnsucht;/Streit und Schmähung und Zank und der Erbitterung Schmerz./Kränkender Vorwurf hallt und Geschrei weithin durch die Lüfte;/Jeder verschwört sich und ruft Fluch auf sein eigenes Haupt./Glaubet den Spielenden nicht! Was wünscht man sich nicht mit Gelübden!/Manches Gesicht sogar sah ich mit Tränen benetzt."[14]

In einer Taverne in Pompeji[15], in der Via Mercurio[16], ist ein Bildchen über das „Wirtshausleben" erhalten geblieben (Abb. 185). Es zeigt eine Rangelei zwischen zwei Spielern am Spieltisch. Einer von ihnen sitzt noch, der andere springt gerade auf. Es müssen feurige Worte getauscht werden, wenn der Wirt (rechts) herbeiläuft und sie warnt: „Geht und schlagt Euch draußen."[17]

Wir vermuten, daß der Wirt wegen eventueller Schäden in seinem Lokal sehr besorgt war, denn das Gesetz sah zwar keine Strafe für die „Spielhöllenbesitzer" vor, aber es ersetzte auch nicht die möglicherweise entstehenden Schäden. Abermals in Pompeji trägt das Türschild einer Schenke[18] ein Flachrelief mit einem zylindrischen Gefäß, das einen Würfelbecher zwischen zwei glückbringenden Phalloi darstellen könnte; in der Taverne wurden einige Graffiti an den Wänden als Berechnungen des Profits identifiziert.

Die Schenken waren häufig heimliche „Spielhöllen", die mit der Entwicklung der Spielleidenschaft und dem Niedergang der Sitten eine Blütezeit erlebten. Es ist nicht auszuschließen, daß diese „Spielcasinos" ähnlich organisiert waren wie unsere, in denen man mit Jetons spielte, die vielleicht aus kleinen Bleischeiben bestanden haben könnten, die in Machart und Größe den echten Münzen ähnlich waren. Von ihnen gibt es verschiedene Beispiele: Eines zeigt auf der einen Seite den Kopf einer Frau mit den Buchstaben *CS* und auf der anderen vier Knöchelchen mit der Beischrift *Qui Ludit Arram Det Quod Satis Sit*, was bedeutet: „Der, der spielt, gebe eine ausreichende Anzahlung." (Abb. 186). Bedenkt man jedoch, daß das Wort *arra* auch „Pfand" oder „Garantie" bedeutet, könnten diese Scheiben auch als eine „Kontrollmarke" interpretiert werden, um damit später die Zahlung der Spielschulden einzufordern. So berichtet Martianus: „In diesem Bereich ist es auf der Grundlage der Lex Titia und der Lex Cornelia erlaubt, „Einsätze auf das Vertrauen"[19] zu machen, aber auf

186. Spieljeton.
Autun, Musée Rolin.

der Basis anderer Gesetze ist es nicht erlaubt, wenn der Einsatz nicht durch die Ehrenhaftigkeit [des Spielers] garantiert ist."[20]

Es gab auch Menschen, die sich um die Jugendlichen und ihre durch diese ungesunde Leidenschaft negativ beeinflußte Erziehung sorgten. Hierfür stehen die betrübten Worte Plutarchs: „Denn wenn ihre Söhne in die Listen der erwachsenen Männer eingeschrieben sind und dann das gesunde und geordnete Leben mißachten und sich Hals über Kopf in die ungeordneten und sklavischen Lüste stürzen, dann wird es denjenigen leid tun, die die Erziehung ihrer Kinder verraten haben."[21] Und Juvenal: „Hat am riskanten Würfelspiel der Alte Freude, so spielt auch sein kleiner Erbe, der noch das Kinderamulett trägt, und schüttelt dasselbe Rüstzeug in seinem kleinen Würfelbecher."[22]

Das Würfelspiel

Bei den Würfeln[23] – die zu den wichtigsten Utensilien beim Glücksspiel gehören – ist es sinnvoll, sofort eine Unterscheidung vorzunehmen: Zum einen können sie Selbstzweck sein, dann handelt es sich um ein reines Würfelspiel, oder sie können zum Spielen eines Brettspiels dienen.

Sowohl die Übersetzung und Interpretation der literarischen Zeugnisse als auch das Erkennen der verschiedenen Spiele, die durch die erhaltenen archäologischen Funde beschrieben sind, haben viel Verwirrung ausgelöst. Das liegt auch daran, weil das lateinische oder griechische Wort, das eigentlich das Knöchelchen bezeichnet, häufig dagegen mit „Würfel" übersetzt wird. Darüber, wer die Würfel erfunden hat, gibt es selbst bei den antiken Autoren keine einheitliche Meinung. Platon[24] schreibt die Erfindung dem Gott Thoth zu, Herodot den Lydern, wobei er uns eine phantasievolle Erklärung liefert: „Nach Meinung der Lyder wären auch die Spiele, die heute von Griechen und Lydern gespielt werden, ihre Erfindung ... Aber bei dieser Gelegenheit nun ihre Version. Unter der Herrschaft des Athis ... hatte sich über ganz Lydien eine schreckliche Hungersnot ausgebreitet: Damals wurden das Würfel-, das Knöchel- und das Ballspiel und alle anderen Arten von Spielen erfunden mit Ausnahme des Brettspiels, ... Durch diese Kurzweil vertrieben sie den Hunger, indem sie einen ganzen Tag hindurch spielten, um die Eßlust nicht aufkommen zu lassen. Den nächsten Tag wieder aßen sie und spielten nicht. So lebten sie achtzehn Jahre lang."[25]

Nach Pausanias war dagegen Palamedes der Ideengeber. Palamedes war ein griechischer Krieger, der für seine Intelligenz so berühmt war, daß man ihm verschiedene Erfindungen zuschrieb, darunter die der Zahlen sowie die Einführung der Gewichte und Maße.

Pausanias beschreibt eine Malerei des Polygnot zu diesem Thema: „Sieht

187. Achill und Ajax beim Würfelspiel. Schwarzfigurige, attische Amphora des Exekias, 550–525 v. Chr. Rom, Vatikanische Museen.

188. Verschiedene Würfelarten. Mailand, Museo Teatrale alla Scala.

man wieder auf den oberen Teil des Gemäldes, dann ist da anschließend an Aktaion Aias aus Salamis und Palamedes und Thersites, die mit Würfeln spielen, der Erfindung des Palamedes; der andere Aias[26] schaut ihnen beim Spielen zu."[27]

Der Perieget schreibt in seinem *Führer durch das antike Griechenland*, daß in Argos „seit ältesten Zeiten ein Tempel der Tyche liegt, wenn wirklich Palamedes die Würfel, die er erfunden hatte, in diesem Tempel geweiht hat."[28]

Tatsächlich sind Spielszenen erhalten geblieben, in denen griechische Krieger dargestellt sind, die – wie Achill und Ajax – vor Troja kämpften. Die berühmteste Darstellung befindet sich auf einer Amphora im Museo Etrusco Gregoriano des Vatikans (Abb. 187). Achill und Ajax, die vor einem kleinen Tisch sitzen, sind mit Sicherheit beim Würfelspiel. Dafür sprechen zwei Gründe, die eng miteinander verbunden sind. Die Vase trägt eine Beischrift, die besagt: „Vier für Achill, drei für Ajax", eine Beschreibung, die mehr auf den Wurf der Würfel als auf einen Zug auf einem Spielbrett zutrifft. Außerdem ist auf einigen Gefäßen in London, Madrid, München und Boston dieselbe Szene in annähernd gleicher Art und Weise dargestellt, aber auf der Fluchtlinie, die die Tischplatte bezeichnet, sind kleine Kugeln eingezeichnet, die für die Maler – einer von ihnen ist Andokides – die Spielsteine verkörperten. Die Griechen nannten den Würfel *kybos*: „Cubus ist ein auf jeder Seite von regelmäßigen Vierecken begrenzter Körper. Derartig beschaffen, ..., sind die Würfel im Brettspiel, woher sie auch *kyboi* (Würfel) genannt worden sind"[29]; Pollux versichert darüber hinaus, daß auch jede einzelne Seite des Würfels so genannt wurde.[30] Den acht Ecken des Würfels gab man den Namen *tessares*, woher das lateinische Wort *tessera* kommt, mit dem gewöhnlich der Würfel bezeichnet wurde.[31]

Die antiken Würfel wurden durch die Einritzung kleiner Kreise mit einem Punkt in der Mitte von eins bis sechs fortlaufend numeriert.[32] Eusthatius schreibt, daß die Würfel so numeriert werden mußten, daß die Summe der gegenüberliegenden Seiten immer sieben ergab.[33] Je nach abgebildeter Zahl hatte jede Seite des Würfels einen anderen Namen:

griechisch	lateinisch
1 monás	1 unio
2 dyás	2 binio
3 triás	3 trinio
4 tetrás	4 quaternio
5 pentás	5 quinio
6 exás	6 senio

Die Würfel wurden aus den unterschiedlichsten Materialien hergestellt, von den billigsten, wie Terrakotta, Blei, Bronze, Knochen und Glas (Quarz), bis hin zu den teuersten und wertvollsten, wie Gold, Bernstein und Elfenbein: „Nicht eine Unze Elfenbein hab ich im Haus, nicht einmal Würfel oder Spielmarken aus diesem Material"[34], beklagte sich Juvenal.

In Rom ist auf dem Friedhof von Ciriaco eine Inschrift zu Ehren des Lucilius Victorinus gefunden worden, ein Handwerker, der auf die Herstellung von Spielzubehör, wie Würfel, Würfelbecher und Spieltische, spezialisiert war.[35] Steatitwürfel mit Buchstaben anstatt der Augen wurden sowohl in Ägypten als auch in Kleinasien gefunden. Wenn man einen von ihnen abrollt[36] (Abb. 190) erscheint eine Aufschrift, von der nur die einzelnen Wörter verständlich sind: *est, Orti* (Name eines Töpfers), *Caius, volo te*.

In Vulci sind zwei Würfel mit etruskischen Buchstaben entdeckt worden

189. Würfel in Form eines achtkantigen Kreisels.
Mailand, Museo Teatrale alla Scala.

190. Etruskische Würfel, die nur mit Buchstaben gekennzeichnet sind.
Autun, Musée Rolin.

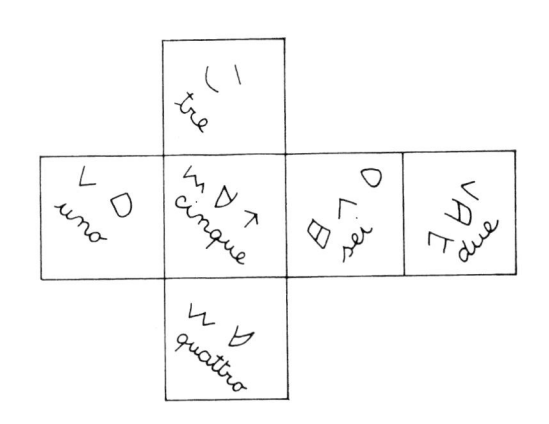

192. Abrollung eines etruskischen Elfenbeinwürfels.
Paris, Bibliothèque Nationale.

(Abb. 192), wobei dieser Fund dazu beigetragen hat, die Zahlen in der etruskischen Sprache zu entziffern. Einige etruskische Würfel haben eine andere Numerierung als die normalen Würfel: 1 und 2; 3 und 4; 5 und 6 oder 1 und 2; 3 und 5; 4 und 6 sowie auch 1 und 3; 2 und 4; 5 und 6. Wir wissen nicht, wozu sie dienten, ob als Spielvariante oder für völlig andere, uns unbekannte Spiele. Dennoch wissen wir, daß die Etrusker begeisterte Würfelspieler waren; so überlieferte uns Titus Livius, daß römische Abgesandte den König von Veii, Lars Tolumnio, beim Würfelspiel antrafen.[37] In London werden römische Würfel mit zwanzig Seiten aufbewahrt, und ein ebensolcher Bergkristallwürfel im Musée du Louvre in Paris[38] (Abb. 196).

Es gab auch polyedrische Würfel, die aus einem kubischen Würfel herausgearbeitet wurden. Dazu wurden diesem die acht Kanten abgeschnitten: Bei zwei Würfeln (Abb. 193-194) tragen die sechs ursprünglichen Flächen Buchstaben ND-NC-NH-LS-SZ-A, die durch die entfernten Kanten entstandenen Flächen die Zahlen von eins bis zwölf.[39] Im Museo Teatrale alla Scala in Mailand werden – abgesehen von den soeben zitierten Würfeln – auch etliche weitere aufbewahrt, von denen einige nur Zahlen eingeritzt haben, andere besitzen dagegen Ziffern und Buchstaben. Wenn eine größere Zahlenmenge notwendig war, als auf den kubischen Würfeln vorhanden, benutzte man einen kleinen Kreisel mit Kanten, die den Wert angaben. Einer dieser Kreisel, der sich ebenso am Museo Teatrale alla Scala befindet, zeigt acht Seiten, die von 1 bis 7 numeriert sind, wobei die letzte freie Fläche die Ziffer 10 trägt (Abb. 189).

In Tell Beit Mersim in Palästina wurden fünf konische und fünf tetraederförmige Würfel aus blauer Keramik sowie ein Kreisel gefunden. Die Kanten des Kreisels tragen die Zahlen 1, 2, 3 und 4. Es gab auch Würfel mit nur vier Seiten. Sie stammen, wie wir gesehen haben, von den Knöchelchen ab, die auch nur vier Flächen aufwiesen. In Boge auf Jütland sind Würfel entdeckt worden, die auf zwei verschiedenen Seiten dieselbe Zahl haben.

Es gab auch figürliche Würfel: Berühmt sind die beiden Kopien eines sitzenden Mannes, dem die Punkte auf dem Rücken, dem Bauch, den Armen usw. eingezeichnet sind. Ferner gibt es eine Silberkopie (Abb. 198) sowie eine weitere aus Bronze, die im Britischen Museum in London aufbewahrt werden (Abb. 199-200).

Die ägyptischen Würfel waren pyramidenförmig. Aus Ägypten stammen darüber hinaus auch Würfel, die die Form eines Stabes haben (Abb. 195).

Sueton belegt, daß im kaiserzeitlichen Rom mit zwei kubischen Würfeln gespielt wurde (während die Menschen der klassischen Antike drei Würfel benutzten[40]): Man würfelte auf einem Tisch – *alveus* – oder auf einer ebenen Fläche, und genauso wie heute addierte man dann die Punkte. Pollux[41] berichtet, daß diese Art des Spiels *pleistobolínda* genannt wurde. Es scheint so, als ob der Einsatz nicht immer gleich hoch war bzw. zumindest jedesmal vor dem Wurf festgelegt wurde, sondern vielmehr in engem Zusammenhang stand mit der Gesamtsumme der Punkte.

191. Polyedrische Würfel.
London, Britisches Museum.

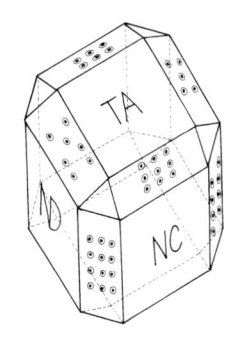

194. Polyedrischer Würfel. Mailand, Museo Teatrale alla Scala.

Um ein Beispiel zu geben: Wenn Charmion insgesamt 8 Augen gewürfelt hat und Ergoteles 6, gewinnt Charmion, wobei er 14 Drachmen einstreicht; wenn dagegen Charmion mit 12 Augen Ergoteles besiegt, der nur 11 Punkte gewürfelt hat, so gewinnt Charmion 23 Drachmen.

Eindeutig ist, daß die höchste zu erreichende Punktzahl dreimal die Sechs war; als Beleg hierfür ein Ausspruch der Wache im Palast des Agamemnon: „Denn fällt der Herrscher Würfel gut, ist's mein Verdienst, da dreimal sechs mir warf des Feuerzeichens Licht."[42]

Wie bei den Knöchelchen, hatten auch die verschiedenen Kombinationen der Würfelaugen einen Namen: Drei Sechsen wurden „Wurf der Venus" genannt, während die Eins, also der niedrigste Wert, mit dem man mit Sicherheit verliert, der „Wurf des Hundes" war. In *Die Kunst zu lieben* rät Ovid dem Mann, der eine Frau erobern möchte, „hundsmiserabel" zu spielen: „Schwingt im Spiel mit der Hand sie die elfenbeinernen Würfel, / Wirf so schlecht wie du kannst; willig bezahle den Wurf. / Wenn mit Knöchelchen du spielst, so laß, daß sie es nicht büße, / oft den verderblichen Hund gegen dich springen hervor."[43]

Nach Hesych hieß der beste Wurf „Midas"[44], und die anderen Würfe waren der „Glückliche", der „Feind", der „Lazedämonier", der „Bissige".

Tacitus[45] erzählt, daß die Völker germanischen Ursprungs beim Würfeln die eigene Freiheit aufs Spiel setzten, und wenn sie verloren, unterwarfen sie sich bereitwillig der Sklaverei. Sankt Ambrosius gibt an, daß einige von ihnen Finger, Gliedmaßen und sogar das Leben als Einsatz gaben, wenn sie nichts anderes zum Verspielen hatten.

Nero spielte beim Würfeln mit einem Einsatz bis zu vierhunderttausend Sesterzen für jeden Punkt[46], wobei er sich bestimmt nicht ruinieren konnte, da

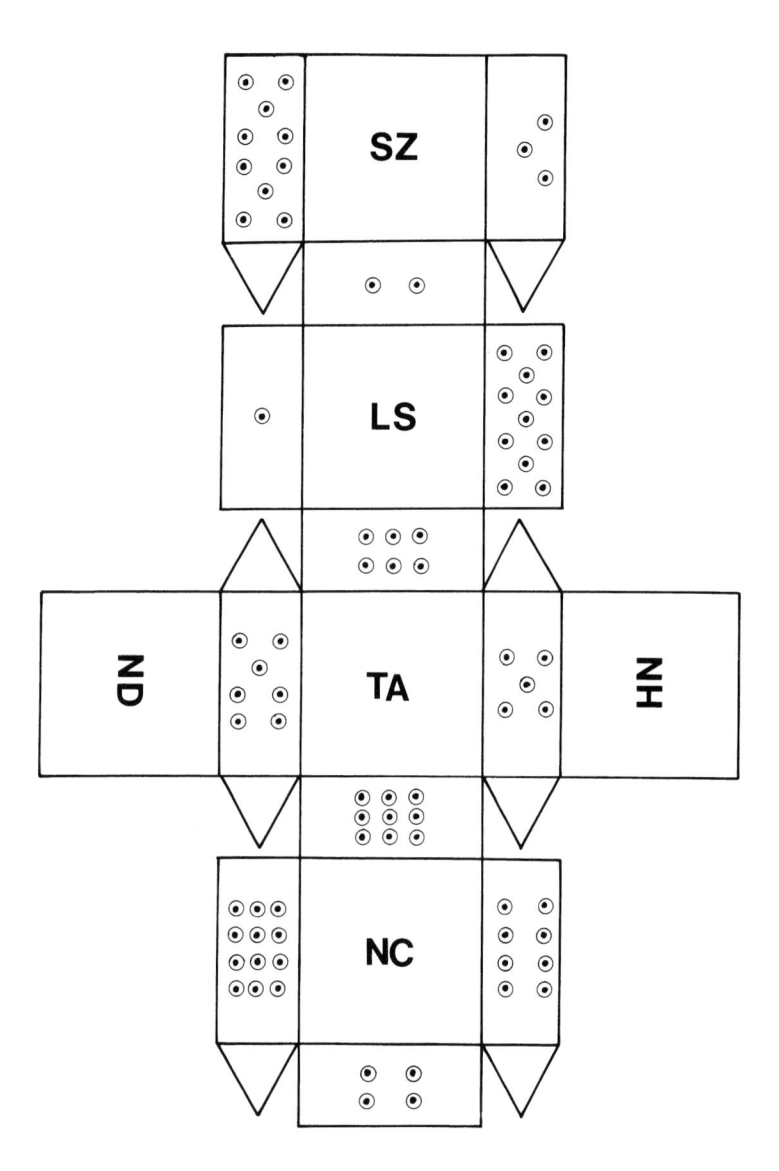

193. Würfel mit achtzehn Seiten mit Buchstaben und Punktaugen. Zeichnung der Abrollung. Mailand, Museo Teatrale alla Scala.

195. Stabförmiger Würfel. London, Britisches Museum.

er aus der Staatskasse schöpfte – ganz im Gegensatz zu vielen seiner Untertanen: „... jedermann hat seinen eigenen Sinn, man lebt nicht mit einerlei Neigung. ... den laugt der Würfel aus ..."[47], wie es Persius (der sich auf die gewöhnlichen Leute bezieht) und Ovid bezeugen: „Wie ohn End der Spieler verliert – um nicht zu verlieren,/Und wie der Würfel die Hand immer von neuem verlockt."[48]

Es ist natürlich auch wahr, daß, wenn einer verliert, ein anderer auch gewinnen muß, wie es jenem glücklichen Pompejianer passiert ist, der in Nuceria die enorme Summe von 855 Denaren gewonnen hat, was 3422 Sesterzen entspricht.[49]

Die Würfel nutzten auch ... beim Trinken! Es gibt Belege, daß in Griechenland seit dem 7. Jh. v. Chr. „Trinkwettkämpfe" ausgetragen wurden, und diese Mode erreichte auch Rom, wo dann Plinius d. Ä. berichtet, daß man „sogar Preise" aussetzte, und um die Herausforderung noch zu steigern, „trinkt der andere soviel, als der Würfel verlangt".[50]

Auf dem Tisch stand auch der Becher, der sowohl zum Werfen der Würfel als auch der Knöchelchen diente. Die Museen bewahren viele von ihnen mit unterschiedlichen Formen und Merkmalen: von den einfachsten, die einem

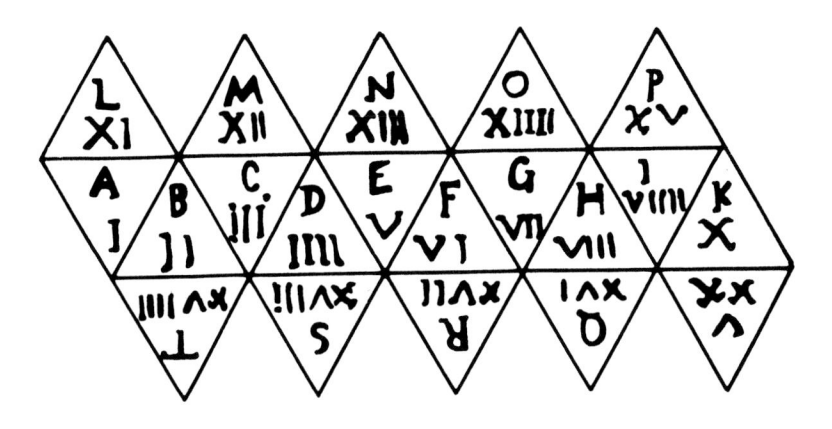

196. Polyedrischer Würfel mit zwanzig Flächen und seine Abrollung. Paris, Musée du Louvre.

197. Dreigeteilter, sechseckiger Würfel, römische Zeit. London, Britisches Museum.

heutigen Glas annähernd gleich sind, bis hin zu kunsthandwerklichen Stücken mit einem Herakleskopf[51] oder in Form eines mit Bronze und Silber ziselierten Helms mit einem Vogel auf der Helmspitze[52].

Um Betrügereien zu vermeiden, hatten die Römer Würfelbecher[53] entwickelt, die innen ringförmige Vorsprünge aufweisen: Wenn die Würfel dagegen kamen, konnten sie gar nicht anders herausfallen, als ohne sich um sich selbst zu drehen (Abb. 204).

Die damit noch nicht zufrieden waren, hatten eine Art Turm (*turricula*) erfunden, der innen einige Stufen besaß, so daß die Würfel einen bestimmten Weg zurücklegen mußten, bevor sie unten herausfielen. Das geschah erst, wenn man die eine Wand des Turms hochzog (Abb. 201-202). Über die Sicherheit dieses Systems berichtet Martial beruhigend in einem seiner Epigramme, in dem er eines dieser Meisterwerke sprechen läßt: „Wirft des Betrügers Hand die Würfel, die er sich zurecht legt, erst durch mich auf das Brett, bleibt es allein bei dem Wunsch."[54]

Die Existenz der *turricula* ist nur durch zwei archäologische Funde belegt: Ein Turm wurde in Qustul in Ägypten entdeckt (Abb. 201), und ein zweiter aus Bronze stammt aus einer römischen Villa bei Bonn (Abb. 203). Der zuletzt genannte – von wirklich bemerkenswerter Schönheit – hat im oberen Bereich der beiden Seitenwände sowie an der Rückwand drei Worte durchbrochen herausgearbeitet, eines auf jeder Wand. Sie lauten: *Vtere Felix Vivas*, „Welcher auch von beiden[55]/lebe/glücklich." Die Vorderwand ist dagegen ganz von oben nach unten mit sechs untereinanderstehenden Worten durchbrochen: *Pictos Victos/Hostis Deleta/Ludite securi*, „Die Pikten sind besiegt/die Feinde vernichtet/spielt unbesorgt."

Auch diese *turricula* hat Stufen und innen drei leicht gewellte Lamellen, die

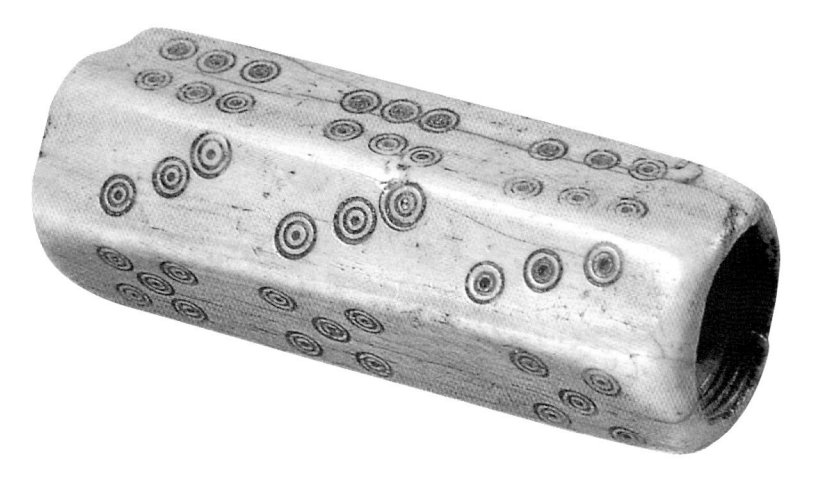

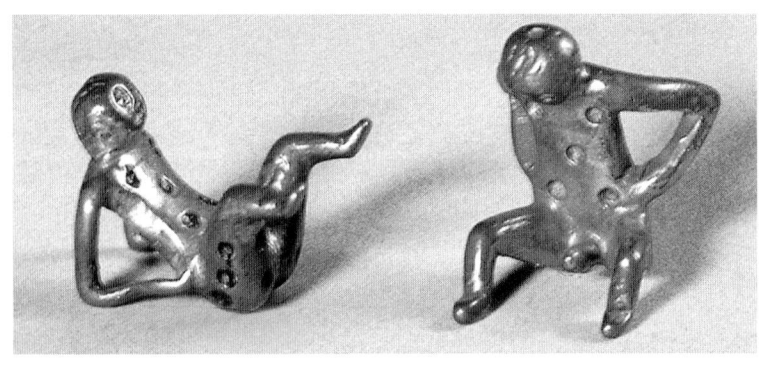

198. Silberwürfel in menschlicher Gestalt, 1.-2. Jh. n. Chr. London, Britisches Museum.

199-200. Bronzewürfel in menschlicher Gestalt, 1.-2. Jh. n. Chr. London, Britisches Museum.

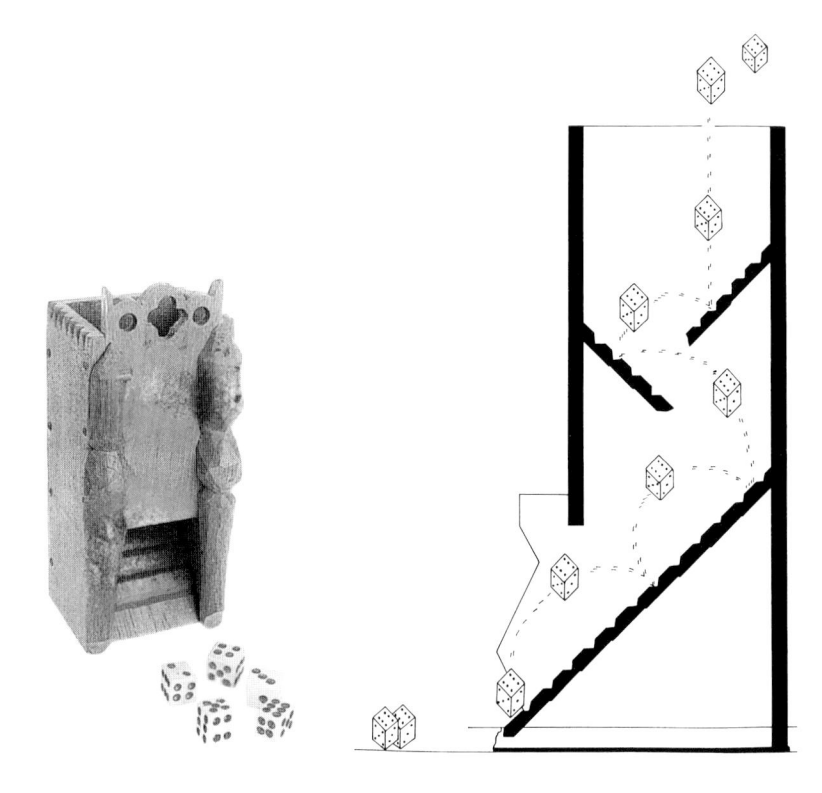

202. Längsschnitt durch die *turricula* **von Qustul.**

203. Bronzener Spielturm, römische Zeit. Bonn, Rheinisches Landesmuseum.

in einem 45°-Winkel geneigt sind, um so die Würfel oder die Knöchelchen abprallen zu lassen (Abb. 203). Die Inschriften erinnern an das Spiel der „zwölf Linien" oder *duodecim scripta*, von dem wir später noch sprechen werden. Das läßt vermuten, daß die *turricula* ein Ausstattungsgegenstand für dieses Spiel war. Der Gebrauch einer solchen Vorrichtung ist durch mehrere Darstellungen belegt. Eine davon ist der Kalender des Philoculos, der in das Jahr 350 n. Chr. datiert wird. Darin ist ein dreibeiniger Tisch zu sehen, auf dem eine *turricula* und zwei Würfel liegen. Die Seite bezieht sich auf den Monat Dezember, in dem das Glücksspiel anläßlich der Saturnalien erlaubt war. Ein letztes Beispiel bieten uns zwei Mosaiken aus Daphne, südlich von Antiochia, die auf das Jahr 450 n. Chr. zurückgehen. Insbesondere das eine stellt zwei Männer dar, die an einem Tisch sitzen, auf dem ein Schachbrett liegt; der Spieler rechts wirft gerade die Würfel in die *turricula*, die auf der einen Seite des Tisches steht.

Als ein ganz besonderer Würfelbecher kann ein großer Fingerring angesehen werden, der als Würfelbehälter diente (Abb. 208). Aus Bernstein hergestellt, mit einem Durchmesser von 5,6 cm, hat er eine Aushöhlung, die durch ein

201. *Turricula* **aus Qustul (Ägypten), ca. 350 n. Chr. Kairo, Ägyptisches Museum.**

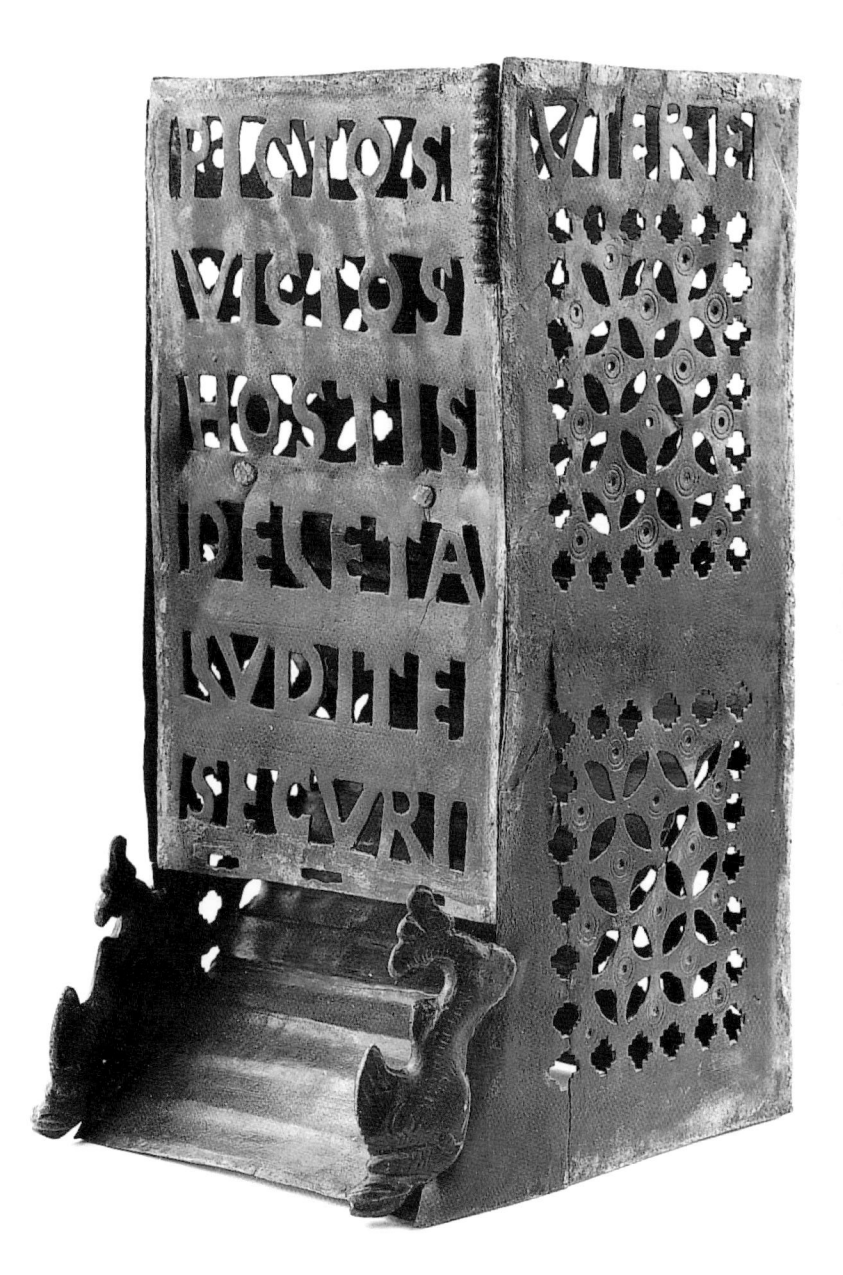

204. Zeichnung eines Würfelbechers.

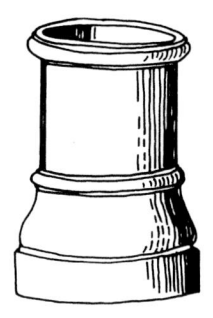

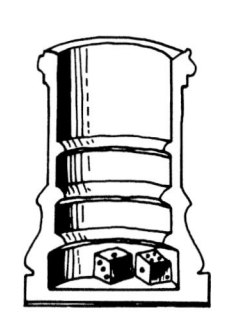

bewegliches Plättchen verdeckt ist, so waren die im Inneren enthaltenen kleinen Würfel nicht zu sehen. Hält man den Ring aber zwischen Daumen und Zeigefinger, so fungierte er – wie gesagt – als Würfelbecher.

Wie bei allen Glücksspielen, war das Mogeln auch beim Würfeln eine ständige Gefahr. Viele Systeme wurden dabei angewendet: vom einfachsten, wie dem höheren oder niedrigeren Ablesen der gewürfelten Punkte, je nach dem, wie es für einen selbst vorteilhaft war, bis hin zu den ausgeklügeltsten und komplexesten. In einer Schenke in Pompeji[56] (Abb. 205) malte ein unbekannter Künstler ein sehr amüsantes kleines Bild: Links sieht man einen Spieler mit dem Würfelbecher in der Hand und über seinem Kopf die Beischrift „Ich bin draußen"; über der Figur des zweiten Spielers steht geschrieben: „Nicht drei, die zwei ist gefallen."[57]

Ein anderes Mittel, das jedoch nur von „Profis" angewendet wurde, bestand darin, die Würfel zu zinken, indem man ein Gewicht in sie einbaute, das den Fall des Würfels auf die gewünschte Zahl begünstigen sollte. Es handelte sich dabei um ein relativ leichtes Unterfangen, wenn man in Betracht zieht, daß viele Würfel aus den Knochen der hinteren Gliedmaßen von Tieren herausgeschnitten wurden. Zum Beispiel wurde das Schienbein zerteilt und viereckig zugeschnitten, wobei man anstelle des Knochenmarks ein festes Material einsetzte; schließlich wurden die beiden Seiten mit zwei kleinen Abdeckungen, ebenfalls aus Knochen, verschlossen. Dasselbe machte man auch bei den Sprungbeinen (Abb. 207).

Ein berühmter Falschspieler war Kaiser Caligula, der „nicht einmal die Gewinne beim Würfelspiel verschmähte, gewann aber hauptsächlich durch Falschspiel und auch Meineid."[58]

Trotz der Gesetze und der Mißbilligung durch die Gelehrten und Dichter waren viele römische Imperatoren leidenschaftliche Würfelspieler, so Kaiser Vitellius, „der Freund ... des Claudius, da er wie dieser dem Würfel frönte"[59] und Claudius, der nach Aussage von Sueton „auch während Spazierfahrten zu spielen pflegte, wobei sein Wagen und das Würfelspiel so eingerichtet waren, daß das Spiel nicht gestört wurde."[60] Wegen dieser großen Leidenschaft beschreibt Seneca[61] Claudius in der Unterwelt, wo er dazu verdammt ist, mit einem Becher ohne Boden zu würfeln; eine wahre Pein für einen Spieler. Der Imperator „schrieb sogar ein Buch über diese Kunst".[62]

Über Caligula haben wir bereits gesprochen, aber auch Domitian „unterhielt sich in seinen Mußestunden mit Würfelspiel, auch an Werktagen und am frühen Morgen".[63] Augustus „spielte auch noch als alter Mann zu seinem Vergnügen ohne Hehl und Heimlichkeit"[64], und in einem Brief an Tiberius schreibt er: „.... wir haben den ganzen Tag gespielt und wir haben den Spieltisch erwärmt."[65] Der Kaiser Verus „nährte eine wahre Leidenschaft für das Würfelspiel"[66], und er hatte „die ganze Nacht hindurch dem Würfelspiel gehuldigt, ein Laster, das er sich in Syrien angewöhnt hatte."[67]

205. Spieler in einer Schenke.
Aus einer Taverne an der Ecke des Vicoletto di Mercurio und dem Vicolo dei Vettii in Pompeji,
1. Jh. n. Chr.
Neapel,
Archäologisches Nationalmuseum.

206. Würfelspieler.
Mosaik,
2.-3. Jh. n. Chr.
Tunis,
Bardo-Museum.

208. „Würfelbecher" aus Bernstein in Form eines Fingerringes. Bonn, Rheinisches Landesmuseum.

Macrobius beschreibt die betrunkenen Verschwender, die auf das Forum gingen, um dort Richterfunktionen auszuüben: „Sie spielen eifrig Würfel, mit Parfüm gesalbt und von Dirnen begleitet."[68] Zum Beweis dafür, daß die Spielleidenschaft sehr weit verbreitet war, erinnern wir nur daran, daß die antiken Autoren[69] häufig Bilder vom Spiel in ihren Werken verwendeten, wie etwa Plutarch, der Platon zitiert, „denn mit einem Würfelspiel verglich [er] das Leben, wobei man den bestmöglichen Wurf erzielen muß, und wenn man geworfen hat das Ergebnis der Steine gut zu verwenden."[70] Und auch Agathias Scholasticus schreibt: „Wohl, dies alles ist ein Spiel, und doch, in dem sinnlosen Zufall / dieses rollenden Wurfs waltet die Laune des Glücks. / Schillernd entfaltet sich dir das Bild des menschlichen Lebens, / wenn es bald hoch dich erhebt, bald in die Tiefe dich stürzt."[71]

Die komischen Dichter Antiphanes, Eubulos, Amphis und Alexis schrieben Komödien über das Würfelspiel.

Die Würfel wurden auch in Tempeln verwendet, wo man die Götter mit Hilfe der mantischen Deutung[72] der Würfel befragte. Das stellte einen wichtigen Bereich innerhalb der Wahrsagekunst dar.

Außerdem diente der Würfel auch für Auslosungen, was ein anonymer Autor beweist: „Einstmals losten im Scherz drei Mädchen mitsammen und fragten, wer von ihnen zuerst zum Hades wohl ging. Dreimal rollten die Würfel, und jedesmal traf es dieselbe; ..."[73]

Schließlich dürfen wir nicht die Würfel vergessen, mit denen die römischen Soldaten um das Gewand des gekreuzigten Christus spielten – auf einer Steinplatte, die sich der Überlieferung nach im Kreuzgang der Basilika von San Giovanni in Laterano in Rom befindet.

Noch eine letzte Kuriosität: Der Würfel war auch ein Freundschaftsbeweis; zum Zeichen der Freundschaft zwischen zwei Personen wurde ein Würfel zerschnitten, und jeder behielt eine Hälfte, die dann auch zum Sinnbild der Anerkennung und Gastfreundschaft zwischen den zugehörigen Familien wurde.[74]

207. Würfel mit der Aushöhlung des Knochenmarkkanals. Corbetta (Mailand), Museo Pisani-Dossi.

Das Knöchelspiel als Glücksspiel

Alexander von Pleuron[75], hatte eine Tragödie mit dem Titel *Die Knöchelspieler* geschrieben, die den von Patroklos im Eifer des Spiels begangenen Mord zum Thema hat, eine Episode, die auch von Homer in der *Ilias* aufgegriffen wird: „An dem Tag, als ich den Sohn getötet des Amphidamas – / Ich Kindischer! Nicht mit Willen: im Zorn um die Würfel."[76] Das Glücksspiel mit den Knöchelchen war viel komplizierter als das mit den Würfeln.

Von ihrer Gestalt haben wir bereits gesprochen. Wir wollen nun versuchen, auch die Spielregeln zu verstehen. Die Knöchelchen haben vier Flächen, und jede Fläche hat ihren Wert; die konvexe Seite zählt drei[77], die konkave vier[78], die instabilste sechs[79] und die letzte einen[80] Punkt (Abb. 211). Wie man sieht, fehlen die Zwei und die Fünf.[81] Man spielte mit vier Knöchelchen. Das Spiel basierte nicht auf der durch die vier Seiten angegebenen mathematischen

210. Knöchelchen mit Inschrift. Aus der Nekropole von Myrina (Kleinasien).

Summe, sondern auf der Kombination der vier einzelnen Seiten der Sprungbeine. Wenn z. B. von den vier Knöchelchen das erste den Wert eins anzeigte, das zweite drei, das dritte vier und das vierte sechs, also jedes auf einer anderen Seite lag (eine sicher selten vorkommende Möglichkeit), so war das der Wurf, der mit Sicherheit gewann, auch wenn die Summe nur vierzehn ergab; dieser Wurf hieß „Wurf der Venus". „Wenn kein Knöchel der vier sich dir mit dem gleichen Gesicht zeigt, wirst du sagen, ich gab wirklich ein großes Geschenk"[82], schrieb Martial, und Plautus: „Nun, Vater, nimm die Würfel, daß auch wir sie danach werfen ... Es ist der Venuswurf! So Klatscht, ihr Burschen, und kredenzt für diesen Wurf den Becher mir mit Honigwein."[83] Wenn die vier Knöchelchen dagegen viermal die Eins angaben, war das der Wurf, mit dem man mit Sicherheit verlor. Deswegen hieß er „Wurf des Hunds", genauso, wie wir es auch von den Würfeln kennen. Bei diesem Spiel gibt es fünfunddreißig algebraische Kombinationen, und jede von ihnen hatte einen Namen: der „Wurf des Euripides", der „Wurf des Stesichoros", „Alexander", „Berenike", „Darius", „Antigone" – die Bezeichnung aller Möglichkeiten und Rangfolgen zwischen dem sicher verlierenden Wurf („Hund") und dem gewiß siegreichen Wurf („Venus"). Die Literaturquellen, die das bezeugen, sind jedoch ungenau und erneut widersprüchlich. „Stesichoros" hieß z. B. die Kombination, die acht ergab, weil in der sizilianischen Stadt Himera das Grab dieses Lyrikers acht Ecken besaß. Wir wissen dagegen nicht, warum der „Wurf des Euripides" vierzig Punkte wert war.

Ovid, der Lektionen gab, wie eine Frau zu erobern ist, mahnt, es sei notwendig zu wissen, „wie man die Knöchel verrechnet, mit welchem Wurf du das meiste schaffst, dem Verlust aus dem Weg gehst, der durch Hunde entsteht."[84] Deswegen hatten die Knöchelchen – im Unterschied zu den Würfeln – keine Augen auf den Seiten eingeritzt; erhalten geblieben sind nur Knöchelchen mit Buchstaben, was vielleicht dafür spricht, daß es sich um Votivgaben handelt (Abb. 210).

Die Flächen der Knöchelchen und ihre einzelne Wertigkeit hatten jede für sich genommen ihren Namen, der, den literarischen Zeugnissen zufolge, von Autor zu Autor und je nach der Epoche, auf die man sich bezog, verschieden sein konnte. Pollux schreibt dazu: „Die Bewertung des Knöchelwurfs liegt an der Zahl, denn derjenige, der die Eins zeigt, wird 'Hund'[85] genannt, der entgegengesetzte Wurf aber der Sechser, und dieser Wurf heißt auch der 'Chier' ... Viele sagen dagegen, daß die Sechs 'Cos' hieße und der Hund würde 'Chier' genannt."[86]

Heute wie damals werden über die Pechvögel hartnäckig die bissigsten Satiren gemacht. In diesem Zusammenhang geben wir ein besonders bösartiges Epigramm wieder, das abermals die These bestätigt, daß die Eins, also der verlierende Wurf, 'Chier' genannt wurde: „Sag, worauf sollen wir schließen, Peisistratos, wenn auf dem Grabmal/einen Würfel wir sehn mit einem Chier als Wurf?/Daß du ein Bürger von Chios? So scheint's. – Oder, daß du ein

209. Ein Mädchen wirft zwei Knöchelchen. Vasenfragment. Rom, Vatikanische Museen.

211. Die Wertung der verschiedenen Seiten eines Knöchelchens.

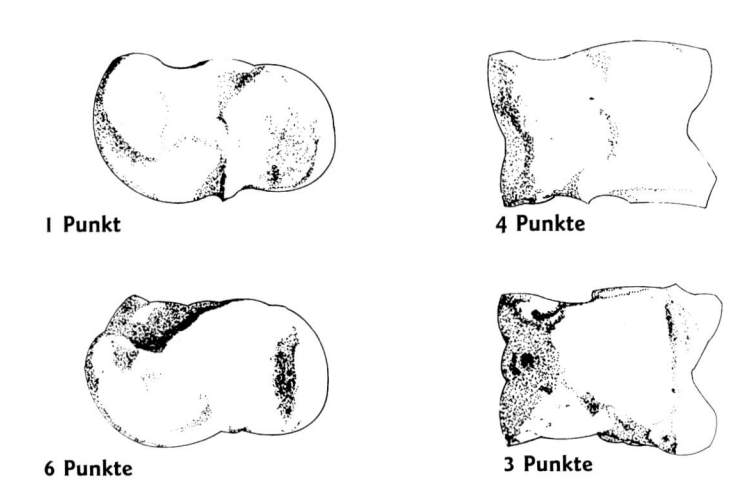

1 Punkt

4 Punkte

6 Punkte

3 Punkte

Spieler/warest, mein Lieber, dem nichts Großes zu würfeln gelang?"[87]

Wenn wir Martial Glauben schenken können, so war das Spiel mit den Knöchelchen weniger riskant als das Würfelspiel: „Seien wir Würfel an Zahl auch den Knöchelchen nicht gleich[88], wenn nur oftmals sich das Glück bei uns mehr als bei den Knöcheln bewährt."[89] Und aus einer Quelle des Sueton wissen wir, daß sich Augustus in einem Brief folgendermaßen an Tiberius wendete: „Während des Essens spielten wir nach Altherrenart, gestern und heute; wir würfelten und jedesmal, wenn einer den Hund oder einen Sechser warf, mußte er für jeden Würfel einen Denar in die Mitte legen, die dann alle der wegnehmen durfte, der die Venus geworfen hatte."[90]

Es ist auch bekannt, daß die Einsätze nicht immer in Form von Geld sein mußten. In einer Komödie des Plautus, *Der Parasit Curculio,* liest man deshalb: „Nachdem wir genug geschmaust hatten und gezecht, verlangt er Würfel, fordert mich zum Spielen auf. Ich setze meinen Mantel, er seinen Ring."[91]

Wir haben schon gesehen, daß viele Spielgeräte auch für die Wahrsagerei benutzt wurden; dabei dürfen natürlich auch die Knöchelchen nicht fehlen: „Später, als [Tiberius] nach Illyrien zog und bei Padua das Orakel des Geryon aufsuchte, zog er ein Los, das ihn aufforderte, goldene Würfel in die Aponusquelle zu werfen, um Antwort auf seine Fragen zu erhalten; da geschah es, daß die Würfel die höchsten Zahlen zeigten. – Dort kann man übrigens heute noch diese Würfel unter Wasser sehen."[92]

Man ging zum Heiligtum von Epidauros, um von Krankheiten geheilt zu werden, gegen die andere Ärzte machtlos waren. Die Geheilten hinterließen Weihegeschenke, und zahlreiche Inschriften erzählen von den Heilungen.[93] Eine davon betrifft unser Thema: Der Knabe Euphanes aus Epidauros sah im Traum des rituellen Heilungsschlafs Asklepios, der ihn fragte, wie er es entlohnen würde, wenn er geheilt wäre. Der Junge antwortete: „Zehn Knöchelchen"; der Gott lächelte und machte ihn gesund.[94]

Mora

Das einfachste Glücksspiel ist die Mora, deren Charakteristikum es ist, niemals die Regeln verändert zu haben, obwohl sie schon seit Jahrtausenden, von den Ägyptern bis heute, gespielt wird. Eine weitere Besonderheit besteht darin, daß es sich um ein sehr einfaches und schnelles Spiel handelt, und genau darin liegt ihr hohes Risiko begründet. Zwei sich gegenüberstehende Personen zeigen gleichzeitig mit den Fingern eine Zahl zwischen Null (geschlossene Faust) und fünf (offene Hand) an. Im selben Augenblick müssen die beiden Spieler die Summe der insgesamt ausgestreckten Finger zu erraten suchen und laut ausrufen. Nachdem das Spiel so erklärt ist, überlassen wir es nun Cicero, eine glänzende Analyse über sein Wesen zu geben:

213. Das Mora-Spiel zwischen zwei Mädchen. Vasenmalerei. München, Antikensammlungen.

„Was glaubst du, muß man über die Schicksalsschläge sagen? Was ist denn das Schicksal? Dasselbe mehr oder weniger wie Mora spielen, ... Dinge, bei denen Wagemut und der Zufall wichtig sind, nicht Überlegung und Ratschlag."[95]

Wie gesagt, gab es schon bei den Ägyptern dieses Spiel. Im Grab des „Gaufürsten" Roti in Beni Hasan ist die Abbildung zweier Mora-Spieler gefunden worden; die Hieroglyphen über den Figuren geben den ägyptischen Namen des Spieles an. Bei einigen griechischen Darstellungen bemerkt man ein eigenartiges Charakteristikum: Ein Spieler hält mit der linken, der andere mit der rechten Hand je ein Ende einer Stange, die sich zwischen den beiden befindet (Abb. 213–214). Für das eigentliche Spiel benutzt jeder die andere, also die freie Hand. Über die Funktion dieser Stange ist nichts bekannt. Vielleicht diente sie dazu, die „unnützen" Hände während des Spiels zu blockieren und so zu verhindern, daß eine Verwechslung entstand, wenn man sich bewegte. Einige Wissenschaftler vertreten dagegen die Hypothese, daß der Stock dazu diente, die Zahl der richtigen Antworten festzuhalten.[96]

Dieser Stock scheint dagegen in Rom nicht benutzt worden zu sein, was eine Stukkatur aus der Villa Farnesina beweist (Abb. 212).

Wir finden die Mora mit verschiedenen Vasenmalereien dargestellt. Auf einer sind die beiden Spieler Eros und Anteros (Abb. 214) abgebildet, auf einer anderen zwei Mädchen, über denen ein geflügelter Erote kreist (Abb. 213).

Auf einer schwarzfigurigen Kylix in Berlin sieht man zwei Krieger an einem kleinen, runden Tisch, der zwischen ihnen steht. Der Tisch ist jedoch zu klein, als daß darauf ein Spielbrett liegen könnte; daraus folgern wir, daß die beiden Spieler vielleicht gerade Mora spielen.

Es war dabei so leicht, falsch zu spielen, daß sowohl Cicero[97] als auch Petronius – um die völlige Ehrlichkeit eines Menschen zu unterstreichen – schrieben: „.... ein Mann, mit dem man getrost im Finstern hätte Mora spielen können."[98]

Tierkämpfe

Ihre Tiere miteinander kämpfen oder wetteifern zu lassen, war eine große Leidenschaft der Menschen des Altertums, und sie benutzten dafür Hunde[99], Wachteln, aber insbesondere Hähne[100].

Es fällt auf, daß bei den Völkern rund um das Mittelmeer der Hahnenkampf eine Besonderheit der Griechen, Etrusker[101] und Römer war. In Griechenland, wo der Hahn der Pallas Athene, der Beschützerin Athens, heilig war, führte ein Gesetz vor den Perserkriegen die Organisation eines jährlichen Schauspiels ein. Es wurde im Theater ausgetragen, wo zwei eigens dafür abgerichtete Hähne miteinander kämpften. Das alles fand auf Kosten der Staatskasse statt.

Aelian überliefert die Rede, mit der Themistokles die Athener vor der Schlacht von Salamis ermutigt. Dazu fragt er sie, während er ihnen zwei

212. Mora-Spieler. Fragment einer Stukkatur aus der Villa Farnesina, 1. Jh. n. Chr. Rom, Museo Nazionale Romano.

214. Eros und Anteros spielen Mora. Protoapulische Amphora aus Ruvo, ca. 420 v. Chr. München, Antikensammlungen.

**215. Kind mit seinem eigenen, siegreichen Hahn.
Flachrelief auf einem Sarkophag.
Rom, Vatikanische Museen.**

kämpfende Hähne zeigt, ob sie zur Verteidigung der Freiheit des Vaterlandes nicht bereit wären, der Zähigkeit dieser Tiere nachzueifern, die allein wegen der Freude über den Sieg den Tod riskiert hatten.[102] Auf den Tetradrachmen aus Athen erinnert ein Hahn mit der Siegespalme an diese Episode.

Im Dionysos-Theater von Athen wurde ein Stuhl mit Einritzungen auf beiden Seiten gefunden, die einen geflügelten Genius zeigen, der zwei Hähne einander gegenüberstellt.

Lukian[103] erzählt, daß die jungen Männer per Gesetz dazu verpflichtet waren, diesen Schauspielen beizuwohnen, damit sie lernen, wie man bis zum äußersten kämpft. Tatsächlich gibt es zahlreiche Szenen von Hahnenkämpfen, wobei sich die Hähne im Besitz von Jugendlichen befinden. Die unserer Ansicht nach bezeichnendste Szene findet sich auf einem Mosaik aus Pompeji (Abb. 216). Darauf sieht man im Vordergrund zwei sich gegenüberstehende Hähne: Der rechte verliert reichlich Blut, der andere reckt sich im Triumph auf[104]; dahinter bedeckt ein weinendes Kind sein Gesicht mit den Händen – es ist unzweifelhaft der Besitzer des Hahns, der verloren hat – während der siegreiche Knabe mit dem Palmzweig und der Krone ausgezeichnet wird.

Eine Szene mit dem gleichen Bedeutungsgehalt ist auf einem Sarkophag in den Vatikanischen Museen dargestellt (Abb. 215).

Die ausgesetzten Preise waren nicht nur symbolischer Art, wie die Krone und die Palme[105], sondern bestanden auch aus reich gefüllten Geldbeuteln, was man auf einem Mosaik kampanischer Herkunft im Archäologischen Nationalmuseum in Neapel sehen kann. Dargestellt sind zwei Hähne vor einem Tisch, auf dem ein voller Beutel liegt (Abb. 217).

Kampfszenen zwischen Hähnen waren auch ein Thema für Statuen[106], Terrakotten[107] oder Lampen und Spiegel[108].

Pausanias bezeugt, daß die besten Hähne aus Rhodos kamen: „Es gibt hier auch zwei Arten von Hähnen, die Kampfhähne ..."[109] Plinius d. Ä. dehnt die Herkunft von besonders kämpferischen Hähnen auch nach Tanagra aus und räumt denjenigen aus Medien und der Chalkis den zweiten Platz ein[110], auch wenn Varro, obwohl er sie anerkennt, anmerkt, „daß man bei der Wahl des Stammes nicht tanagrische, medische oder chalkidische nehme, die zwar unstreitig schön und zum Kampf geschickt, aber zur Zucht nicht tauglich sind"[111], und er rät von ihnen ab.

216. Ende eines Hahnenkampfs. Mosaik aus dem Haus des Labyrinths in Pompeji, 1. Jh. n. Chr. Neapel, Archäologisches Nationalmuseum.

217. Kämpfende Hähne. Mosaik kampanischer Herkunft, 1. Jh. n. Chr. Neapel, Archäologisches Nationalmuseum.

Er legt dagegen fest, welche Merkmale ein guter Hahn aufweisen muß: „Hähne, die gut treten, sind kenntlich an den starken Flügeln, dem rötlichen Kamm, dem kurzen, vollen, scharfen Schnabel, den schwarzgelben oder schwarzen Augen, dem blaßroten Bart, bunten oder goldfarbenen Hals, den rauhen Weichen, kurzem Schenkel, langen Krallen, großem Schwanz und den vielen Schwingfedern."[112]

Wie die Athleten, hatten auch die Hähne und die Wachteln ihre Trainer. Aus einem Passus bei Platon ersieht man, daß der Philosoph nicht begeistert war von dieser Leidenschaft, und daß er auch die Trainer nicht sehr schätzte. Mit kritischem Tonfall schreibt er in den *Gesetzen*[113]: „Bei uns in Athen freilich findet so etwas eher Verständnis, weil es da Leute gibt, die auf unterhaltende Spiele unverantwortlich viel Zeit und Sorge verwenden. Denn bei uns geben sich nicht nur Kinder, sondern auch manche ältere Leute mit der Aufzucht junger Vögel ab, indem sie diese Art von Tierchen zu Kämpfen miteinander abrichten. Dabei sind sie weit entfernt zu glauben, daß mit den Kraftproben wider einander, zu denen sie sie der Übung wegen antreiben, schon das rechte Maß der Kampfesstärke erreicht werde."

Xenophon[114] überliefert die Information, daß man den Hähnen vor dem Kampf Knoblauch zu fressen gab, und um die Schläge mit den Sporen todbringender zu machen, wurden auf die natürlichen Klauen Sporne aus Bronze aufgesetzt. Der Hahnenkampf war eine blutige Darbietung, die sicher nicht allein durch die Aufführung an sich begründet war, sondern hauptsächlich dadurch,

218. Hahnenkampf. Öllämpchen, 2. Jh. n. Chr. Mailand, Museo Teatrale alla Scala.

daß auf den Sieg der beiden Gegner gewettet wurde. Große Leidenschaft führt immer zu Übertreibungen, wie in dem Fall des Atheners Poliarchos, von dem Aelian erzählt, „daß er sogar jene Hunde und Kampfhähne, an denen er so viel Freude hatte, wenn sie tot waren, mit einem öffentlichen Staatsbegräbnis ehrte. Und zu ihrer Bestattung lud er seine Freunde ein; er bestattete sie aufwendig und errichtete ihnen Ehrenstelen mit Inschriften über sie."[115]

Zu Zeiten des Aristophanes war der Kampf zwischen Wachteln sehr beliebt, was er in seinem Werk *Die Vögel* erwähnt. Solche Kämpfe wurden zum Abschluß von Gastmählern sowie auf öffentlichen Plätzen ausgetragen. Pollux berichtet in seinem *Onomasticon* über das „Vergnügen" auf Kosten der armen Wachteln: „.... Und die Wachteln schlagen[116], sie zu stoßen, zu reizen, aufzubringen und zu stichen, das alles sind Ausdrücke vom Wachtelschlagen."[117] Weiter erklärt er: „Und nachdem sie auf dem sogenannten Sieb[118], das dem Brotverkauf dient, einen Kreis gezeichnet haben, setzten sie die Wachteln dort hinein, damit sie gegeneinander kämpfen. Die aber, die sich zurückzieht und aus dem Kreis rausfällt, ist selber der Verlierer und auch ihr Herr."[119] „Manchmal ist es so, daß man die Wachtel aufstellt, der eine schlägt sie mit dem Zeigefinger oder er reißt ihr Federn am Kopf aus. Und wenn die Wachtel Stärke zeigt, ist der Sieg dessen, der sie aufgezogen hat, wenn sie aber nachgibt und flieht, ist der Schläger oder Haarausreißer der Sieger."[120] Bei dieser grausamen Unterhaltung wurde gewettet; der Einsatz konnte sowohl Geld als auch der Besitz der Wachtel selbst

219. Beginn eines Hahnenkampfes. Rotfigurige, attische Oinochoe, dem „Maler von Bologna 417" zugeschrieben. Aus Vulci, Mitte des 5. Jh. v. Chr. Rom, Vatikanische Museen.

sein.¹²¹ Columella sagt, daß man auf den Mut eines Hahns das gesamte Vermögen verwettete.¹²²

Mit den Brettern, auf denen man das Mehl zum Verkauf anbot, grenzte man einen runden Bereich ab, in dem die Kämpfe stattfanden, eine echte „Arena" in Miniatur. Auch dieser Zeitvertreib wurde von Platon angegriffen, denn er schreibt: „Lieber wünscht ich mir einen guten Freund als die beste Wachtel oder den besten Hahn in der Welt"¹²³, und auch keine besseren Worte findet er für „Meidias, den Wachtelzüchter ... Leute dieser Art ... ohne ... einen Strahl von Bildung in ihrer rohen Seele ..."¹²⁴

Diese Schauspiele gab es auch in Rom. Das bezeugen zwei Bilder im Haus der Vettier in Pompeji, die einen Kampf zwischen zwei Wachteln darstellen und ebenso deutet es Ovid¹²⁵ an, wenn er sagt, daß die Wachteln ständig miteinander kämpfen. Der Kaiser Mark Aurel dankt in seinen *Selbstbetrachtungen*, als er die von den Eltern und von den Göttern ererbten Gaben auflistet, für das „Desinteresse ... Wachtelklopfen zu spielen und [keine] derartigen Leidenschaften zu haben ..."¹²⁶ Auch Octavian und Antonius waren begeisterte Anhänger von Wachtelkämpfen¹²⁷, aber die Tiere des Octavian waren immer besser als die des Antonius. Aus dieser Leidenschaft heraus ließen die Menschen des Altertums auch Kraniche kämpfen.¹²⁸ Aristoteles beschreibt, daß „die Kraniche in so gewalttätigen Kämpfen eingesetzt werden, daß man sie ankettet ... während sie kämpfen: damit sie nicht fliehen."¹²⁹

Das Becherspiel

Im Grab des „Gaufürsten" Menhotep entdeckte Ippolito Rosellini eine Darstellung (Abb. 220), die zwei vor vier umgedrehten Gefäßen sitzende Männer zeigt, und in seinem monumentalen Werk *Descrizione dei monumenti dell'Egitto e della Nubia* erklärt er genauer: „soweit es die Farbe zeigt, [sind die Becher] aus ungebranntem Ton."¹³⁰

Das Detail, das an ein Spiel denken läßt, liegt darin begründet, daß ein Mann beide Hände auf einem der umgedrehten Becher hält und ein anderer ihm mit der rechten Hand einen weiteren Becher zeigt. Deswegen könnte man meinen, daß unter einem der Becher ein Gegenstand versteckt ist und der Gegner erraten muß, unter welchem.

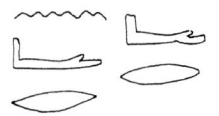

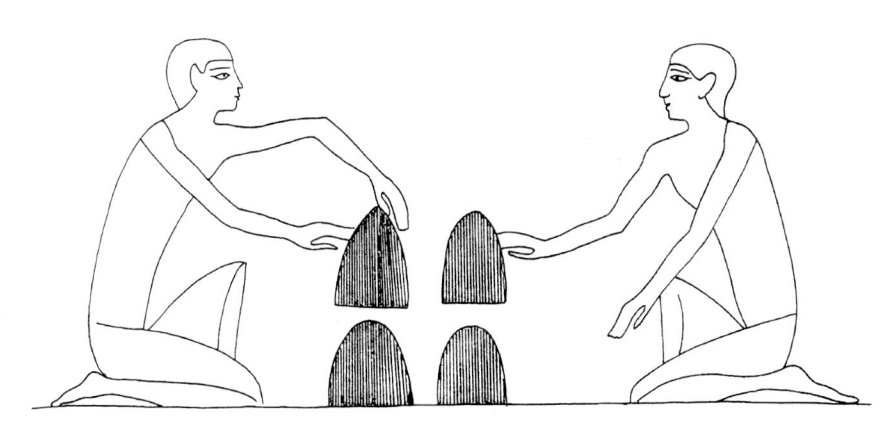

220. Das Becherspiel. Aus dem Grab des „Gaufürsten" Menhotep, XI.–XII. Dynastie. Beni Hasan.

1 Ein Brettspiel, über das wir später sprechen werden.
2 Plutarch, Aus dem Exil, II.
3 Pollux, Onomasticon, IX, 7, 98.
4 Euripides (Medea, 67), der den Ausdruck „pedine" benutzt.
5 Juvenal, Satiren, I, 89.
6 Genauer gesagt: im Jahre 204 v. Chr.
7 Die lex alearia ist von Sueton in den Kaiserbiographien: Augustus bezeugt, und Cicero wendet sie gegen Antonius an (Filippica, II, 23): Er beschuldigt ihn, einem Spielkameraden Gnade gewährt zu haben, der nach einem Prozeß wegen „Glücksspielerei" verurteilt worden war. Vgl. Horaz, Gedichte, 3, 24.
8 Ovid, Tristia, II, 470.
9 Plautus, Der angeberische Soldat, 164.
10 Knöchelchen – womit er sich auf eine Verordnung der Ädilen bezieht, die das Glücksspiel, insbesondere mit Würfeln und Knöchelchen, verbot.
11 Martial, Epigramme, XI, 6. Saturn wurde mit einer Sichel in der Hand dargestellt, die Symbol für seine ländliche Herkunft war.
12 Digesta, XI, 5, 2 und 3. Vgl. Th. Mommsen, Digesta Iustiniani Augusti, vol. I.
13 Martial, Epigramme, V, 84. Der kurulische Ädil war der Beamte, der für die Organisation der öffentlichen Spiele und für die Überwachung der Märkte verantwortlich war.
14 Ovid, Die Kunst zu lieben, III, 371-378. Vgl. Agathias Scholasticus, in Anthologia Palatina, IX, 769: „Friedsamen Herzen erweist es als Spiel sich; dem Zuchtlosen bringt es/ Wut, Verfehlung und Qual, es sich willig erwählt./ Darum, bist du der letzte, so fluche nicht wider die Gottheit,/ zieh nicht mit schnaubendem Grimm wild durch die Nase die Luft"; vgl. ebd., 767.
15 Regio VI, Insula 10, Nummer 36.
16 Der Gott Merkur war u. a. auch der Beschützer der Spieler und Diebe.
17 Die lateinische Inschrift lautet: Itis foras rixatis (C.I.L., IV, 3494i).
18 Regio VI, Insula 14, Nummer 28.
19 Einsätze aufgrund des Zahlungsversprechens.
20 Auf der Grundlage des Gesetzes de aleatoribus.
21 Plutarch, Die Erziehung der Kinder, 7, 5b.
22 Juvenal, Satiren, XIV, 1.
23 Lateinisch tessera oder auch alea, was jedoch Glücksspiele ganz allgemein meint; griechisch kybos.
24 Platon, Phaidros, 274C, 1 ff.
25 Herodot, Geschichte, I, 94,3.
26 Es handelt sich um den kleinen Ajax, den Sohn des Oileus.
27 Pausanias, Führer durch das antike Griechenland, X, 31,1.
28 Pausanias, Führer durch das antike Griechenland, II, 20,3.
29 Aulus Gellius, Attische Nächte, I, 20,4.
30 Pollux, Onomasticon, IX, 7,95.
31 Die Vertiefungen, die den Wert der einzelnen Würfelseiten kennzeichneten, nannte man griechisch signes (seméion), types und grammé, lateinisch puncti.
32 Aulus Gellius, Attische Nächte, I, 20,4.
33 Das bestätigt indirekt auch ein anonymes Fragment in der Anthologia Palatina, XIV, 8): „Sechs, eins, fünf, zwei, drei, vier ergeben die Seiten des Würfels."
34 Juvenal, Satiren, XI, 115ff. Vgl. Properz, Elegien, II, 24b,13: „... und du fragst mich ... nach Elfenbeinwürfeln."
35 C.I.L., VI, 1,9927.
36 Gefunden in der Nähe des römischen Theaters von Autun, aus schwarzem Schiefer, heute verschollen (C.I.L., „Supellex Lapidea", 758, 24). Die Inschrift lautet talus, aber ein Talus (länglicher Würfel mit zwei runden, unbezeichneten und vier flachen, bezeichneten Flächen; [Anm. d. Übers.]) hatte nur vier Seiten.
37 Titus Livius, Geschichte, IV, 17,3.
38 Es gibt auch polyedrische Würfel mit 19 Flächen: davon 10 mit römischer Numerierung und die restlichen 9 Seiten in Zehnerschritten von 20 bis 100 aufgeteilt. Die 80 fehlt dabei, aber zum Ausgleich gibt es zweimal die 20. Ein Würfel mit 14 Seiten befindet sich in London im Britischen Museum.
39 Brambach, C. I. Rhenan, 2006. Vgl. ebd., 918.
40 Diese Information wird wiedergegeben von Eusthatius, Kommentar zur Odyssee, I, 107 in der Suida.
41 Pollux, Onomasticon, IX, 7,95.
42 Aischylos, Agamemnon, Prolog zl. 32. Die Wache spielte, während sie auf Beobachtungsposten war, und wartete auf das Signal, das den Fall Trojas verkünden sollte. Danach würde Agamemnon zurückkehren.
43 Ovid, Die Kunst zu lieben, II, 203 ff.
44 Hesych, Lexikon, sub voce Midas.
45 Tacitus, Germania, 24.
46 Sueton, Kaiserbiographien: Nero, 30.
47 Persius, Satire, V, 57.
48 Ovid, Die Kunst zu lieben, I, 450-451.
49 C.I.L., IV, 2119: Vici Nuceriae/in alea ✕ DCCCLV S/fide bona.
50 Plinius d. Ä., Naturgeschichte, XIV, 140.
51 Ein Exemplar stammt aus Kyme in der Aiolis und ist in die zweite Hälfte des 1. Jh. v. Chr. zu datieren. Es befindet sich im Musée du Louvre in Paris. Im Inneren wurde ein Knöchelchen entdeckt.
52 Einer wird im Römisch-Germanischen Museum von Köln aufbewahrt.
53 Griechisch phimós, pyrgos und kemós; lateinisch fritillus.
54 Martial, Epigramme, XIV, 16.
55 Es gibt zwei Möglichkeiten: den guten bzw. glücklichen und den schlechten bzw. unglücklichen Wurf.
56 Regio VI, Insula 14, Nummer 36.
57 „Exi. Non tria duas est" (C.I.L., IV, 3494e, f).
58 Sueton, Kaiserbiographien: Caligula, 41.
59 Sueton, Kaiserbiographien: Vitellius, 4.
60 Sueton, Kaiserbiographien: Claudius, 33.
61 Seneca, Apokolokynthosis, 14 und 15: „Dann befahl Aeacus jenem, Würfel zu spielen mit einem durchlöcherten Würfelbecher. Und schon begann er die stets herausfallenden Würfel zu suchen und erreichte nie etwas. Denn immer wenn er sich anschickte, die Würfel zu werfen aus dem klappernden Becher, schlüpften beide Würfel ihm durch den geöffneten Boden."
62 Sueton, Kaiserbiographien: Claudius, 33.
63 Sueton, Kaiserbiographien: Domitian, 21.
64 Sueton, Kaiserbiographien: Augustus, 71.
65 Sueton, Kaiserbiographien: Augustus, 71; der Autor verwendet „forum aleatorum".
66 Julius Capitolinus, Verus, V, 10,8.
67 Julius Capitolinus, Verus, IV, 6.
68 Macrobius, Saturnalien, III, 16,14 und 15.
69 Terenz schreibt in Die Brüder (V, 736): „Ist doch das

Leben wie ein Würfelspiel; wenn nicht der Wurf fällt, den man eben braucht, so muß die Kunst den Wurf verbessern, der nun einmal fiel."

70 Plutarch, *Über den Seelenfrieden*, 5.
71 Agathias Scholasticus, *Anthologia Palatina*, IX, 768.
72 Griechisch *kybomantéia*.
73 Anonymus, in *Anthologia Palatina*, IX, 158.
74 Platon, *Symposion*, 193: „... aufgrund der Ähnlichkeit der Würfelhälften, die man den Gästen gibt."
75 Pleuron in Anatolien.
76 Homer, *Ilias*, XXIII, 86.
77 *Pranés* von den Griechen, *suppus* von den Römern genannt.
78 *Yptia* von den Griechen, *planus* von den Römern genannt.
79 Genannt *koon*.
80 Genannt *chion*.
81 Eusthatius, *Kommentar zur Ilias*, XIV, 466,98,20.
82 Martial, *Epigramme*, XIV, 14. Vgl. Cicero, *Von der Weissagungsgabe*, I, 13,23: „Vier so geworfene Würfel ergeben den Wurf der Venus"; vgl. *ebd.*, II, 21,48.
83 Plautus, *Die Eselskomödie*, 904 (V. 7). Vgl. Properz, *Elegien*, IV, 8,45: „Ich versuchte, beim Würfeln die glückbringende Venus herauszuholen, aber immer hüpften die fatalen Hunde auf."
84 Ovid, *Tristia*, II, 473.
85 Auch Geier, *vulturius*.
86 Pollux, *Onomasticon*, IX, 7,100.
87 Leonides von Tarent, in *Anthologia Palatina*, VII, 422. Meleager (*Anthologia Palatina*, VII, 428), berichtet von dem Grab eines Mannes, „... der starb als er fiel, während er vom Wein übermannt war", auf dem ein gemeißeltes Knöchelchen in der Position des Wertes eins lag, da Chios sowohl die Bezeichnung für den unglücklichen Wurf mit den Knöchelchen als auch der Name des berühmten Weins war.
88 Wir haben bereits gesehen, daß man mit maximal drei Würfeln spielte.
89 Martial, *Epigramme*, XIV, 15.
90 Sueton, *Kaiserbiographien: Augustus*, 71.
91 Plautus, *Der Parasit Curculio*, II, 3.
92 Sueton, *Kaiserbiographien: Tiberius*, 14. Vgl. Properz, *Elegien*, III, 10,27: „Dann soll uns auch das Schicksal im Fallen der Würfel kundtun, wen von uns beiden der göttliche Knabe mit seinen Schwingen härter peitscht."
93 *Inschriften von Epidauros*.
94 *C.I.G.*, IV (2), I, 121,70; weitere Inschriften, die die Heilung erwachsener Knöchelspieler betreffen in *C.I.G.*, IV (2), I, 121,25 ff.
95 Cicero, *Von der Weissagungsgabe*, II, XLI,85.
96 K. Schauenburg, *Erotenspiele*. Antike Welt, 7/3, 1976.
97 Cicero, *Die Pflichten*, III, 77.
98 Petronius, *Satyricon*, 44.
99 Berühmt und wunderschön ist die Statuenbasis eines attischen Künstlers des 5. Jh. v. Chr., die zwei sich gegenübersitzende Männer zeigt, die einen Hund und eine Katze an der Leine halten, die sich angreifen. Sie wird aufbewahrt im Nationalmuseum von Athen.
100 Diese Kämpfe wurden von den Griechen *alektryónon agones* genannt. *Alektryónon* kommt von Alektryon, der ein Kamerad des Gottes Ares war. Als dieser sich mit Aphrodite „vergnügte", hielt Alektryon Wache, damit Helios, die Sonne, die alles sieht, die beiden Liebenden nicht entdeckte. An einem Tag schlief er jedoch ein, und Hephaistos ertappte seine Frau auf frischer Tat, weswegen er Ares die bekannte Demütigung mit dem goldenen Netz zufügte. Der Gott des Krieges bestrafte den Freund, indem er ihn in einen Hahn verwandelte. In dieser Gestalt läßt sich Alektryon nicht mehr vom Schlaf übermannen, sondern kündigt schon vorher den Aufgang der Sonne an.
101 Ein Kampf zwischen zwei rot-braunen Hähnen ist in der Tomba del Guerriero, in der Nekropole von Monterozzi in Tarquinia, gemalt.
102 Aelian, *Geschichten*, II, 28.
103 Lukian, *Anacharses*, 37.
104 Dieser Stolz des Siegers erinnert uns an ein Fragment des Lucilius (*Satire*, Fragment 8, frg-Zeile 300-301), der dort schreibt: „... wenn so'n richtiger Haushahn sich als Sieger wohlansehnlich hochreckt auf seinen gestreckten Zehen und vordersten Krallen."
105 In einem pompejanischen Graffito steht *pretium gloriae*. Vgl. *C.I.L.*, IV, 1237.
106 Eine schöne Marmorgruppe befindet sich im Archäologischen Museum vom Istanbul.
107 Eine der vielen Terrakotten von kostbarer Machart steht in der Walters Art Gallery in Baltimore.
108 Eine von ihnen wird im Nationalmuseum von Athen aufbewahrt.
109 Pausanias, *Führer durch das antike Griechenland*, IX, 22,4.
110 Plinius d. Ä., *Naturgeschichte*, X, 24; und er fügt hinzu (ebd., X, 25, §50): „Zu Pergamon wird alle Jahre ein öffentliches Kampfspiel zwischen Hähnen, gleichsam ein Gladiatorenspiel veranstaltet."
111 Varro, *Die Landwirtschaft (Rerum rusticarum libri tres)*, III, 9,6.
112 Varro, *Die Landwirtschaft*, III, 9,5.
113 Platon, *Gesetze*, VII, 789b ff.
114 Xenophon, *Symposion*, IV, 9.
115 Aelian, *Geschichten*, VIII, 4.
116 Diese Vorführung wurde *ortygokopein* genannt; Aristophanes (*Vögel*, 1299) spricht sogar von „einem Stockschlag auf den Kopf".
117 Pollux, *Onomasticon*, IX, 7,107-108-109. Vgl. Athenaeus, *Deipnosophisten*, XI, 506 und *Suida*, sub voce *ortygokopos*.
118 Tisch mit erhöhten Rändern, ähnlich dem Backtrog, auf dem der Bäcker Brot knetet. Die *Suida* definiert *telia* als vierbeinigen Tisch, auf dem man Honig verkaufte und die Hähne kämpften. Aischines (*Timotheos*, I, 53) spricht von einem Tisch für das Würfelspiel, der auch für Hahnenkämpfe verwendet wurde.
119 Pollux, *Onomasticon*, IX, 7,108.
120 Pollux, *Onomasticon*, IX, 7,109.
121 Pollux, *Onomasticon*, IX, 7,108.
122 Columella, *Die Landwirtschaft*, Buch XII, VIII, 2.
123 Platon, *Lysias*, 211e.
124 Platon, *Alkibiades*, I, 120b.
125 Ovid, *Liebschaften*, II, 6.
126 Mark Aurel, *Selbstbetrachtungen*, I, 6.
127 Plutarch, *Der Mut der Römer*, VII.
128 Plinius. d. Ä., *Naturgeschichte*, X, 59.
129 Aristoteles, *Naturgeschichte*, IX, 12.
130 I. Rosellini, *Descrizione dei monumenti dell'Egitto e della Nubia*, II, 3,3.

Brettspiele im mittleren Orient und in Ägypten

Wir nehmen an, daß die Fähigkeit des Menschen, Brettspiele zu erfinden, älter ist, als es die archäologischen Funde nahelegen. Es waren zunächst so einfache Spiele, daß sie nicht erhalten bleiben konnten. Sicher waren sie zufällig entstanden, dann wurden sie zu Zauberzwecken und für Wahrsagungen verwendet, und erst später wurden die Brettspiele zum Zeitvertreib benutzt, um damit die eigene Geschicklichkeit und Intelligenz zu beweisen und um sich mit dem gegnerischen Spieler zu messen.

Es gibt keinen antiken Fundort, der nicht auch Funde geliefert hätte, die mit Sicherheit zu den Spielen gezählt werden; leider sie sind nur so fragmentarisch erhalten, daß man sich noch nicht einmal vorstellen kann, um welches Spiel es sich dabei handeln könnte. Es ist wahrscheinlich, daß Brettspiele sogar in prähistorischer Zeit gespielt wurden. Tatsächlich ist in einer Siedlung der frühen Kupferzeit (5. Jahrtausend v. Chr.), in der Nähe von Slatino in Bulgarien ein Parallelepiped[1] aus Terrakotta[2] (Abb. 222) gefunden worden. Es besitzt vier nebeneinanderliegende Aushöhlungen auf der oberen Fläche, die in vier Reihen angeordnet sind (also sechzehn Vertiefungen). Für den bulgarischen Archäologen Tchohadjiev handelt es sich um ein Spiel, wenn auch zu einem magisch-rituellen Zweck.[3]

In diesem Kapitel werden wir auch all die Funde vorstellen, von denen wir annehmen, daß sie zu den Spielen zu zählen sind, egal aus welcher Periode sie stammen. Jedoch erlauben uns die wenigen Angaben nur, sie dem Leser ohne irgendeine Interpretation vorzulegen, zusammen mit den Informationen, die wir über sie besitzen.

Brettspiele waren in Assyrien vielleicht bereits im 2. Jahrtausend v. Chr. in Gebrauch.[4] Auf einem Keilschrifttäfelchen, datiert um 177 v. Chr., spricht ein unbekannter Schreiber von einem Spiel, das auf einem Brett mit fünf vogel-

221. Keilschrifttäfelchen, das einige Spielregeln des Spiels von Ur wiedergibt. Aus Babylon, 177–176 v. Chr. London, Britisches Museum.

222. Brett für ein unbekanntes Spiel. Neufund aus Slatino in Bulgarien. Frühes Chalkolithikum (5. Jahrtausend v. Chr.).

förmigen Spielsteinen gespielt wurde.[5] Die Tontafel berichtet von Gewinnen und Verlusten mit Spieleinsätzen, die aus „Essen, Getränken und Liebe" bestehen (Abb. 221). In Ägypten wurde auf dem Gräberfeld von El-Mahasna eine Tontafel geborgen, die auf die prädynastische Zeit zurückgeht (das entspricht etwa der Zeit zwischen 4000 und 3500 v. Chr.). Ihre Oberfläche war unterteilt in drei Reihen und jede Reihe in sechs Kästchen mit elf konischen „Stücken". Zieht man in Betracht, daß es sich um das Grab eines Arztes oder Magiers handelt, so könnte die Tontafel in magischer Funktion verwendet worden sein.

Diagramme wurden auf Fundstücken aus den Ausgrabungen der ersten Stadt von Troja[6], auf den Decksteinen des alten Tempels in Kurna bei Theben[7] und in den Tempeln von Karnak bei Luxor entdeckt. Der Archäologe Parker hat sieben verschiedene Typen katalogisiert. Über die Diagramme werden wir im letzten Kapitel sprechen.

Die ergänzende Inschrift zu einer Wandmalerei in Theben informiert über die Existenz von drei Brettspielen: die *senet* oder *sen't*, das *tau* und das *han*. Das Wort *han* bedeutet „Behälter" oder „Gefäß". Das Spielbrett für das *han* bestand aus zwei konzentrischen Kreisen. Die Malerei zeigt zwei Männer, die auf einem solchen Brett spielen sowie zwei andere, die zuschauen. Die Inschrift besagt: „Das Spiel des Behälters [Schüssel]." Kein anderer Hinweis und kein weiterer Fund – auch nicht aus anderen Kulturen – bezeugen etwas Vergleichbares.

In Palästina sind flache Kalksteintafeln gefunden worden, die in die Zeit zwischen 1700 und 1500 v. Chr. zurückreichen. Sie weisen eine bemerkenswerte Mannigfaltigkeit quadratischer Felder auf: von 144 (zwölf Reihen mit je zwölf Kästchen) bis zu achtzehn Feldern (drei Reihen mit je sechs Kästchen); einige Felder haben Zeichen auf den Kreuzungspunkten der Linien, andere besitzen innen eine Kennzeichnung, wieder andere sind gar nicht markiert. Bruchstücke von Spielbrettern von 12 × 12 cm Größe wurden auch in Tell Zahariya ausgegraben.[8]

Platon schreibt die Erfindung von Spielen mit Spielsteinen den Ägyptern zu: „Ich hörte, in der Gegend von Naukratis in Ägypten sei einer der alten Götter des Landes zu Hause, der, dem auch der heilige Vogel geweiht ist, den sie Ibis nennen. Der Dämon selbst hieße Theuth. Er sei der Erfinder der Zahl und des Rechnens, der Geometrie und Astronomie, außerdem des Brett- und Würfelspiels und namentlich auch der Schrift."[9]

Wir werden nun von einigen Brettspielen berichten, von denen besonders zahlreiche archäologische Funde sowie literarische Zeugnisse erhalten geblieben sind. Gerade deswegen werden wir es am Ende der Untersuchung jedes einzelnen Spiels wagen, ebenso die Spielregeln zu erläutern, auch wenn uns nichts darüber bekannt ist, wie diese Spiele tatsächlich gespielt wurden.

Das Spielbrett vom Königsfriedhof in Ur

In den Königsgräbern von Ur im Südirak wurden von Sir Leonard Wooley vier Spielbretter entdeckt, die der ersten Dynastie, also etwa der Zeit nach 2560 v. Chr., angehören (Abb. 224). Funde aus derselben Epoche wurden auch in Pakistan gemacht, was beweist, daß dieses Spiel im gesamten Vorderen Orient bekannt war.

Die Oberfläche der Bretter war mit einer Pechschicht bedeckt, die als Leim für die Muschelstückchen diente. Diese Muscheln bildeten die Felder, die in drei Reihen, jede mit acht Kästchen, angelegt waren. Den beiden äußeren Reihen fehlen jeweils zwei Kästchen.

223. Weg für die Spielfiguren der beiden Spieler auf dem Spielbrett von Ur.

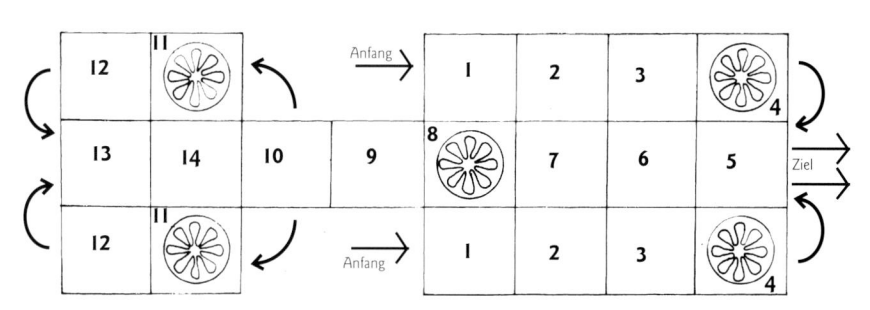

224. Spielbrett mit Spielsteinen. Aus den Königsgräbern von Ur, 3. Jahrtausend v. Chr. London, Britisches Museum.

225. „Spielesammlung", auf der einen Seite mit *senet* auf der anderen Seite das *tau*. London, Britisches Museum.

Außerdem wurden auch sieben weiße und sieben schwarze Spielsteine ausgegraben, abgesehen von sechs pyramidalen Würfeln, drei aus Elfenbein und drei aus Lapislazuli. Jeder von ihnen hatte zwei der vier Spitzen intarsiert. Von diesem außergewöhnlichen Fund läßt sich ableiten, daß man für dieses Spiel sieben Spielfiguren und drei Würfel[10] für jeden Spieler benötigte. Es gewinnt derjenige, der die eigenen Spielfiguren als erster über eine bestimmte Strecke auf dem Spielbrett führt und sie dann herausnimmt. Verschiedene Spielhypothesen wurden ausgearbeitet – wir geben nur die glaubwürdigste wieder.

Vorgesehen ist eine horizontale Aufstellung des Spielbretts sowie zumindest an manchen Punkten des Brettes eine unterschiedliche Wegführung[11] für die Spielsteine der beiden Spieler. Die Spielfiguren haben unterschiedliche Farben, um die Spieler voneinander unterscheiden zu können. Sie werden von jedem Spieler nach eigenem Ermessen eingesetzt, beginnend bei dem Kästchen, das mit der Nummer 1 gekennzeichnet ist (Abb. 223).[12]

Auf jedem Feld können mehrere Spielsteine desselben Spielers stehen.[13] Die Kästchen, die mit einer Rosette bezeichnet sind, bringen Glück, denn sie ermöglichen einen weiteren Wurf mit den Würfeln, den der Spieler jedoch dazu verwenden muß, dieselbe Spielfigur noch einmal zu ziehen. Von Feld 13 an müssen die Spieler ihre Spielsteine umdrehen, um so zu unterscheiden, welche von ihnen noch auf dem „Hinweg" und welche bereits auf dem „Rückweg" sind.

Die Felder, die von beiden Spielern benutzt werden, sind die Kästchen 5, 6, 7, 8, 9, 10, 13 und 14. Kommt eine Spielfigur auf ein Feld, auf dem schon eine oder mehrere gegnerische Spielsteine stehen, so muß sie zum Kästchen 1 zurückkehren. Wenn die gewürfelte Zahl den Zug eines Spielers unmöglich macht, verliert dieser die Runde. Um eine Spielfigur vom Spielbrett nehmen zu können, muß die genaue Punktzahl gewürfelt werden. Sie entspricht der Anzahl der verbleibenden Kästchen plus eins. Wenn sich auf dem Feld 8 (mit der Rosette) mehrere Spielsteine zum Herausnehmen befinden, so können dann alle gleichzeitig herausgenommen werden, wenn die Zahl 4 gewürfelt wird, denn das ist genau die exakte Anzahl der Felder, die noch überwunden werden müssen.

Wie bereits angedeutet, haben die Würfel für das königliche Spiel von Ur eine pyramidale Form; zwei der vier Spitzen sind außerdem gekennzeichnet. Die drei geworfenen Würfel ergeben dabei die folgende Punktzahl[14]:

    1 bunte Spitze oben entspricht 1 Punkt

    2 bunte Spitzen oben entsprechen 2 Punkten

    3 bunte Spitzen oben entsprechen 3 Punkten

    keine bunte Spitze oben entspricht 4 Punkten

Von diesem Spiel läßt sich höchstwahrscheinlich das des *tau* ableiten. Tatsächlich besitzen beide Spiele zwanzig Felder, wenn sie auch teilweise unterschiedlich angelegt sind. Und in beiden Fällen sind fünf Kästchen speziell gekennzeichnet.

Tau (oder das zwanzig Felder-Spiel)

Der korrektere Name für dieses Spiel ist „Spiel der zwanzig Felder", aber es ist bekannter unter dem Namen *tau* oder *t'au* (Abb. 226).

Da es weder rituellen Zwecken diente noch symbolische Bedeutungen besaß und darüber hinaus sicher aus Westasien kam, genoß dieses Spiel weder in

226. Brett für das Spiel des *tau*. London, Britisches Museum.

den Darstellungen noch in den Papyri[15] besondere Beachtung. Deswegen ist es sehr schwer, die Spielweise zu rekonstruieren.

Von diesem Spiel sind Funde erhalten geblieben, die in die Mitte des dritten Jahrtausends v. Chr. datieren. Sie stammen aus Mesopotamien und aus verschiedenen anderen Ländern, wie u. a. aus dem Iran, aus Palästina, Ägypten[16] und Kreta.

Aus Enkomi auf Zypern kommt ein mykenischer Spielkasten, dessen Wände mit Jagdszenen verziert sind (Abb. 227).

Auf der Rückseite des Spielsbretts für die *senet* der Königin Hatschepsut[17], sowie auch bei anderen Beispielen, befindet sich das Schachbrett für das Spiel des *tau*. Es besteht aus einer zentralen Reihe von zwölf Feldern sowie daneben zwei Reihen mit jeweils vier Feldern, so daß sich eine Gesamtsumme von zwanzig Feldern ergibt.

Die Kästchen 1, 5, 10, 18 und 20 sind gewöhnlich mit Rosetten gekennzeichnet. Einige Bretter haben keine solchen Kennzeichnungen oder besitzen unterschiedliche Ideogramme. Ein Freiraum teilt die Spielfiguren der beiden

227. Mykenisches Spielbrett. Aus Enkomi (Zypern), mykenische Zeit. London, Britisches Museum.

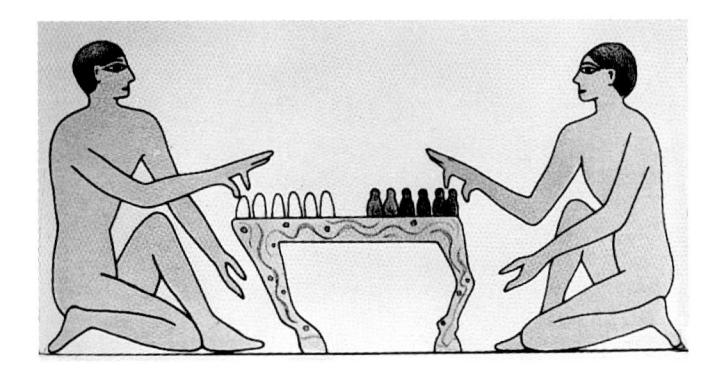

228. Spieler am Brett der zwanzig Felder. Grab des Hesirê, III. Dynastie. Beni Hasan.

Spieler, denn zu Beginn des Spiels ordnet jeder alle seine Spielsteine in der eigenen Hälfte an[18]; es ist genau diese Verteilung, die deutlich die Darstellungen des Spiels der *senet* von denen des *tau* unterscheidet. In Beni Hasan ist im Grab des Hesirê aus der III. Dynastie das Spiel des *tau* abgebildet: Man sieht zwei, an den beiden Enden eines Tisches kniende Männer. Auf jeder Seite des Tisches stehen sechs Spielsteine von unterschiedlicher Form und Farbe (Abb. 228).

Jeder Spieler stellte die eigenen Spielfiguren auf die (nicht in Quadrate) unterteilte Fläche der Längsseite. Zum Ziehen der Spielsteine wurden Knöchelchen oder manchmal auch ein Kreisel in Form eines Prismas benutzt, der auf jeder Seite eine andere Numerierung aufwies. Oder aber es konnten zum Setzen die vier Stäbchen verwendet werden, deren Gebrauch wir noch bei den Erklärungen der nächsten Spiele erläutern werden.

Auf der Grundlage der Punktzahl wurden die Spielfiguren, eine nach der anderen eingesetzt, jede in dem Bereich des Spielbretts, der nur in vier Kästchen unterteilt ist. Jeder Spieler mußte, ausgehend von seinem äußeren Eckfeld, die gesamte Länge der mittleren Kästchenreihe mit seinen Spielsteinen zurücklegen.

Wie wir bereits beim Spielbrett von Ur gesehen haben, waren die Spielfiguren, die sich auf den gekennzeichneten Feldern befanden, vor den Angriffen des Gegners geschützt und warfen – also ganz im Gegenteil – die Spielsteine des anderen Spielers hinaus, so daß dieser gezwungen war, wieder von vorne anzufangen.

229. Spiel der zwanzig Felder (*tau*), eingeritzt in Kalkstein. Aus dem Grab des Tschau in Deir el-Medine, Neues Reich. Paris, Musée du Louvre.

Natürlich war es für denjenigen, der nicht die entsprechende „Spielschachtel" besaß, völlig ausreichend, das Spielbrett auf einem Stein, auf Marmor oder auf jeder anderen, ausreichend festen Oberfläche einzuzeichnen. Wichtig war nur, daß sie sich ritzen ließ, wie ein Kalksteinfragment aus Deir el-Medine bezeugt (Abb. 229).

Senet

Am Anlegepier am Ufer des Nils, der an der Peripherie von Memphis vorbeifließt, spielten zwei Schiffer *senet*. In einer Taverne in Neòria, der Hafenzone von Alexandria, tranken einige Händler Bier, andere, die an einem Tisch saßen, spielten *senet*. In einem Hof eines Hauses in Hermopolis, im Schatten einer Sykomore, hatten zwei Kinder auf dem Boden mit einem Zweig dreißig Quadrate eingezeichnet, unterteilt in drei parallele Reihen, und sich Spielsteine aus den Scherben eines zerbrochenen Vorratsgefäßes gemacht, sie spielten *senet*. Im Königspalast von Theben spielte der Pharao, der Herr über Ober- und Unterägypten, *senet*. Und vielleicht spielten auch zwei Priester in Sîwa zwischen den riesigen Säulen des Amontempels *senet*. Dieses Spiel war im alten Ägypten der am weitesten verbreitete Zeitvertreib für Kinder und Erwachsene, Arme und Reiche, und ihm wurde während der gesamten Jahrtausende des Bestehens dieser Kultur nachgegangen. Wir wissen nicht, ob es so populär war, weil es mit den religiösen Riten in Zusammenhang stand oder ob es vielmehr umgekehrt Teil der ägyptischen Religion wurde, weil es ein so beliebtes Spiel war.

Brettspiele kannte man bereits im Jahre 3000 v. Chr. Der Name des ersten Königs von Ägypten, Narmer[19], wurde mit einer Hieroglyphe geschrieben, die ein Brettspiel wiedergibt.

230. Der Spieltisch des Pharaos Tutanchamun, XVIII. Dynastie. Kairo, Ägyptisches Museum.

231. Spielfigur in Form eines Flötenspielers.
Brüssel, Musées Royaux d'Art et d'Histoire.

232. Spielfigur in Form eines Bogenschützen.
Brüssel, Musées Royaux d'Art et d'Histoire.

Das Totenbuch, das alle Prozeduren festlegte, damit der Verstorbene mühelos ins Jenseits eintreten konnte, sah eigens eine Partie *senet* vor, die der Tote mit einem unsichtbaren Gegner austragen mußte.

Die Papyri des Ani (Abb. 237) und des Hunefer, datiert in die Jahre 1420 und 1370 v. Chr., belegen derartige Spiele. Da man gewöhnlich in das Grab jene Gegenstände mit hineinlegte, die man als notwendig für die Reise des Verstorbenen ins Jenseits erachtete, durften auch Spieltische für das Spiel der *senet* nicht fehlen, die tatsächlich in einer bemerkenswerten Anzahl gefunden wurden, und das nicht nur in den Gräbern der Pharaonen. Es handelt sich um einen unstrittigen Beweis dafür, wie weit verbreitet dieses Spiel bei dem Volk am Nil war.

Wenn auch die ersten Beispiele aus der ersten Zwischenzeit[20] stammen, so geht doch der größte Teil der gefundenen Spielbretter auf die XVIII.–XX. Dynastie[21] zurück. Der älteste Hinweis auf die senet ist jedoch kein Brett, sondern ein Fresko im Grab des Hesy[22] in Beni-Hassan, das zurückreicht in das Alte Reich, also die Zeit der Pyramiden (Abb. 239). Das Grab dieses hohen Beamten am Hofe König Djosers gibt eine Auflistung der Güter wieder, über die der Tote im Jenseits zu verfügen wünschte; darunter befanden sich drei Spiele, jedes mit seinem Kasten. Da man im Grab des Fürsten Rahotep[23] eine geschriebene Liste von Spielen entdeckt hatte, die den Darstellungen im Grab des Hesy entsprach, war es möglich, ihnen einen Namen zu geben.

Auf dem Gräberfeld von El-Mahasna in der Nähe von Abydos grub Ayrton ein „Schachbrett" für dieses Spiel aus. Es war aus Lehm hergestellt und hatte als Spielfiguren einfache, runde Steinchen. Damit stellt es den ältesten archäologischen Fund dieser Art dar.[24] Die jüngste Darstellung des Spiels der *senet* geht dagegen auf die Regierungszeit Ptolemaios I. zurück und befindet sich im Grab des Petosiris, eines Priesters des Gottes Thoth. Es gibt verschiedene Typologien von Spielbrettern: Einige, sehr einfache, bestehen aus flachen Holztäfelchen und sind nur auf einer Seite für das Spiel gedacht; andere, ausgewähltere und komplexere in Form einer rechteckigen Kiste, tragen auf der Vorderseite das Spiel der *senet,* und wenn man sie umdreht, haben sie auf der Rückseite das Spiel des *tau*. Die kistenförmigen Bretter waren normalerweise mit einer Schublade ausgestattet, die als Behältnis für die Spielfiguren diente.

233. Spielsteine von ganz gewöhnlicher Form.
London, Britisches Museum.

234. Hölzerne Spielfiguren in Form von Löwenköpfen.
Aus Ägypten.
London, Britisches Museum.

235. Spielfiguren in Form des Kopfes des Gottes Bês. London, Britisches Museum.

Die Materialien, die für die Ausarbeitung der Spielbretter verwendet wurden, konnten mehr oder weniger teuer und wertvoll sein, je nachdem, welcher Person sie gehörten. Um die Spieltische Tutanchamuns zu beschreiben (Abb. 230), geben wir die Zusammenfassung der Entdeckung wieder, abgefaßt von Howard Carter, der als erster das Grab des jungen Pharaos betrat: „Wir trafen auf überall[25] verstreute Spieltische ... Es gab sie in drei Größen, nämlich groß, mittel und klein und auch ein Exemplar aus Elfenbein als Taschenformat.[26] Das bemerkenswerteste Stück ist groß (50 cm lang, 28 cm breit und 18 cm hoch). Es liegt auf einem eleganten Möbelstück aus Ebenholz auf, das einem Hocker ähnelt. Befestigt ist es auf einer Art Schlitten und hat goldumkleidete Füße. Die Kiste – oder besser der Spieltisch – ist ebenfalls aus Ebenholz, aber mit der oberen und unteren Fläche aus Elfenbein. Das mittelgroße[27] Exemplar ist dagegen aus mit Elfenbein umkleidetem Holz mit schönen bemalten Einritzungen und verzierten Rändern ... Die Spielfiguren des größeren Exemplars sind verloren gegangen, da es sich fast mit Sicherheit um Stücke aus Gold und Silber handelte, die für die antiken Grabräuber ver-

236. Spielfiguren aus Fayence in Form eines Schakals. London, Britisches Museum.

lockend waren; andererseits besaßen diejenigen der kleineren Kiste, da sie aus Elfenbein waren, einen geringeren Wert ... und deswegen haben wir sie alle gefunden." Die Inschrift an den Seiten enthält auch eine Wunschformel: „Leben, Heil und Gesundheit". In einer dieser Kisten sind auch zwei Knöchelchen gefunden worden.

Unter den vielen Spielkisten, die königlichen Personen gehörten, erinnern wir noch an zwei weitere, die Teil der Grabbeigaben der Königin Hatschepsut waren. Eine von ihnen ist mit Elfenbein intarsiert, mit Kästchen aus blauem ägyptischen Porzellan; die andere ist aus Akazienholz und Elfenbein hergestellt, mit einer Schublade, die zwanzig Holzfiguren mit Löwenköpfen enthielt, zehn helle, neun dunkle und eine aus Elfenbein.[28] Eines der Quadrate trägt die Hieroglypheninschrift *nfr*. Wir werden später noch darauf zurückkommen.

Die Spielfiguren selbst unterliegen einer Entwicklung, die ausgeht von einer anfänglichen Einfachheit und Plumpheit[29] – eine in zylindrischer Form mit abgerundeter Spitze und einem kleinen Höcker[30] sowie die andere ebenfalls in zylindrischer Form, jedoch mit zwei abgeflachten Enden (Abb. 233) –, die dann im Verlauf der Zeit sowie mit der Verfeinerung des Geschmacks immer ausgefeiltere Formen hervorbringt. Das bemerkt man auch auf einem Flachrelief aus Theben, das Ramses III. zeigt.

Die Spielsteine unterschieden sich, abgesehen von der Farbe (schwarz, weiß oder rot), auch in ihrer Form voneinander, und schon bald wurden Spielfiguren mit menschlichen Köpfen, Flötenspieler (Abb. 231), Bogenschützen (Abb. 232) und groteske Figuren hergestellt; sie konnten auch die Form von Tieren mit Löwenköpfen (Abb. 234), von Schakalen (Abb. 236) oder von Göttern, wie Bês (Abb. 235) und Anpu, aufweisen. Auch das Material wurde mit dem Gebrauch von Gold, Silber und Elfenbein immer kostbarer. In den Hieroglyphen wurde das Brett für das Spiel der *senet* auf verschiedene Arten wiedergegeben:

sent

stant

setenet

Der Spielstein hieß

was vielleicht bedeutete „Objekt, das hierhin und dorthin bewegt wird".

Das Kästchen hieß *men*

Die übliche Hieroglyphe, die das „Schachbrett" angab, war

Da diese zuletzt genannte Hieroglyphe auch sehr häufig in den ältesten Inschriften verwendet wurde, liefert sie einen letzten Beweis dafür, daß man *senet* bereits während der ersten Dynastien spielte, wenn nicht sogar schon in prädynastischer Zeit. Plutarch[31] schreibt die Erfindung des Spiels der *senet* dem Gott Thoth zu.

Die Ägypter waren nicht frei von Spott und Ironie. Darüber haben wir ein Zeugnis in einem unterhaltsamen Papyrus, der eine Partie zwischen einem Einhorn und einem Löwen illustriert, der in einer Tatze eine Spielfigur hält. Wenn wir das Grinsen des Löwen beachten, können wir uns leicht vorstellen, wer der Sieger ist (Abb. 238).

237. Ani spielt *senet*. Totenbuch: Papyrus des Hani. Aus Theben, ca. 1420 v. Chr. (XVIII. Dynastie). London, Britisches Museum.

238. *Senet*-Partie zwischen einem Einhorn und einem Löwen. Detail eines satirischen Papyrus, XIX. Dynastie. London, Britisches Museum.

239. *Senet*-Spieler. Fresko aus dem Grab des Hesy, II. Dynastie. Beni Hasan.

Das Spiel der *senet* wurde auch außerhalb Ägyptens gespielt, das beweist ein Brett aus Zypern mit denselben Markierungen und derselben Anordnung der Felder.

Auf vielen Spielbrettern, insbesondere von der XVIII. Dynastie an, sind die traditionellen Bezeichnungen (Q, X, III, II, I) der letzten fünf Kästchen ersetzt worden durch gleichbedeutende, aber ausgefeiltere Symbole. Am häufigsten tritt die Hieroglyphe *nfr* auf, die sich im sechsundzwanzigsten Feld befindet. Außerdem werden auch alle anderen Kästchen mit Symbolen von religiöser Bedeutung[32] markiert. Nach unserer Ansicht müssen solche Symbole – zumindest zum größten Teil – keinen Wert für die Ausführung des Spiels gehabt haben.

Zwei Papyri – einer, etwa zwei Meter lang, befindet im Ägyptischen Museum in Kairo, der andere im Ägyptischen Museum in Turin (Abb. 240) – geben die Beschreibung einer Partie wieder und beinhalten auch zwei Spielpläne, die es uns (auch wenn sie unvollständig sind) erlauben, fast alle Namen zu erkennen, die die Ägypter den einzelnen Feldern gaben[33]:

240. Papyrus, der das Spielbrett für die *senet* illustriert. 70 × 13 cm, XXI. Dynastie. Turin, Ägyptisches Museum.

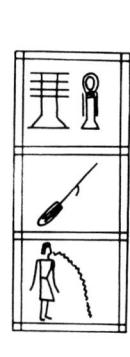

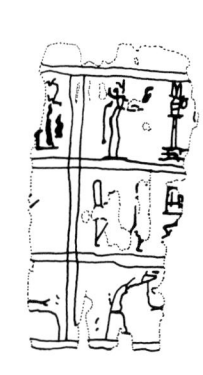

Nr. 1 – Haus des Thoth
Nr. 2 – Haus des Pfeilers von Djed und Knoten der Isis [34]
Nr. 3 – Haus der Neith [35]
Nr. 4 – *Unbekannt*
Nr. 5 – Haus der Ma'at [36]
Nr. 6 – Erstes Haus des Tenet [37]
Nr. 7 – Haus des Gerichts der Dreißig [38]
Nr. 8 – Zweites Haus des Tenet
Nr. 9 – Haus des Pfeilers von Dsched und Knoten der Isis
Nr. 10 – Haus der Wadschet [39]
Nr. 11 – Haus der Mut [40]
Nr. 12 – Haus des Orion [41]
Nr. 13 – Haus des Lebens
Nr. 14 – Haus des Sonnenlaufs
Nr. 15 – Haus der Auferstehung [42]
Nr. 16 – Haus des Netzes [43]
Nr. 17 – *Die Bedeutung der beiden Hieroglyphen ist nicht eindeutig* [44]
Nr. 18 – Haus des Ro-Peqer [45]
Nr. 19 – Haus des Ruders [46]
Nr. 20 – Haus des Brotes
Nr. 21 – Haus des Bâ [47]
Nr. 22 – Haus des Speichels
Nr. 23 – Haus der Trankopfer
Nr. 24 – *Unbekannter Name und Zeichnung* [48]
Nr. 25 – Haus des Papyruswaldes
Nr. 26 – Haus der Glückseligkeit [49]
Nr. 27 – Haus des Wassers [50]
Nr. 28 – Haus der Ma'at [51]
Nr. 29 – Haus des Rê-Atum [52]
Nr. 30 – Haus des Horus [53]

241. Kaiemonk,
der Schatzmeister,
spielt *senet*.
Grab des Kaiemonk,
VI. Dynastie.
Gisa.

Spielregeln

Es sind uns keine Spielregeln erhalten geblieben, aber sowohl durch die Entdeckung der Fundstücke, wie Spielbretter und Papyri, als auch aufgrund des ägyptischen Brauches, die Wände der Gräber mit Szenen des irdischen Lebens auszuschmücken (Abb. 241) – darunter auch Spielszenen, vervollständigt durch Beobachtungen über die Züge und die Verteilung der Spielsteine – konnte man mit Hilfe ethnographischer Studien sowie mit ein wenig Phantasie und dem richtigen Gespür die Spielweise rekonstruieren.

Die Bretter verfügten über dreißig Felder, die durch Streifen aus Elfenbein oder Holz in drei Reihen mit je zehn Quadraten unterteilt wurden. Das kann man bei zahlreichen Funden sehen.[54]

Das Spielbrett (Abb. 242) wurde waagerecht mit den Hieroglyphen unten rechts (oben links für den Gegner) hingelegt. Das Ziel des Spieles war es, die Spielfiguren auf den dreißig Feldern, die das Spielbrett bilden, über einen ganz bestimmten Weg zu führen. Dieser verlief über die gesamte erste Reihe von links nach rechts bis zum Feld 10. Von dort setzte man dann nach unten auf das Kästchen 11, so daß dann in der zweiten Reihe der Spielstein in entgegengesetzter Richtung von rechts nach links gezogen werden mußte. War man schließlich auf Feld 21 in der dritten Reihe angekommen, setzte man wieder von links nach rechts bis zum Feld 30, wo man so alle Spielfiguren nach und nach vom Brett nehmen konnte. Das Spiel ist jedoch nicht so einfach, da einige Kästchen ein „Handikap" haben, abgesehen von weiteren Schwierigkeiten, wie wir noch sehen werden.

Als Würfel wurden vier Stäbchen[55] aus Holz oder Knochen verwendet. Sie wurden in Längsrichtung aus einem Zylinder herausgeschnitten, so daß sie eine flache und eine konvexe Seite hatten. Einige Exemplare sind auf der konvexen Seite rot und auf der flachen Seite weiß angemalt. Wieder andere tragen reiche, unterschiedliche Verzierungen.

Die Punkte ergaben sich daraus, wieviele flache Seiten oben lagen und umgekehrt: ein Punkt für jede nach oben liegende flache Seite; wenn alle vier Stäbchen in derselben Position lagen, bekam man einen Zusatzpunkt, woraus sich eine Summe von fünf Punkten ergab; wenn dagegen alle flachen Seiten nach unten lagen, bekam man keinen Punkt.[56]

Man benutzte auch zwei Knöchelchen, was neben den Funden in den Schubladen der verschiedenen Bretter auch belegt ist durch eine Malerei im Grab des Sen-en-Nejema in Deir el-Medine, aufbewahrt im Ägyptischen Museum von Kairo. Darauf ist ein Knöchelchen unter einem Spieltisch abgebildet.

Dank eines Fundes aus Abydos kennen wir auch die genaue Anzahl der benötigten Spielfiguren. Es handelt sich um ein vollständiges Spiel[57] mit allen zugehörigen Spielsteinen: sieben weiße und acht schwarze.[58] Darüber hinaus gibt es dazu ein genaues Zitat in einem Papyrus. Die Spielfiguren wurden von den Spielern abwechselnd auf den ersten vierzehn Feldern verteilt, was übrigens auch durch die Malereien dokumentiert ist.[59] Das eigentliche Startfeld war also das fünfzehnte Kästchen.

Die Gestalt der Felder beweist außerdem, daß jedes Kästchen nur von einer Spielfigur besetzt werden konnte. Kam ein gegnerischer Spielstein auf ein bereits besetztes Feld, so durfte diese Spielfigur hinausgeworfen werden. Das konnte jedoch nicht passieren, wenn das folgende Feld ebenfalls besetzt war; zusammenfassend gesagt, galt die oben beschriebene Regel also nur für einzelne Spielfiguren. Setzte darüber hinaus ein Spieler auf drei aufeinanderfolgende Felder Spielsteine, so hatte er damit eine „Mauer" gebildet, die es dem Gegner nicht nur verbot, Spielfiguren auszuwechseln, sondern sie konnten

242. Verteilung der Spielfiguren auf einem Brett. Die Nummern geben ihren Weg an.

sogar übersprungen werden, wodurch ein weiteres Ziehen verhindert wurde. Daraus ergeben sich folglich zwei Spielstrategien: zum einen die Wahl der Spielfiguren, die gezogen werden, zum anderen der Versuch, diese nicht einzeln auf einem Feld stehen zu lassen.

Wichtig war es, auf dem Feld 26 anzukommen, dem sogenannten Haus der Glückseligkeit, markiert mit *nfr*[60] (*nefer*). Damit erwarb man sich das Recht auf einen weiteren Wurf mit den Stäbchen.

Kehren wir nun zum Spielbrett zurück und analysieren die anderen Felder.

Feld 27: Es war bezeichnet mit einem X, der Abkürzung für das Wort „Vorurteil".[61] Wer auf dieses Feld kam, mußte seinen Spielstein vom Brett nehmen und wieder ganz von vorne anfangen.

Feld 28: Vom Haus der Ma'at konnte die Spielfigur nur genommen werden, wenn der Wurf mit den Stäbchen genau eine Drei ergab; deshalb war es markiert mit dem Zeichen III.

Feld 29: Für das Haus des Rê-Atum gilt dieselbe Regel wie beim Feld 28, aber man brauchte einen Wurf mit genau zwei Punkten; deswegen hier die Kennzeichnung mit II.

Feld 30: Für das Haus des Horus gilt wieder dieselbe Spielregel wie vorher, jedoch benötigte man nun eine Eins.

Um das Spiel weiter zu beleben und um zu vermeiden, daß die Vor- und Nachteile erst am Ende der Partie eintraten, gab es auch auf dem Feld 15 eine Markierung in Form einer Rosette. Das wird bestätigt durch ein Spielbrett im Ägyptischen Museum in Berlin. Wir meinen, die darauf hervorgehobene Rosette deutet ein glückbringendes Feld an[62] (übrigens stellt die Hieroglyphe dieses Kästchens das „Haus der Auferstehung" dar), und das Feld 16, dessen Hieroglyphe „Haus des Netzes"[63] bedeutet, war ein „Handikap-Quadrat", wodurch die Spannung des Spiels von den ersten Zügen an erhöht wurde.

Das Schlangenspiel

Das Schlangenspiel, *mehen* („eingerollte Schlange") genannt, ist vielleicht das älteste in Ägypten nachgewiesene Spiel. Es war im Alten Reich[64] tatsächlich sehr verbreitet, jedoch gibt es auch Funde, die auf die Thinitenzeit[65] und auf die saïtische Periode[66] zurückgehen. Die Schlange war ein mythologisches Tier, das in den *Pyramidentexten* des Alten Reiches und im *Totenbuch* auftritt; das zuletzt genannte beschreibt eine Partie zwischen Horus und Seth.[67]

Die ältesten Beispiele sind in Negade und Ballâs ausgegraben worden. Sie reichen zurück in prädynastische Zeit, jedoch gibt es keine Funde aus der Zeit vor dem dritten Jahrtausend. Das läßt vermuten, daß man in Ägypten das Schlangenspiel nicht mehr spielte, vielleicht weil es jene religiöse Bedeutung verloren hatte, mit der alle ägyptischen Spiele durchdrungen waren. Spielbretter für dieses Spiel

243. Brett für das Schlangenspiel. Cambridge, Fitzwilliam Museum.

244. Löwenförmige Spielfigur. London, Britisches Museum.

245. Brett für das Schlangenspiel. London, Britisches Museum.

246. Spielsteine und Stäbchen für das Schlangenspiel. Oxford, Ashmolean Museum.

247. Das Schlangenspiel. Grab des Schreibers Rashepsis, IV. Dynastie (aus R. C. Bell, *Games to play.*).

248. Das Schlangenspiel. Malerei aus dem Grab des Hesy, Beginn der III. Dynastie. Sakkâra.

aus dem dritten Jahrtausend bis etwa 1000 v. Chr. wurden dagegen auf den Inseln Kreta und Zypern sowie in Syrien und Palästina gefunden.

Die verwendeten Materialien sind sehr unterschiedlich: Kalkstein, grüner Schiefer, Lapislazuli, Email usw. Auch die Größe der Spielbretter ist unterschiedlich, sie haben im Durchschnitt einen Durchmesser von dreißig Zentimetern.[68] Im Verhältnis zur Größe und damit zur Anzahl der Windungen der Schlange variiert auch die Anzahl der Felder: 72, 80, 90. Erhalten geblieben sind auch Spielfiguren in Form von kauernden Löwen und Löwinnen (Abb. 244 und 246) sowie zahlreiche Kugeln (Abb. 246) aus unterschiedlichem Material, wie Quarz, Steingut, Porphyr und auch Kalkstein. Auf einigen stehen die Namen von Königen geschrieben: Aha, Onadschi, Anedschib.

In einigen Abbildungen treten die nun schon bekannten Stäbchen auf. Auch bei diesem Spiel kann man nur vermuten, wie es gespielt wurde.[69] Wir schlagen vor, es mit dem „Hyänenspiel" zu vergleichen, das bis heute im Sudan gespielt wird, eine Region, mit der die alten Ägypter einen ständigen und fortgesetzten Kontakt hatten. Das Hyänenspiel „wird auf einer spiralförmigen Vorzeichnung, bestehend aus Vertiefungen im Sand gespielt ... das letzte Feld in der Mitte stellt den 'Brunnen' dar, das erste dagegen das 'Dorf'. Jeder Spieler setzt einen Spielstein, ein Stöckchen, der die 'Mutter' heißt. Sie geht vom Dorf los, um die Wäsche im Brunnen zu waschen und läuft dabei über die dazwischenliegenden Felder, die 'Reisetage' genannt werden. Einmal am Brunnen angekommen, dürfen die Mütter ins Dorf zurückgehen ... Wenn die Mutter eines Spielers ins Dorf zurückgekommen ist, verwandelt sie sich in einen neuen Spielstein, der 'Hyäne' genannt wird. Sie durchläuft im Doppelschritt die Reisetage (Kästchen), um so zum Brunnen zu gelangen, wo sie Wasser trinkt. Auf dem Rückweg versucht sie, die Mütter (der Gegner), die sich noch auf dem Feld (im Spiel) befinden, aufzufressen."[70]

Im Grab des Hesy in Sakkâra (Abb. 248) erscheint auf einer der Wandmalereien eine um sich selbst aufgerollte Schlange mit dem Kopf im Zentrum – das ist ein riesiges, rundes Spielbrett mit mehr als einem Meter Durchmesser. Durch die Größe der Zeichnung fällt sofort auf, daß die Schuppen viele Felder bilden.[71] Der unbekannte Maler hat auch eine offene Schachtel gezeichnet; sie enthält drei Spielsteine in Form eines Löwen und drei in Form eines Hundes mit Halsband, drei Fächer mit je 6 weißen und drei Fächer mit je 6 schwarzen Kugeln; insgesamt also 36 Kugeln, 18 weiße und 18 schwarze. Es ist anzunehmen, daß die Kugeln und die Spielfiguren ein vollständiges Ensemble bilden, bestehend aus drei Löwen und 18 Kugeln für einen Spieler sowie aus drei Hunden und

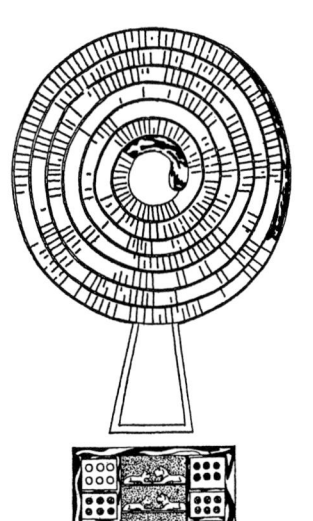

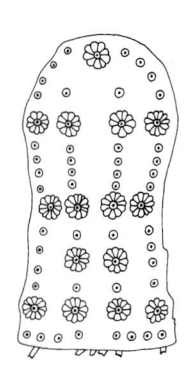

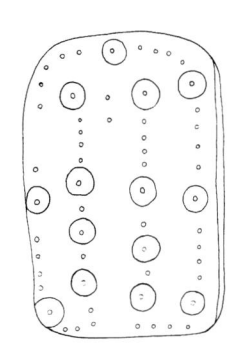

249. Brett für das Hunde- und Schakalspiel aus Ur. Pennsylvania, University Museum.

250. Brett für das Hunde- und Schakalspiel aus Ur. London, Britisches Museum.

ebenfalls 18 Kugeln für den Gegner. Die Kugeln unterschieden sich durch eine unterschiedliche Farbgebung (rot und schwarz).

Weitere Informationen kommen aus dem Grab des Schreibers Rashepsis aus der IV. Dynastie, der in Diensten des Tat-Ka-ra stand. Wir treffen hier wieder auf die eingerollte Schlange; zwischen ihren Windungen oder Feldern bemerkt man jedoch vier Gruppen von Kugeln (eine einzelne, eine Gruppe mit 2, eine mit 3 und eine mit 4 Kugeln).

Wir kehren nun zurück zu dem ägyptischen Spiel. Mit den Stäbchen bekommt man die Zahl der Felder, die man vorsetzen darf; die Kugeln sind die Spielsteine, die die Windungen der Schlange bis zum Kopf durchlaufen müssen und dann zum ersten Kästchen zurückkehren, wo sie sich in Löwen oder Hunde verwandeln und nun die Strecke ein zweites Mal zurücklegen. Man multipliziert jedoch dieses Mal die von den Würfeln angegebene Punktzahl mit zwei. Kommt man auf ein Feld, auf dem eine oder mehrere gegnerische Spielfiguren stehen, werden diese von den Hunden oder Löwen „gefressen". Die Schwierigkeit bei der Interpretation der verschiedenen Texte erlaubt es auf alle Fälle, das Spiel auch auf andere Arten zu erklären, die ebenso gültig sein können und dem Spiel selbst noch viel leichter andere symbolische Werte verleihen.

Das Hunde- und Schakalspiel

Dieses Spiel wurde entweder das „Spiel der 58 Löcher" genannt – denn genau soviele Felder (Löcher) mußten die Spielsteine passieren – oder aber es hieß „Hunde- und Schakalspiel" aufgrund der Gestaltung der Spielfiguren. Es ist ein Schnelligkeitsspiel, das bereits in den ägyptischen Gräbern der IX. Dynastie gefunden wurde und sich bis zur X. sowie auch in der XII. Dynastie fortsetzt. Das älteste Spielbrett wurde in Sedment entdeckt. Aus Theben stammen zehn Spielfiguren aus Elfenbein, von denen fünf eine Hundekopf haben, während die anderen fünf von einem Schakalkopf bekrönt sind.

Es ist ein sehr einfaches Spiel und entspricht unserem Gänsespiel. Das Spielbrett, das wir nachbilden und für die Erklärung verwenden werden, geht auf die XI. Dynastie zurück und wurde in Deir el-Bahri ausgegraben. Heute wird es im Metropolitan Museum von New York aufbewahrt (Abb. 252).

Es wetteifern zwei Personen miteinander, von denen jede fünf Spielsteine hat; einer bekommt die „Hunde", der andere die „Schakale". Jeder Spieler bringt seine ganz persönliche Wegstrecke hinter sich (Abb. 251), einer nimmt den Weg A, der andere A'. Man starter von dem Feld mit dem Buchstaben A – oder A' – aus und folgt dann den numerierten Löchern. Der Start und die Zahl der Löcher, in die man seine eigene Spielfigur stecken darf, werden bestimmt durch den Wurf mit den Stäbchen oder mit den Knöchelchen. Es gibt zwei glückbringende Löcher: die 6, von der aus man seine Spielfigur direkt auf das Feld 20 vorziehen darf, und die 8, die einen auf die 10 weiterschickt. Die 20 dagegen ist ein Loch, das Pech bringt, denn sie wirft die Spielfigur zurück auf Feld 6. Noch unglückseliger ist das Loch 15, auf dem man eine Strafe zahlen muß. Das kann die Bezahlung eines

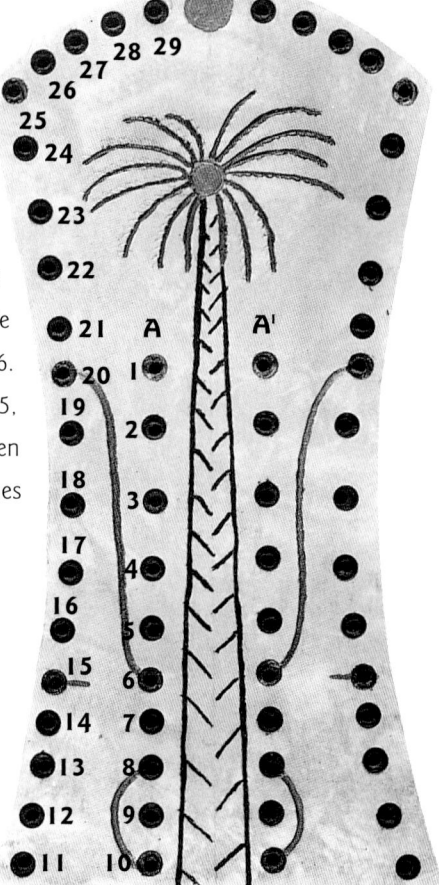

251. Nachbildung der Spielfläche in Abb. 252.

252. Möbelstück zum Spielen aus Holz, Elfenbein und Ebenholz.
Aus dem Grab des Renseneb in Deir el-Bahri, thebanische Nekropole des Asasif, ca. 1800 v. Chr.
New York, Metropolitan Museum.

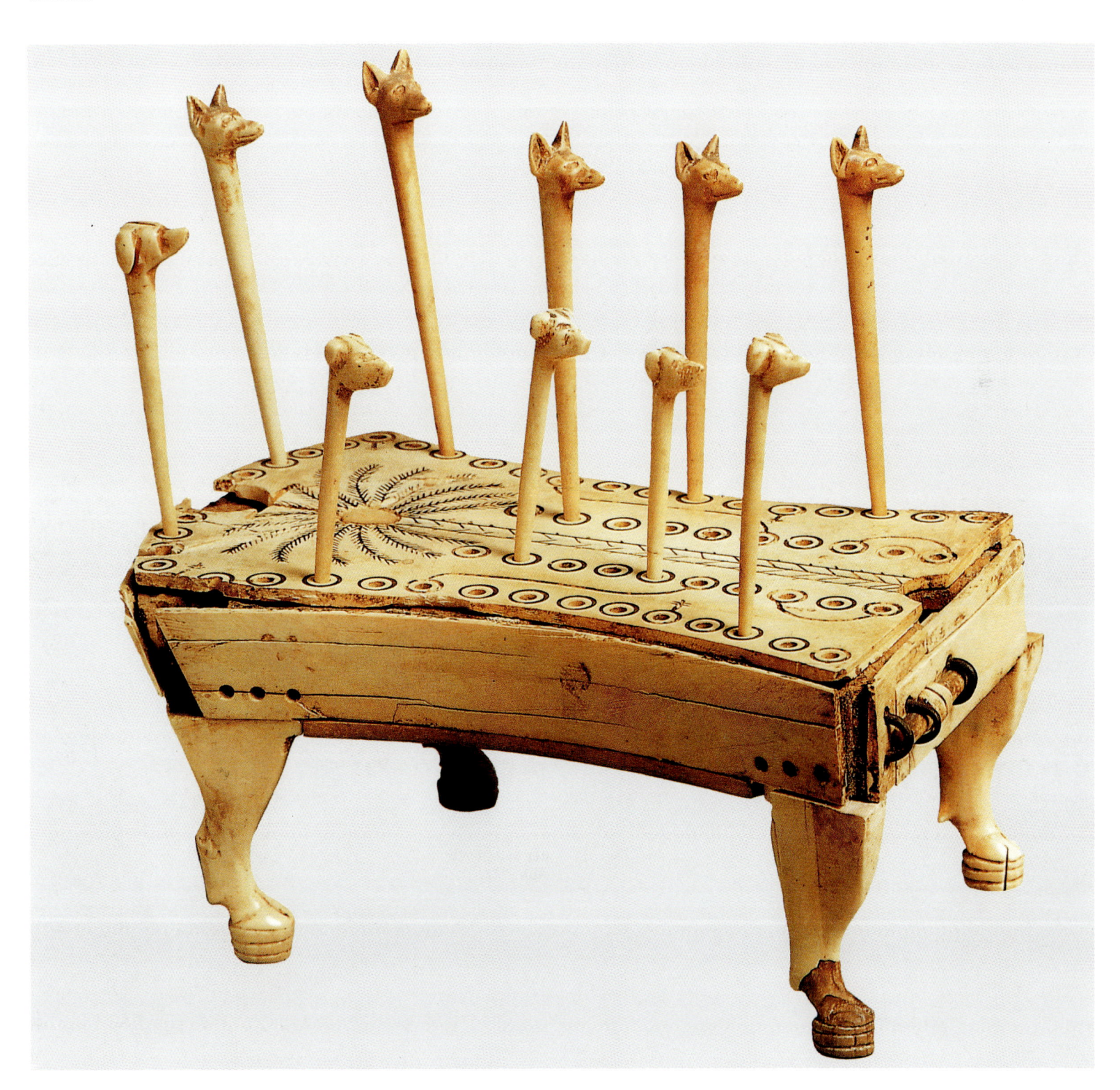

253. Spielbrett mit drei Stufen. Zedernholz und Elfenbein, koptische Zeit. Paris, Musée du Louvre.

254. Terrakotta-Brett für das „Spiel der 58 Löcher". Aus Tepe Sialk im Iran, 1. Jahrtausend bis 6. Jh. v. Chr. Paris, Musée du Louvre.

Einsatzes sein oder die Rückkehr an den Start. Es gewinnt derjenige, der zuerst alle seine Spielfiguren zu dem zentralen Loch oben gebracht hat.

Wie bei der *senet* brauchte man, um an das Ziel zu gelangen, einen letzten Wurf, dessen Punktzahl genau mit der Zahl der noch bis zum Ziel verbleibenden Löcher übereinstimmen mußte. Wenn eine Spielfigur nicht in ein schon besetztes Loch gesteckt werden konnte, so ist es logisch, daß das Ziehen der Spielfiguren bzw. das Einsetzen der noch nicht im Spiel befindlichen Figuren der Strategie des einzelnen Spielers überlassen war. Auf der Grundlage des Wurfes mit den Stäbchen konnte man wählen, welche Figur am besten zu setzen sei. Konnte ein Spieler keine einzige Figur ziehen, mußte er eine beliebige aus dem Spiel nehmen und damit wieder von vorne anfangen.

Das Spiel war auch bei den Sumerern verbreitet; zwei Spielbretter wurden tatsächlich in Ur ausgegraben (Abb. 249 und 250), weitere in Babylon, in Assyrien[72] und in Palästina. Hier kam in Gezer ein Spielbrett von menschlicher Gestalt ans Licht. Es gibt die gleiche Anzahl von Löchern wieder wie das ägyptische Brett, mit Ausnahme des oberen Bereichs, der anstatt des einen Loches acht Löcher aufweist.

Aus Meggido ist ein Gegenstand aus Gold und Elfenbein aus dem 13. Jh. v. Chr. erhalten, der zu dieser Art Spiel gehören könnte. Bei einem Vergleich ihn mit anderen Spielbrettern fällt auf, daß die Löcher für Start und Ziel, die Löcher mit einem „Handikap" sowie die glückbringenden Löcher zahlenmäßig überwiegend dieselben sind.

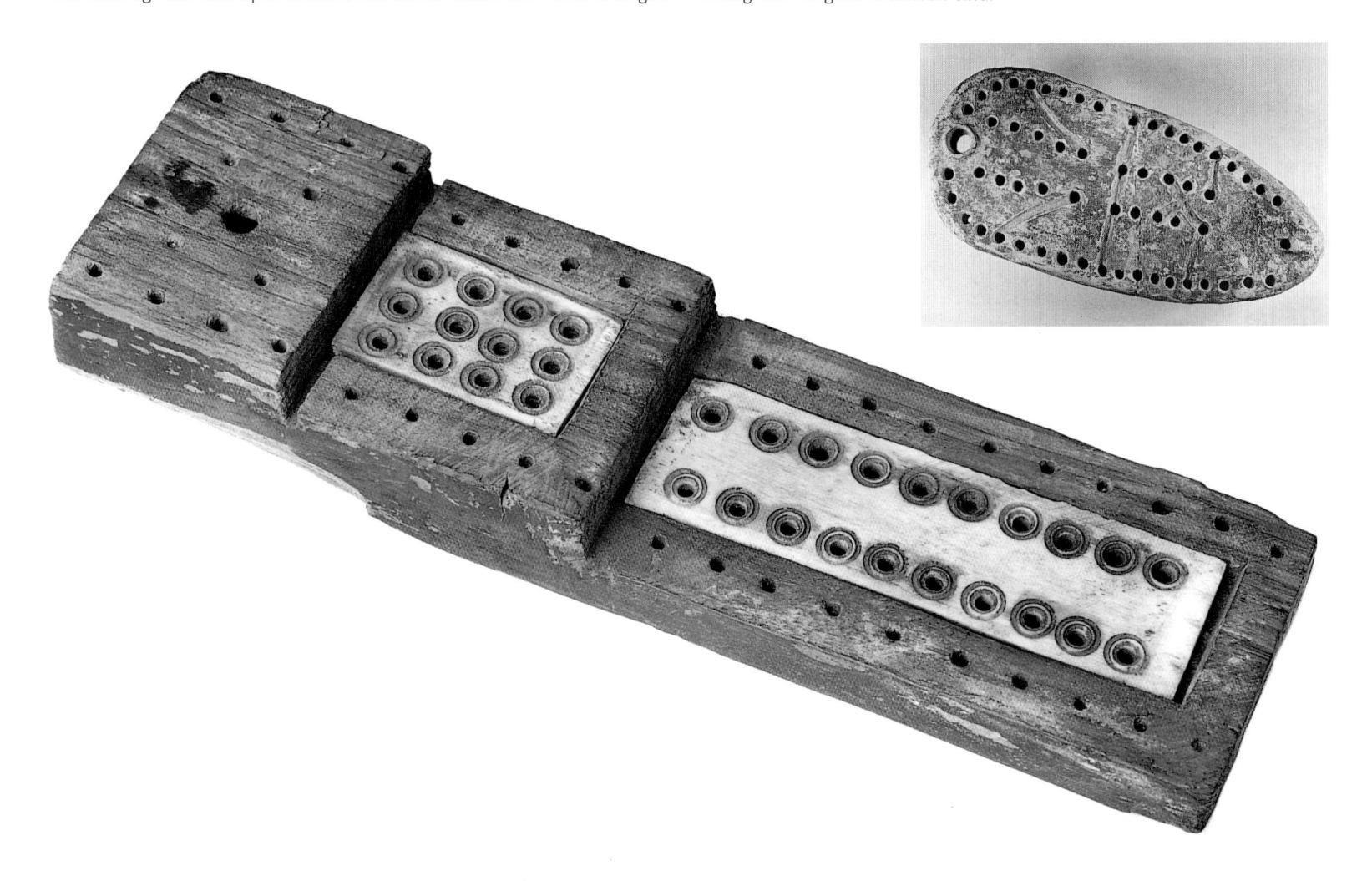

255. Spielbrett in
Form eines Nilpferds.
Blau-grüne Fayence,
aus Ägypten.
Paris, Musée
du Louvre.

1   Auch Parallelflach genannt: ein von drei Paaren paralleler Ebenen begrenzter Körper [Anm. d. Übers.].
2   Das Parallelepiped hat 14 cm lange Seiten und ist 8,5 cm hoch.
3   Mitteilung aus „Archeologia Viva", Januar 1994.
4   In Syrien sind Spielbretter gefunden worden, die in das Jahr 3300 v. Chr. datieren, also ungefähr aus der gleichen Zeit stammen wie die aus Ur.
5   Die Spielfiguren hatten die Gestalt eines Raben, eines Hahns, eines Adlers und einer Schwalbe. Die fünfte Figur ist nur schwer zu identifizieren.
6   3000-2500 v. Chr.
7   Der Bau wurde von Ramses I. begonnen und durch Sethos I. um 1400 v. Chr. fertiggestellt.
8   In Samaria wurden nur Spielsteine gefunden, die aber sehr gut – in Form von Knöpfen – ausgeformt sind.
9   Platon, *Phaidros*, 274c, 1 ff.
10 Die Spielregeln, wie vom Britischen Museum in London angegeben, sehen den Gebrauch von vier Würfeln vor.
11 Wir werden dasselbe Kriterium auch bei dem ägyptischen Spiel der „Hunde und Schakale" angewendet finden.
12 Für einige Wissenschaftler beginnt dagegen das Spiel für den einen Spieler auf der Rosette in der linken Ecke und für den Gegner auf der Rosette in der rechten Ecke. Wieder andere geben noch weitere Spielverläufe an.
13 Einige Forscher erwägen diese Möglichkeit dagegen nicht.
14 Wir könnten auch Texte auswählen, die eine andere Punktverteilung angeben, wobei sie auch den Wert Null mit aufnehmen, was aber für das Ziel des Spiels unerheblich ist. Die von uns angegeben Punktzahlen erscheinen uns eher logisch, da andere Spielbretter aus Ur anstatt mit den pyramidalen Würfeln mit Knochenstäbchen ausgestattet waren, deren vier Seiten von eins bis vier numeriert waren.
15 Ein Fragment aus der XX.-XXI. Dynastie mit einem Plan dieses Spiels befindet sich im Ägyptischen Museum in Turin.
16 Das Spiel verbreitete sich in diesem Land um 1600 v. Chr.
17 Das Brett wird um 1500 v. Chr. datiert.
18 Dagegen müßten die Darstellungen in den Gräbern von Spielern mit einer abwechselnden Aufstellung der Spielfiguren der beiden Gegner auf das Spiel der *senet* hinweisen.
19 Auch Menes genannt.
20 Von der IX. bis zur XI. Dynastie (ca. 2134-1991 v. Chr.).
21 Neues Reich (ca. 1580-1085 v. Chr.), die Zeit der Pharaonen wie Amenophis I., die Königin Hatschepsut, Tutanchamun und die Ramessiden.
22 III. Dynastie.
23 IV. Dynastie.
24 Das Brett geht in die prädynastische Zeit zurück und wird aufbewahrt in den Musées Royaux d'Art et d'Histoire von Brüssel.
25 Im angrenzenden Raum mit dem Sarkophag sowie im Vorraum.
26 Carter stellt die Hypothese auf, daß dieses Spiel wahrscheinlich nicht zu rituellen Zwecken mitgegeben worden ist, sondern nur zur alleinigen Unterhaltung des Pharaos im anderen Leben.
27 Es hat die folgenden Maße: 28 cm lang, 9 cm breit und 6 cm hoch.
28 Diese ersetzte vielleicht das fehlende dunkle Stück.
29 Dessen wird man sich beim Betrachten der Spielsteine bewußt, die der englische Ägyptologe Sir Flinders Petrie (1853-1942) im Niltal ausgegraben hat. Sie werden im gleichnamigen Museum in London aufbewahrt
30 Vom Typ *halma*, dessen Hieroglyphe „spielen" bedeutet.
31 Plutarch, *Osiris und Isis*, 12.
32 Auch die Wahl der Nummer des Feldes mußte – wenn es möglich war – mit einer Gegebenheit übereinstimmen, wie z. B. dem Tag, an dem ein Fest gefeiert wurde oder mit dem Tag der Sonnenfinsternis.
33 Das eine oder andere Feld wird von einigen Ägyptologen anders angesprochen.
34 Diese waren zwei Amulette.
35 Mutter des Sonnengottes Rê.
36 Die Göttin des „Gleichgewichts der Welt"; dargestellt als Feder. Sie wurde auf eine der Waagschalen gesetzt, wenn die Seele des Verstorbenen gewogen wurde.
37 Vielleicht ist es der Name eines Festes.
38 Anzahl der Richter des Gerichts, vor dem Horus und Seth erschienen.
39 Die Schutzgöttin des Todes.
40 Die geiergestaltige Göttin.
41 Das Gestirn.
42 *Per wehem anch* im Papyrus im Ägyptischen Museum von Kairo.
43 Um damit die umherirrenden Seelen wieder einzufangen.
44 Es könnte das „Haus der Fischfanggeräte" sein.
45 Name des Heiligtums von Abydos, in dem man Osiris anbetete.
46 Anspielung auf die Sonnenbarke.
47 Weihrauchgefäß.
48 Es könnte „Haus des Treideltaus" bedeuten.
49 Hieroglyphe *nfr* = *nefer*, gut. Auf dem Brett der Hatschepsut finden wir drei *nfr*-Hieroglyphen im selben Feld.
50 Es war der Nil, den der Tote überqueren mußte, um ins Jenseits zu gelangen; Hieroglyphe *mu*, wie man es auch auf dem Brett der Hatschepsut sieht. Dieses Kästchen wird auch mit einem X dargestellt, was „Vorurteil" oder *heb*, „Haus der Demütigung" oder *Kesnet*, „Haus des Unglücks" bedeutet.
51 Oder „Haus der zwei Wahrheiten". Das Brett der Hatschepsut ist gekennzeichnet mit einer Hieroglyphe, die drei Seelen angibt, um den Wiegevorgang der Seele zu bedeuten.
52 Rê und Atum waren zwei Gestalten des Sonnengottes. Auf dem Brett der Hatschepsut sind zwei Männer angegeben.
53 Es bedeutet den Triumph der Sonne, und daß der Verstorbene das Unterfangen überstanden hat. Auf dem Brett der Hatschepsut findet sich kein Zeichen.
54 Um nur einige zu nennen: die Kiste im Ägyptischen Museum von Turin aus Deir el-Medine, die zu den Grabbeigaben des Architekten Cha und seiner Frau Merit gehörte; eine aus Holz und Keramik aus Abydos, aufbewahrt im Metropolitan Museum in New York und das Brett des Amenmes aus der XVIII. Dynastie, verwahrt in Paris im Musée du Louvre.
55 Die Stäbchen hießen *dschebao*, was „Finger" bedeutet. Tatsächlich gibt es im Fitzwilliam Museum von Cambridge einige Stücke, deren Enden in Form von Fingernägeln auslaufen.
56 Ein Zählen von vier Punkten würde bei diesen Regeln nicht weiterhelfen. Tatsächlich brauchte man, um seine Spielsteine von Brett nehmen zu können, nur die Eins, die Zwei, die Drei und die Fünf.
57 Die Kiste aus Holz und Keramik aus dem 15. Jh. v. Chr. befindet sich im Metropolitan Museum in New York.
58 Den Funden nach zu urteilen, konnte die Zahl der Spielsteine scheinbar zwischen fünf und zehn für jeden Spieler

variieren; die am häufigsten belegte Zahl ist jedoch auf alle Fälle die Sieben.

59 Eine dieser Malereien, die sich heute im Ägyptischen Museum in Turin befindet, stammt aus Deir el-Medine und wurde im Grab des Amenemope (Neues Reich) entdeckt; die andere ist im Grab des Hesirê in Beni Hasan gefunden worden und geht auf die III. Dynastie zurück.

60 *Nfr* bedeutet „gut"; dieses Kästchen konnte auch durch andere Ideogramme mit ähnlicher Bedeutung gekennzeichnet sein.

61 Das X konnte auch „überqueren" bedeuten, und auf vielen Brettern ist das Feld mit einem *mu* bezeichnet, was für „Wasser" steht. Wir finden auch die Zeichen *heb*, „Haus der Demütigung", oder *kesnet*, „Haus des Unglücks".

62 Für einige Wissenschaftler bedeutet es, daß von diesem Kästchen aus das Spiel beginnt.

63 In Wirklichkeit bedeutet diese Hieroglyphe, die umherirrenden Seelen wieder einzufangen, denn diese hatten die magischen Formeln vergessen, mit denen sie sich den Eintritt ins Jenseits erwarben.

64 Funde und Erwähnungen:
– im Grab des Rahotep aus der IV. Dynastie,
– im Grab des Chepseré aus der V. Dynastie (hier sind zwei Spieler abgebildet, der eine mit sieben und der andere mit drei Spielsteinen, aber einer von diesen befindet sich in Übereinstimmung mit dem Kopf)
– und in den Gräbern des Kaiemonk, des Isi-men-netel und des Idut, alle aus der VI. Dynastie.

65 Um 2850–2230 v. Chr.

66 XXVI. Dynastie; Grab des Anchefensechmet und des Ibi.

67 Seth, der Böse, ist der Rivale des Horus, dem Gott des Himmels und der Sterne, dem der Böse in einem Kampf ein Auge herausriß. Die Griechen identifizierten Seth mit Typhon, die Asiaten mit Baal.

68 Bretter mit 5 cm Durchmesser sind als Amulette zu betrachten. Es gibt sie sowohl im Britischen Museum von London als auch im Ashmolean Museum in Oxford.

69 Es wird vermutet, daß dieses Spielbrett so benutzt wurde wie bei unserem Gänsespiel, aber wir sind mit dieser Interpretation ganz und gar nicht einverstanden.

70 Corcelle-Bellesort, *Recherche et catalogue des jeux de table du Département du Musée du Louvre*.

71 Über fünfhundert; diese hohe Zahl ist nur durch die Größe der Zeichnung bedingt.

72 Es gibt in dieser Region für dieses Spiel keine Belege vor dem 7. Jh. v. Chr. (Reich des Asarhaddon, Sohn des Sanherib. Das Hauptereignis seiner Regierungszeit war der siegreiche Ägyptenfeldzug.)

Griechische Brettspiele

Mit dem Bericht über die Brettspiele der Griechen können wir dem Leser nur eine unvollständige, lückenhafte und manchmal vielleicht auch falsch interpretierte Sammlung von Informationen anbieten. Die antiken Autoren sowie die Funde erhellen nur kleine Teile des großen, umfassenden Mosaiks, das die verschiedenen, in Griechenland gebräuchlichen Brettspiele beschreibt. Wir müssen darüber hinaus auch die große Zeitspanne berücksichtigen, in der wir uns bewegen. Sie verbietet eine einheitliche Betrachtung unseres Themas, worauf auch schon bei anderen Kulturen hingewiesen wurde.

Brettspiele wurden auf Kreta und Zypern wahrscheinlich bereits im 2. Jahrtausend v. Chr. gespielt. Zum Spiel diente vielleicht ein hervorragend gearbeitetes Brett aus der Zeit zwischen 2000–1700 v. Chr., das im Palast des Minos in Knossos ausgegraben wurde. Es ist fast 90 cm lang und 55,3 cm breit; gefertigt aus Elfenbein, mit Blattgoldauflage sowie mit Einlegearbeiten aus Bergkristall und Fayence. Im selben Bereich wurden auch große Kegel aus Elfenbein gefunden, die wahrscheinlich als Spielsteine dienten. Auch wenn man den völligen Unterschied zu jedem anderen, bis heute bekannten Spiel berücksichtigen muß, gibt es Forscher, die annehmen, daß es sich um ein Spiel handelt.

Aus dem ersten Palast in Phaistos stammen wiederum zwei kleine Spielfiguren aus Elfenbein: die eine in Gestalt eines Stierfußes, die andere in Form eines Löwenkopfes mit einer Mähne aus Gold.

In der antiken Stadt Tamassos ist ein Abakus[1] mit einer ebenen Fläche gefunden worden. Auf dieser waren elf parallele Linien in regelmäßigen Abständen eingeritzt. Nach jeder dritten Reihe gibt es eine Markierung, angegeben durch ein X; an der sechsten Linie ist auch ein Halbkreis zu finden. Ein zweiter Abakus[2] aus Kalkstein, der dem ersten sehr ähnlich ist, wurde in

256. Brett für ein unbekanntes Spiel. Aus Epidauros, 4. Jh. v. Chr. Athen, Nationalmuseum.

257. Alte Männer beim Spiel. Schwarzfigurige Amphora. Brüssel, Musées Royaux d'Art et d'Histoire.

der Nähe von Dekeleia entdeckt. Er besitzt elf eingeritzte parallele Linien und anstelle des X drei Kreise nach jeweils drei Linien (in der dritten, neunten und zwölften Reihe) sowie einen Halbkreis auf der letzten Linie. Diese Bretter ähneln einem weiteren Brett aus Delos.[3] Eine derartige Regelmäßigkeit müßte die Fundstücke als Beispiele für Brettspiele identifizieren.

Auch aus der griechischen Welt sind verschiedene, uns unbekannte Spielbretter überliefert. In Epidauros (Abb. 256) sind mehrere solcher Bretter ausgegraben worden, sowohl aus Holz, als auch aus Stein. Sie sind sehr groß (115 × 60 cm) und reichen ins 4. Jh. v. Chr. zurück. Wahrscheinlich waren sie Äskulap geweiht, und vielleicht halfen sie auch den im Asklepeion behandelten Kranken, sich in Erwartung der Heilung die Zeit zu vertreiben.

In diesem Kapitel werden die griechischen Spiele behandelt, die mit Spielsteinen[4] und Spielbrettern[5] gespielt wurden. Dabei ist dringend klarzustellen, daß viele Übersetzer die Namen der verschiedenen antiken Spiele mit den deutschen Worten „Dame" und „Schach" nicht ganz richtig wiedergegeben haben, um die griechischen und lateinischen Texte verständlicher zu machen. Unser Interesse ist es aber ausdrücklich, genaue Angaben über die Spiele zu liefern. Es wird nicht der Anspruch erhoben, Klarheit zu bieten und Lösungen zu geben, deshalb gebrauchen wir die ursprüngliche Terminologie. Griechische Brettspiele waren bereits in homerischer Zeit bekannt; bei seiner Rückkehr nach Ithaka fand Odysseus „hier nun ... trotzige Männer,/Freier waren es, die ihr Gemüt mit Würfeln ergötzten."[6] Euripides schreibt: „Diese saßen zusammen mit Protesilaos, dem Freund, am Spielbrett und setzten und freuten sich der vielverschlungenen Gänge des Spiels."[7]

Die antiken Autoren schrieben Palamedes neben der Erfindung der Würfel auch die Erfindung der Spiele mit Spielfiguren zu, aber das byzantinische Lexikon *Suida*[8] erklärt das von Palamedes erfundene Spiel ein wenig anders: „Die *tabla* erfand Palamedes zum Training des griechischen Heeres mit viel Weisheit: Sie ist eine Darstellung des Kosmos, zwölf Linien sind die Zodiacus-Zahl, der Würfelbecher aber und die darin enthaltenen sieben Steine sind die sieben Sterne der Planeten, ..." Es gibt Wissenschaftler, die in diesem von dem griechischen Helden erfundenen Spiel das römische Spiel der „zwölf Linien" erkennen wollen.

In der folgenden Epoche ist zu beobachten, wie der Begriff *petteía* die Gesamtheit der Spiele mit Spielsteinen meint, also der Prototyp der Denkspiele, die auch *grammai, pessós* genannt werden. Allgemein bedeutet es Steinchen und damit also Spielstein; *petteía* oder *pesseía* meint die Gesamtheit der Spielfiguren und im übertragenen Sinn das Spielbrett, das je nach Art des

258. Achill und Ajax beim Spiel. Schwarzfigurige Amphora aus Vulci. Berlin, Staatliche Museen, Preußischer Kulturbesitz.

Spiels in unterschiedlicher Weise durch Linien gekennzeichnet ist, die verschiedene Formen wiedergeben. Nachfolgend bezeichnete man mit *petteía* die Brettspiele, bei denen man Geschicklichkeit nachweisen mußte, noch genauer gesagt: die Kriegsspiele. Mit dem Terminus *kybeía* bezeichnete man dagegen Brettspiele mit Würfeln, d. h. die Glücksspiele bzw. die Spiele, bei denen es auf Schnelligkeit ankam.

Ein weiterer Ausdruck, der von den griechischen Autoren verwendet wird, ist *plinthíon*. Er weist in manchem Zusammenhang auf eine „Grundfläche" hin, die der „Tisch" sein könnte, auf dem man spielt. Wenn man z. B. Würfel spielt, genügt es, den *plinthíon* zu benutzen, spielt man dagegen mit Spielfiguren, kann man den Spieltisch, *petteía*, entweder auf den *plinthíon* oder auf die Knie der beiden Spieler setzen. Das ist durch zahlreiche Funde belegt, und von daher kommt vielleicht die Angewohnheit, die beiden Wörter synonym zu verwenden. Diese linguistischen Unterscheidungen wurden selbst von den antiken Autoren nicht immer eingehalten. Tatsächlich wird das „Stadtspiel", *Polis*, von Aristoteles[9] *petteía* genannt. In dem besagten Abschnitt vergleicht er die Menschen ohne Stadt, *apolis*, mit den *azuk*, die dagegen der Gefangennahme ausgesetzt sind. Im folgenden wird derselbe Terminus verwendet, um das Spiel „Tabula" zu bezeichnen.

Unter der allgemeinen Bezeichnung *petteía* sind uns drei Spiele bekannt: Das erste ist das *pentagramma*, das zweite wird „Stadtspiel" genannt und das dritte *diagrammismós*.

Archäologische Zeugnisse von Spielern, die gerade ein Spiel mit Spielsteinen spielen, sind in großer Zahl erhalten – allerdings wird nicht deutlich, um welche spezielle Art des Spiels es sich handelt. Darüber hinaus weisen sie eine Besonderheit auf: Die Darstellungen sind untereinander annähernd identisch.

So gibt es unzählige Vasen, auf denen zwei sich gegenübersitzende Krieger abgebildet sind, die fast immer mit Achill und Ajax zu identifizieren sind.[10] Zwischen ihnen steht ein Podest, auf dem sich eindeutig Spielsteine befinden[11] (Abb. 257 und 260). Bei einer Variante der Darstellung ist die Athena anwesend, sie wird stehend in der Mitte vor den beiden Spielern[12] (Abb. 258) oder aber hinter dem Tisch[13] gezeigt. Eigenartigerweise fällt bei den Darstellungen des zuletzt genannten Typus auf, daß die Maler nicht die Spielfiguren hervorhoben, sondern den Tisch so malten, daß man die Spielfläche sieht (Abb. 258). Auf einer Vase der Sammlung Castellani in den Kapitolinischen Museen von Rom nimmt eine große Palme, das Symbol für den Sieg, den Platz der Göttin ein.

Pentagramma

Hier verfügte jeder der beiden Gegner über fünf Spielfiguren auf fünf Linien; daher der Name dieses Spiels. Eine Linie, die heilig genannt wurde, trennte die beiden Spieler voneinander. Alkaios[14] und Theokrit erwähnen es: „Und den Stein nimmst du von der gezeichneten Linie, denn oft/erscheint, Polyphem, das unschöne schön durch die Begierde."[15] Ein sprichwörtlicher Satz, denn der Spieler überschritt beim *pentagramma* die heilige Linie nur dann, wenn er dabei war zu verlieren und er folglich um alles oder nichts spielte. Gewonnen hatte

259. Achill und Ajax spielen vielleicht *pentagramma*. Etruskischer Spiegel des Meisters von Athrepi, Beginn des 3. Jh. v. Chr. Mailand, Museo Teatrale alla Scala.

261. Spieler beim *ludus latrunculorum*, der römischen Ausführung des Stadtspiels. Amethystgravur (aus Daremberg-Saglio, sub voce *latrunculi*).

der Spieler, der in den Besitz aller Spielsteine des Gegners kam. Dazu mußte man eine Figur des Gegenspielers von den anderen trennen und irgendwie blockieren. Die Spieler konnten ihre Figuren in die angebrachte Richtung ziehen, mit dem Ziel, die Figuren des Gegners einzukreisen und abzuschneiden: „... und so kommen sie in eine Lage wie Leute, die des Brettspiels unkundig, von den Kundigen schließlich matt gesetzt werden und nicht mehr ziehen können ..."[16]

Abgesehen von diesen Angaben wissen wir nicht, wie man es spielte, auch wenn wahrscheinlich von diesem Spiel das römische *duodecim scripta* abstammt. Einen überzeugenden Nachweis gibt ein schwarzfiguriger, attischer Kyathos (Abb. 260); er zeigt einen Tisch mit Spielfiguren, der dem römischen Glücksspiel der „zwölf Linien" sehr ähnlich ist und mehr noch dem Spiel der „Tabula", über das wir später noch sprechen werden.

Das Stadtspiel

In Griechenland wurde das Stadtspiel[17] bereits im 5. Jh. v. Chr. gespielt, und es blieb bis etwa ins 2. Jh. n. Chr. ein beliebter Zeitvertreib. Man spielte es auf einem Brett, das von Linien begrenzt war, die einzelne Quadrate[18] bildeten. Diese hießen „Stadt". Hinzu kamen dreißig Spielsteine, *kya* genannt, fünfzehn je Spieler und durch unterschiedliche Farben auseinanderzuhalten. Platon schreibt an die Stadtstaaten Griechenlands: „... jede einzelne von ihnen nämlich ist eine ganze Vielfalt von Städten, aber keine eigentliche Stadt, mit den Spielenden zu reden ..."[19]

Eine Terrakotta-Gruppe (Abb. 262) zeigt einen Mann und eine Frau, die ein Spielbrett auf ihren Knien halten, das aus vierzig Quadraten zusammengesetzt ist. Die Verteilung der Spielfiguren ist erkennbar: Einige stehen im

260. Krieger beim Spiel. Schwarzfiguriger, attischer Kyathos des Caylus-Malers, 490–480 v. Chr. Brüssel, Musées Royaux d'Art et d'Histoire.

262. Ein Mann und eine Frau spielen. Terrakotta aus Athen (aus „Archäologische Zeitung" I, 1863, II.).

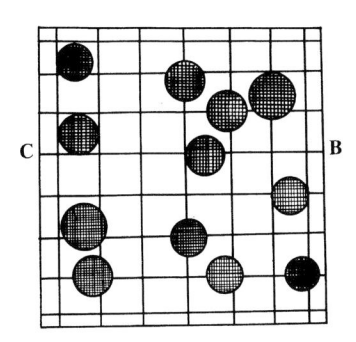

263. Verteilung der Spielsteine bei der Terrakotta in Abb. 262. Der Buchstabe „C" weist auf die Spielsteine des Mannes hin, das „B" auf die der Frau.

Inneren der „Häuser", andere befinden sich auf den Linien, die diese begrenzen. Insgesamt handelt es sich um zwölf Spielsteine; die Partie scheint bereits in den letzten Zügen zu liegen.

Es ist unzweifelhaft ein Strategiespiel, und darauf scheint sich ein anonymer Autor in der *Anthologia Palatina* zu beziehen: „Hätte man nicht dein Gebein am besten zersägt, Palamedes,/und daraus Werkzeug gemacht, wie es die Kriegskunst verlangt?/Denn in den Tagen des Krieges ersannst du ein anderes Kriegsspiel,/nämlich den freundlichen Krieg auf einem hölzernen Plan."[20] Es gibt keinen Zweifel: Die Römer wurden durch dieses Spiel, wenn auch vielleicht mit einigen Varianten, zu ihrem *ludus latrunculorum* anregt.

Diagrammismós

Von diesem Spiel berichtet Pollux[21], der es als dem „Stadtspiel" sehr ähnlich definiert. Es wurde jedoch mit sechzig Figuren gespielt, also dreißig für jeden. Eusthatius erwähnt bei der Beschreibung des *diagrammismós* den Einsatz von Würfeln, was wiederum seine Zugehörigkeit zu den Denkspielen in Frage stellt. Wir neigen allerdings eher dazu, Pollux Glauben zu schenken, denn bei der Beschreibung der verschiedenen Spiele in seinem *Onomasticon* erwähnt er nie die Verwendung von Würfeln, so als ob sich sein Traktat nur auf die Denkspiele beziehen würde.

Es bleibt jedoch eine gewisse Unsicherheit über die genaue Beschaffenheit des *diagrammismós*. Wenn Pollux Recht hätte, so könnte von diesem Spiel das römische *ludus latrunculorum* herrühren, bei dem man keine Würfel einsetzte. Akzeptiert man dagegen das Zeugnis des Eusthatius, würde von dem griechischen Spiel das römische *duodecim scripta* abstammen, bei dem für das Ziehen der Spielsteine Würfel benutzt wurden. Über diese beiden römischen Spiele werden wir ausführlich im nächsten Kapitel sprechen.

264–265. Achill und
Ajax spielen.
Kylix.
Rom, Vatikanische
Museen.

1 Unter Abakus versteht man im allgemeinen eine Art Rechenbrett oder Tisch, auf dem man mit Spielsteinen oder Würfeln spielte.
2 Bulletin de correspondance hellénique, 1965.
3 Bulletin de correspondance hellénique, 1970.
4 Plautus, *Der junge Karthager* (*Poenulus*), 906. Lateinisch *calculi*, Spielsteine im allgemeinen und Spiele mit Spielsteinen im weiteren Sinn.
Valerius Maximus (*Denkwürdige Sprüche und Taten*, VIII, 8,2) schreibt tatsächlich: „Scaevola ... man sagt, daß er ausgezeichnet *calculis* spiele."
5 Griechisch *tabla, plinthion, telia, sanis*.
6 Homer, *Odyssee*, I, 107.
7 Euripides, *Iphigenie in Aulis*, 195.
8 *Suida*, sub voce *tabla*.
9 Aristoteles, *Politik*, 1253a.
10 Auch weil auf einigen Vasen ihre Namen angegeben sind.
11 Das ist auch der Fall auf der Amphora des Andokides-Malers im Museum of Fine Arts in Boston. Weitere Amphoren werden in den Antikensammlungen in München und in den Staatlichen Museen, Preußischer Kulturbesitz in Berlin aufbewahrt.
12 Zum Beispiel auf einer schwarzfigurigen Lekythos aus dem ersten Viertel des 5. Jh. v. Chr. und auf einer Hydria, etwa 510 v. Chr. Beide befinden sich im Musée Archéologique von Nîmes.
13 Auf einer schwarzfigurigen Hydria z. B., ca. aus dem Jahr 520 v. Chr.; die man dem Euphiletos-Maler zuschreibt. Sie wird aufbewahrt im Musée du Louvre in Paris.
14 Alkaios, *Fragmente*, 82.
15 Theokrit, *Idyllien*, VI, 18.
16 Platon, *Der Staat*, 487b.
17 *Póleis paízein*.
18 *Koras*.
19 Platon, *Der Staat*, 422e; scheinbar denkt Kratinus (*Fragmente*, 56) anders darüber.
20 Anonymus, in *Anthologia Palatina*, XV, 18.
21 Pollux, *Onomasticon*, IX, 7,99. Vgl. Hesych, *Lexikon*, sub voce *diagrammismós*.

Römische Brettspiele

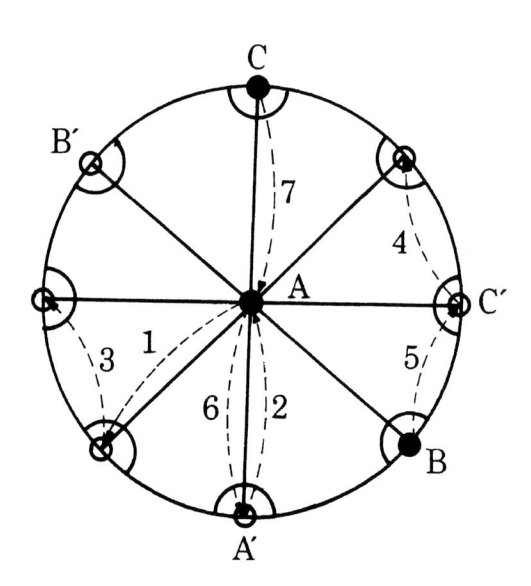

Fundstücke aus römischer Zeit, bei denen es sich vermutlich um Brettspiele handelt, sind im Verlauf verschiedener Ausgrabungen entdeckt worden. Aufgrund ihrer Bruchstückhaftigkeit und weil sichere Vergleiche fehlen, werden sie als „unbekannte Spiele" angesehen.

In Afrika könnte ein Mosaik in den örtlichen Thermen von Tébessa (Abb. 267) ein Spielbrett sein, vielleicht sogar ein Vorläufer unseres Gänsespiels.[1]

In Baia wurde ein Marmorfragment gefunden, das die Einritzung eines Gitternetzes trägt. Auf zwei der zahlreichen Überschneidungspunkte ist ein kleiner Kreis eingezeichnet, während in der Mitte eines der Vierecke, die durch das Gitter entstehen, die Nummer XI trägt – bzw. die Nummer IX, wenn man das Bruchstück umdreht.[2]

In Rom befinden sich auf den Stufen der Julia-Basilika Einritzungen, die aus parallelen, vertikalen Linien bestehen, die in ein Quadrat eingeschrieben sind. In einigen der Rechtecke erscheinen Zeichen, die wie eine liegende Acht aussehen oder besser gesagt, wie zwei kleine Kreise, die sich berühren.[3] Im dritten Feld von oben sind die Zeichnung einer Palme und die beiden Buchstaben P und F (Palma Feliciter) zu sehen. Damit ist vielleicht das Ziel angedeutet, was folglich den Sieg bedeutet. Wir haben ein ähnliches Beispiel im Zusammenhang mit dem *Tropa*-Spiel gesehen (aufgeführt unter den Nußspielen).

Schließlich muß an die zahlreichen Funde in Form eines verlängerten Parallelepipeds aus Knochen oder Elfenbein (Abb. 268) erinnert werden. Manchmal weisen sie ein durchbohrtes Ringlein an einem Ende auf.

Auf der einen Seite haben sie immer ein Epitheton[4], auf der anderen Seite eine Zahl, die bis zur 25 reichen kann. Äußerst selten sind Exemplare mit den Zahlen 30 oder 60. Ein Exemplar mit der Inschrift *vel* und der Zahl XXX wird

266. Schema für das Spiel der *tris*. Schwarz setzt auf ABC. Weiß auf A'B'C'. Schwarz beginnt und gewinnt beim siebenten Zug.

267. Mosaik aus den Thermen von Tébessa (Algerien).
Es illustriert vielleicht ein Brett für das Gänsespiel.

268. Kleine Stangen aus Elfenbein. Mailand, Museo Teatrale alla Scala.

im Museo Teatrale alla Scala in Mailand aufbewahrt.⁵ Wir erwähnen sie, weil einige Forscher meinen, daß es sich dabei um Spielgeräte handeln könnte – eine Annahme, die uns jedoch nicht überzeugt.

Wir beginnen mit der Beschreibung der leichteren Spiele, die einfache Spielbretter erforderten.

Diagramme

Diese Spiele mit einem Schema wurden sogar bei noch urtümlichen Völkern gespielt, wie z. B. bei denen, die im südlichen Alpenbogen siedelten. Insbesondere in der Valcamonica sind zahlreiche Einritzungen gefunden worden, die auf die römische Zeit zurückgehen.⁶

Andere stammen aus der Nekropole von Wicklow in Irland.

Tris

Es ist das einfachste Brettspiel: Zu Beginn zeigt es eine elementare Struktur, die jedoch schrittweise komplizierter wird, wobei sich der Schwierigkeitsgrad erhöht.

Die erste Struktur besteht aus einem Quadrat, das durch zwei sich überkreuzende Linien in horizontaler und vertikaler Richtung geteilt wird. Diese Geraden haben insgesamt neun Berührungspunkte, was man in mehr als einer Einritzung auf den Stufen der Julia-Basilika auf dem Forum Romanum sehen kann⁷ (Abb. 270 und 272).

Die Spielregeln gibt Ovid so wieder: „.... daß man das kleine Brett mit je drei Steinchen besetze, wo man nur dann gewinnt, wenn man die seinen behält."⁸ Wenn das Spiel nicht sehr schnell gespielt wird, gibt es niemals einen Sieger, denn nur ein falscher Zug kann dem Gegner zum Sieg verhelfen,

und der Fehler wiederum kann nur aufgrund der Schnelligkeit entstehen. Die Schwierigkeiten werden erhöht, wenn man dem beschriebenen Spielbrett zwei diagonale Geraden hinzufügt, denn so erhöht sich die Anzahl der Linien, auf denen die Spielsteine gezogen werden können, von sechs auf acht.

Bei diesem Spiel konnte man in wenigen Augenblicken einen Sieger ermitteln. Diese Schnelligkeit und die Tatsache, daß das Spiel überall gespielt wer-

269. Brett für das Spiel des *Tris*. London, Britisches Museum.

270. Elementares Diagramm, eingeritzt auf einer Marmorplatte in der Julia-Basilika.
Rom,
Forum Romanum.

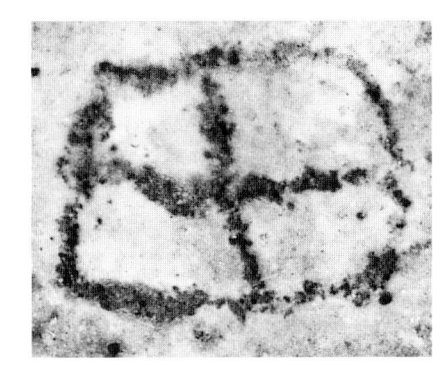

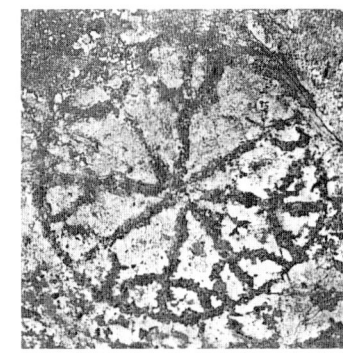

272. Auf den Stufen der Julia-Basilika eingeritztes Spielbrett, kaiserzeitlich.
Rom,
Forum Romanum.

271. Spielbrett aus Stein.
Aus Gîsa,
XIX.-XX. Dynastie.
London, Britisches Museum.

273. Anordnung der Spielsteine für das Spiel der *tris*.

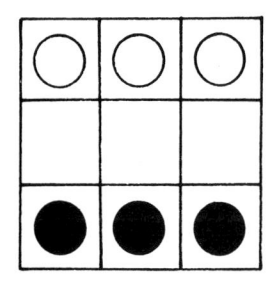

den konnte – in der Öffentlichkeit und im Freien, zwischen der einen und der anderen Beschäftigung – haben dazu geführt, daß diese Spielbretter an den undenkbarsten Orten aufgezeichnet wurden; eingeritzt in die Fußböden der öffentlichen Gebäude, die über die verschiedenen Städte des Imperiums verteilt sind: auf den Steinen der Wandelgänge in den Amphitheatern[9], auf dem Fußboden der Orchestra[10] sowie auf den Stufen zahlloser Theater, darunter auch die aus Mérida.

Ebenfalls in Spanien wurden in Italica, in der Nähe von Sevilla, siebenundfünfzig derartige Einritzungen entdeckt.[11]

Weitere befinden sich im Apollontempel von Didyma[12], in Kleinasien, auf der östlichen Seite des Parthenons in Athen, in Rom auf dem Forum Romanum sowohl auf den Stufen der Julia-Basilika als auch auf denen des Tempels der Venus und der Roma. Daran läßt sich die große Verbreitung und Popularität dieser Spiele ersehen.

Die Spielbretter konnten quadratisch[13] oder rund sein, jedoch treten sie in runder Form mit drei, vier oder mehr Speichen häufiger auf.[14]

Das *tris* konnte auch auf einem Brett gespielt werden, das aus drei übereinanderliegenden Reihen bestand, von denen jede drei Felder aufwies (Abb. 271 und 274). Insgesamt also neun „Häuser" mit sieben Möglichkeiten, die drei Spielfiguren zu ziehen, immer mit demselben Ziel: als erster die drei Spielsteine in eine Reihe zu bekommen.

Mühle

Die Mühle[15] hat ein komplizierteres Diagramm, bei dem eine gewisse Aufmerksamkeit sowie eine Strategie beim Ziehen der Spielsteine notwendig sind. Man spielt es auf einem Brett, das sich aus drei ineinandergeschachtelten Quadraten, mit einer Verbindungslinie auf jeder Seite, zusammensetzt. Das ist in vielen Einritzungen auf Marmorplatten sichtbar, die für den Bau der Baluster[16] in den Kreuzgängen der römischen Kirchen San Paolo fuori le Mura (Abb. 276) und San Giovanni in Laterano verwendet wurden.[17] Aus den neun Schnittpunkten werden vierundzwanzig, und die Anzahl der Spielsteine erhöht sich von drei auf neun. So wird das Spiel interessant!

Alquerque

Den archäologischen Funden nach zu urteilen, reicht die *alquerque*[18] mindestens bis in die Zeit des Pharaos Ramses I. zurück. Von den Arabern wurde das Spiel dann nach Spanien gebracht, Belege dafür gehen auf das 10. Jh. n. Chr. zurück. Es ist mit unserem Damespiel zu vergleichen.

Soweit wir wissen, spielte man es bei der völlständigsten Variante[19] auf einem Schachbrett mit neun mal neun Linien.[20] Es gab keine „Dame"[21], und die zwölf Spielsteine für jeden Spieler wurden auf dem Brett auf die Schnittpunkte der Linien gesetzt.

Unserer Ansicht nach ist die *alquerque* schwerer als das heutige Damespiel, denn die Spielsteine konnten nur bewegt werden, indem man den Verbindungslinien zwischen den verschiedenen Punkten folgte. Das führte dazu, daß die Spielsteine, die sich an fünfundzwanzig Stellen befanden, in nur fünf Richtungen gezogen werden konnten: zweimal zur Seite, zweimal diagonal und einmal nach vorne. In den anderen Positionen war es dagegen nur

274. Brett für das Spiel der *tris*, römische Zeit. Lyon, Musée de la Civilisation Gallo-Romaine.

275. Anordnung der Spielsteine für das Mühlespiel.

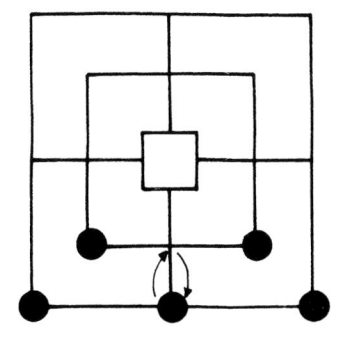

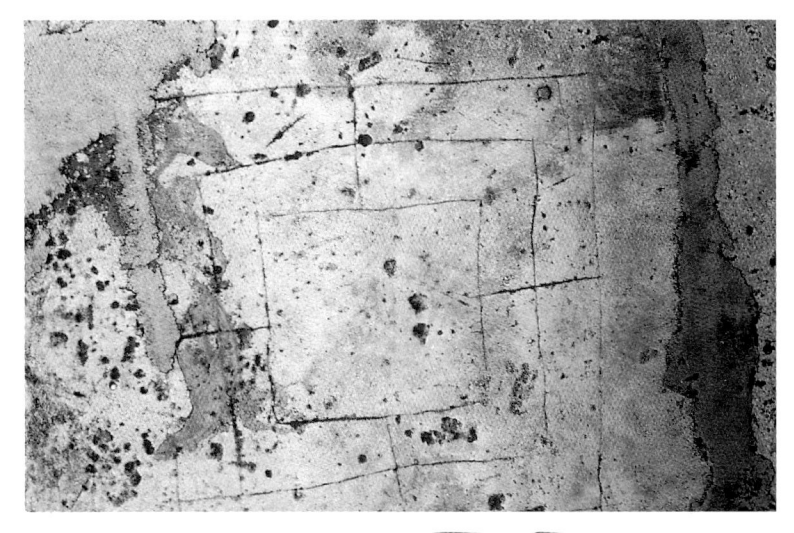

278. Brettschema für das Spiel der *alquerque*.

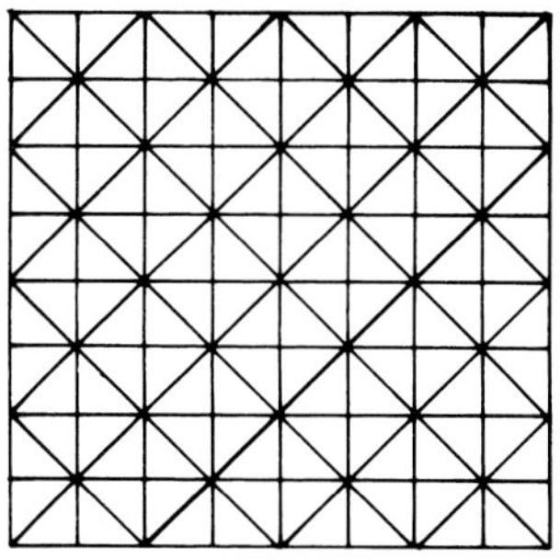

so möglich: seitlich nach links und rechts, an den Rändern nach vorne und an den entsprechenden Punkten entweder diagonal nach links oder diagonal nach rechts.

Außerdem besaß die *alquerque* einundachtzig Schnittpunkte, gegenüber den zweiunddreißig der Dame, und das zwang den Spieler dazu, die nächsten Spielzüge weit im voraus zu erahnen.

Wir nehmen an, daß ein Zug zurück nicht erlaubt und es ferner das logische Ziel des Spieles war, die gegnerischen Spielsteine einzufangen. Um eine gegnerische Spielfigur zu „fressen", mußte man sie überspringen, wie beim heutigen Damespiel. Das konnte man jedoch nur dann tun, wenn der folgende Schnittpunkt auf derselben Verbindungslinie frei war.

Bei dieser Interpretation der Spielregeln konnte man mehrere Spielsteine auf einen Schlag einfangen. Gewinner war, wer als erster alle Spielsteine des Gegners gefangen hatte.

Ludus latrunculorum

Abgesehen von den Glücksspielen kannten die Römer auch Denk- und Kalkulationsspiele, bei denen keine Würfel benutzt wurden und deshalb der Geschicklichkeit und der Intelligenz eine große Bedeutung zukam: „Wenn du vielleicht – erschöpft von deinen Studien – dennoch nicht ruhen möchtest/und ein Spiel mit Verstand und Geschicklichkeit spielen willst, so ist es der Spielstein,/der auf geöffnetem Brett in schlauen Zügen seine Stellung ändert und Kriege durch/einen Glassoldaten geführt werden."[22]

Wir sprechen vom *ludus latrunculorum*; das bedeutet nicht – wie es vom Wort her erscheinen mag – Spiel der kleinen Diebe, sondern Soldatenspiel, von *latro* = Soldat, Söldner.[23] Es handelt sich also um ein Spiel, das bei den

276. In Marmor eingeritztes Brett für das Mühlespiel. Rom, Kreuzgang der Basilika San Paolo fuori le Mura.

277. Spielbrett aus Stein aus Gîsa. London, Britisches Museum.

**279. Eingeritztes Spielbrett auf den Stufen der Julia-Basilika.
Rom, Forum Romanum.**

280. Spielstein. Mailand, Museo Teatrale alla Scala.

Kriegsspielen einzuordnen wäre. Man spielte es auf einem Brett, das *tabula latruncularia* genannt wurde.[24] Durch parallele, horizontale und senkrechte Geraden war es in viele Quadrate unterteilt, die „Häuser" genannt wurden. Petronius dokumentiert im *Satyricon*, daß die Spielbretter auch aus dem Holz der wertvollen Terebinthe[25] hergestellt sein konnten. Trimalchio[26] besaß eines, „... daß ... anstelle von schwarzen und weißen Steinchen Gold- und Silbermünzen hatte."[27]

Um ein Spielbrett zu sehen, können wir zum Forum Romanum gehen und dort die Reste der Julia-Basilika aufsuchen, von der nur der Marmorfußboden und die Eingangstreppe erhalten geblieben sind (Abb. 279). Auf einer der Stufen ist ein Brett mit vierundsechzig Feldern eingeritzt, acht auf jeder Seite. Dieselben Abmessungen hat auch ein wunderschönes Spielbrett aus grauem Marmor von 40 × 47 cm Größe aus dem 3.-4. Jh. n. Chr. in der Nefer-Galerie in Zürich (Abb. 285).

Einige Forscher sind der Ansicht, man habe auf Brettern von 15 × 15 Kästchen gespielt, unter Verwendung von dreißig Spielsteinen für jeden Spieler. Diese Annahme ist jedoch aufgrund der erhaltenen Fundstücke auszuschließen.[28]

Die Spielsteine, *calces*, hießen *latrones*.[29] Es sind Spielfiguren aus Stein, Glas[30] und Edelsteinen[31] gefunden worden. Sie unterscheiden sich durch die Farben, die nicht nur weiß und schwarz sein konnten.[32]

Spielregeln

Für die Erklärung dieses Spiels stützen wir uns, trotz der vielen strittigen Punkte, auf die Verse eines Gedichts[33], das Calpurnius Siculus zugeschrieben wird. Ergänzend kommen die Schriften von Ovid, Varro und Isidor von Sevilla hinzu. Um diesem oder jenem Leser, der ein begeisterter Anhänger von

**281. Spielszene.
Relief auf einer
Aschenurne.
Aus Norditalien,
1. Jh. n. Chr.
Wien,
Kunsthistorisches
Museum.**

Die *vagi* (auch deren Anzahl ist unbekannt): Sie genossen eine größere Bewegungsfreiheit[41], da sie wahrscheinlich auch in der Diagonalen manövrieren konnten. Zum Beweis dafür schreibt Varro bei einem Vergleich mit der lateinischen Sprache: „... die einen quer, die anderen senkrecht, wie es gewöhnlich auf einer Tafel zu sehen ist, auf der *latrunculi* gespielt wird."[42]

Wir glauben, daß auch die *vagi* zurückgesetzt werden konnten, denn Ovid[43] sagt: „... und den anderen zurückholt, und daß der Flüchtende nie ohne Begleitung marschiert."[44]

Die verschiedenen Arten unterschieden sich vielleicht aufgrund der Form

Brettspielen ist, selbst eine Partie des Spieles *latrunculi* zu ermöglichen, sind wir gezwungen, häufiger die Phantasie einzusetzen sowie auch ein unerläßliches Minimum an gesundem Menschenverstand.

Zum Spiel brauchte man ein quadratisches Spielbrett[34] mit 8 × 8 Feldern sowie sechzehn[35] Spielsteine für jeden Spieler. Jeder Satz an Spielfiguren bestand unserer Ansicht nach aus drei[36] Sorten Spielsteinen:

Der Kommandant, *bellator*[37]: Er konnte vor- und zurückgesetzt werden, wie uns Ovid eindeutig belehrt: „Wo der Soldat, wenn die Gattin[38] geraubt, noch in Bedrängnis kämpft und den nämlichen Weg öfters der Gegner durchläuft."[39] Wir denken darüber hinaus, daß der Spielstein, der den Kommandanten darstellte, ohne Einschränkungen über die einzelnen Felder auch zur Seite und diagonal gezogen werden konnte.

Die *ordinari* (deren Anzahl unbekannt ist): Sie konnten um die gewünschte Zahl der Felder vor- und zurückgesetzt werden, jedoch nur in vertikaler Richtung. Das bestätigt Ovid: „... daß der Soldat mit der anderen Farbe stets geradeaus geht, fällt in der Mitte der Stein zwischen den doppelten Feind, ..."[40]

**282. Spielsteine.
Bonn, Rheinisches
Landesmuseum.**

169

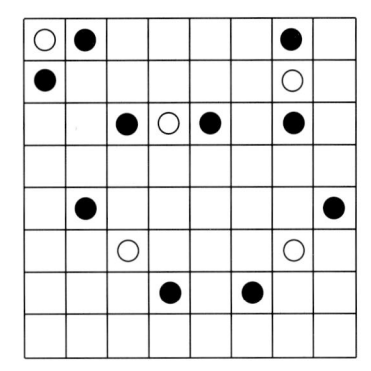

283. Stellungen, in denen die schwarzen Spielsteine die weißen „fressen" können.

oder durch unterschiedliche Farben. In der Nähe von Perugia sind tatsächlich 816 gläserne, blaue, gelbe und weiße Spielfiguren in Farbe gefunden worden.[45] Wir nehmen folglich an, daß die Schlacht zwischen einem *bellator*, sieben *vagi* und acht *ordinari* je Spieler ausgetragen wurde.

Nachdem ausgelost worden war, wer als erster am Zug ist, konnten die Gegner ihre Heere aufstellen, und das Spiel begann.

Um einen Spielstein einzufangen, mußte der Gegner ihn mit zwei seiner Spielfiguren einkreisen[46] (Abb. 284): „.... hier liegt der Stein zwischen zweien, die anders gefärbt"[47], schreibt Martial. Noch genauer erklärt Ovid: „Spiele mit Vorsicht auch, und gescheit sei im kriegerischen Brettspiel, wo zwei Feinde zugleich schlagen den einzelnen Stein."[48]

Calpurnius Siculus schreibt: „Jeder ist von zwei Gegnern zum Stillstand gezwungen, und bindet auch selbst zwei an sich", als ob er sich auf einen Zug bezieht, bei dem beide unterliegen. Und er besteht weiter auf dieser Auffassung, denn er sagt: „Er wagt sich auch ins Gemenge und schlägt einen Gegner, nachdem er sich als Beute angeboten hat."

Die Steine, die nicht bewegt werden konnten, wurden *inciti*[49] genannt.

Wer blockierte Spielfiguren hatte, verlor, und die wirklich guten Spieler waren diejenigen, denen nach dem Sieg noch viele Spielsteine blieben: „Und welcher [Stein], der doch längst dem Untergang geweiht war, verursachte den eines Gegners?"[50]

Um zu gewinnen, reichte es jedoch, eine Spielfigur mehr als der Gegner gefangen zu haben; soviel läßt sich zumindest aus einem Passus bei Seneca ableiten: „[Canus Julius][51] spielte *latrunculi*, als der Centurio, der die Schar der Hinzurichtenden führte, auch ihm befahl, sich aufzumachen. Gerufen zählte er seine Steine und sagte zu seinem Mitspieler: 'Sieh zu, daß du nach meinem Tod nicht lügst und angibst, du hättest gewonnen'; dann nickte er dem Centurio zu und sagte: 'Du wirst Zeuge sein, daß ich ihm einen Punkt voraus bin.'"[52]

Nun wird die Schlacht eröffnet: „.... so daß ein Schwarzer die Weißen gefangen hält, und jetzt auch ein Weißer die/Schwarzen, .../... Auf tausenderlei Arten kämpft deine Armee./Während jener den Angreifer flieht/schlägt er selbst einen anderen./Jener kommt mit einem langen Rückzug[53]/Aus seinem Hinterhalt."[54] Der Sieger wurde als *Imperator* ausgerufen: „Denn als er

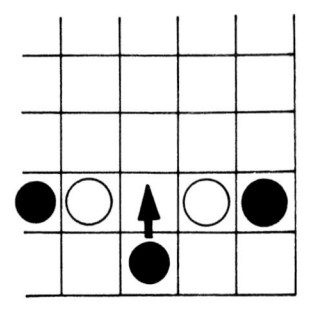

284. Zug, um zwei gegnerische Spielsteine auf einmal „fressen" zu können.

285. Spielbrett aus römischer Zeit, 3.–4. Jh. n. Chr. Zürich, Nefer-Galerie.

bei einem gewissen Gastmahl[55] *latrunculi* spielte und selbst[56] zehn mal als Imperator daraus hervorging, schrieb einer, der für seine Witze nicht unbekannt war: 'Ave, Auguste!'"[57]

Diese Spiele waren vom Gesetz her nicht verboten, sondern den Meistern wurde – ganz im Gegenteil – häufig zugejubelt.

Die Heldentaten von vielen mehr oder weniger berühmten Personen bei diesem Spiel sind überliefert worden: Ein Epitaph des *curator civium romanorum* der Stadt Auch bezeugt, daß dieser, abgesehen von dem hohen Amt, Professor für Kalligraphie sowie ein sicher ausgezeichneter Spieler der *latrunculi* war[58], denn diese seine Geschicklichkeit wird als verdienstvoller Titel mit eingefügt. Unter den berühmten Persönlichkeiten tun sich der Geschichtsschreiber Canus Julius, über den wir soeben gesprochen haben[59], und Calpurnius Piso hervor.

Es war ein Spiel, das in jedem Alter und von Angehörigen beiderlei Geschlechts gespielt wurde. Plinius der Jüngere berichtet, daß eine ehrbare Frau, „sich im Alter von fast achtzig Jahren ... die vielen Mußestunden ... mit dem Brettspiel zu vertreiben pflegte."[60]

Und wenn man dem Glauben schenkt, was Macrobius: „Aber wollt ihr, daß wir den folgenden Tag untersuchen, den die meisten ... beim *latrunculi* verbrachten ...?"[61] und Seneca: „Die einzelnen zu verfolgen, die ihr Leben damit hinbringen, *latrunculi* zu spielen, ..."[62] schreiben, so war es ein weit verbreitetes Spiel.

Schließlich behauptet Plinius der Ältere[63], daß die Affen dazu fähig wären, das Verhalten der Menschen perfekt zu imitieren, unter der Voraussetzung, die verschiedenen Handlungen oft genug zu sehen; und so schlußfolgert er, daß auch die Affen *latrunculi* zu spielen wußten.

Duodecim scripta

Das römische Spiel, das als *duodecim scripta* bezeichnet wird, entspricht in seinen Hauptregeln unserem „Tric-Trac", das in den angelsächsischen Ländern „Backgammon" genannt wird. Es wurde hauptsächlich in der kaiserzeitlichen Epoche gespielt. Die Menge der gefundenen Spielbretter liefert dafür den Beweis; der Archäologe Lanciani schreibt, daß mehr als hundert Bretter allein in Rom entdeckt worden sind.

Man spielte dieses Spiel auf einem Brett, das fast immer aus Marmor war. Darauf standen Worte, die alle aus sechs Buchstaben zusammengesetzt waren. In jeder der insgesamt drei Reihen wurden zwei Wörter aufgeschrieben, also insgesamt sechs Wörter, d. h. sechsunddreißig Buchstaben. Das Spielbrett des *duodecim scripta* bestand aus sechsunddreißig Feldern, verteilt auf drei parallele Reihen.

Die Inschriften waren häufig geistreich: *Victus Lebate*[64] */ Nescis / Daluso Rilocu*[65] was bedeutet: „Verlierer erhebe dich / du weißt nicht zu spielen / mache Platz für einen [guten] Spieler", oder *Ludite Securi / Quibus Aeseat / Semper*

286. Spielbrett für das *duodecim scripta*, römische Zeit. London, Britisches Museum.

287. Spielbrett
(aus Trier,
Rheinisches Landesmuseum).
Abguß.
Rom, Museum der
römischen Kultur.

288. Spielbrett
(aus der Kaserne der
Prätorianer,
Rom, Kapitolinische
Museen).
Abguß.
Rom, Museum der
römischen Kultur.

Inarca „Spielt beruhigt,/daß ihr immer Geld in der Kasse habet"[66], und weiter *Levate Da Locu/Ludere Nescis/Idiota Recede*[67], „Gehe fort, mache Platz/du weißt nicht zu spielen/Unwissender, ziehe dich zurück."

Wie dabei zu sehen ist, wiederholen sich viele Wörter – wenn nicht sogar ganze Zeilen – auf verschiedenen Spielbrettern, und die Abweichungen sind manchmal nur minimal.[68]

Wenn man einen Gedanken ausdrücken wollte, es aber unmöglich war, Wörter mit sechs Buchstaben zu verwenden, teilte man den Satz in Gruppen von sechs Buchstaben auf, wie bei diesem Brett: *Sitibi Tessel/Lafare Tegote/Studio Vincam*, bzw. *Si tibi tessella faret ego te studio vincam*, „Auch wenn das Glück der Würfel dir günstig ist, werde ich dich mit dem Nachdenken besiegen."[69]

Wir geben eine weitere, ganz besondere Inschrift wieder, denn sie war das „Reklamemenü" einer Taverne, die damit über die vorhandenen Speisen informierte und gleichzeitig das Spielgerät für den Kunden lieferte: *Abemus Incena/Pullum Piscem/Pernam Paonem*[70], „Wir haben zum Essen/Huhn, Fisch/Rebhuhn und Pfau" (Abb. 288). Ein in einer Marmorplatte des Forums von Timgad in Algerien eingeritztes Spielbrett trägt die folgende Inschrift: *Venari Lavari/Ludere Ridere/Occest Vivere*, „Jagen, Schwimmen/Spielen, Lachen/Das ist leben"[71] (Abb. 290).

Oft waren diese Bretter doppelseitig[72]: Auf der einen Seite wurde das Spielbrett für das *duodecim scripta* aufgetragen, auf der anderen das für das *ludus latrunculorum*. Für das Spiel war es nicht nötig, Bretter mit Buchstaben zu benutzen; durch einfache Punkte gekennzeichnete Felder reichten völlig aus. Das beweist eines der auf einem Fußboden eingeritzten Bretter, wie sie unmittelbar außerhalb der Thermen von Aphrodisias in Anatolien gefunden

289. Spiel der zwölf Linien,
eingeritzt auf einer
Marmorplatte außerhalb der Hadrians-
Thermen in Aphrodisias (Türkei).

290. Spielbrett, eingeritzt auf den Stufen des Forum Romanum in Timgad (Algerien).

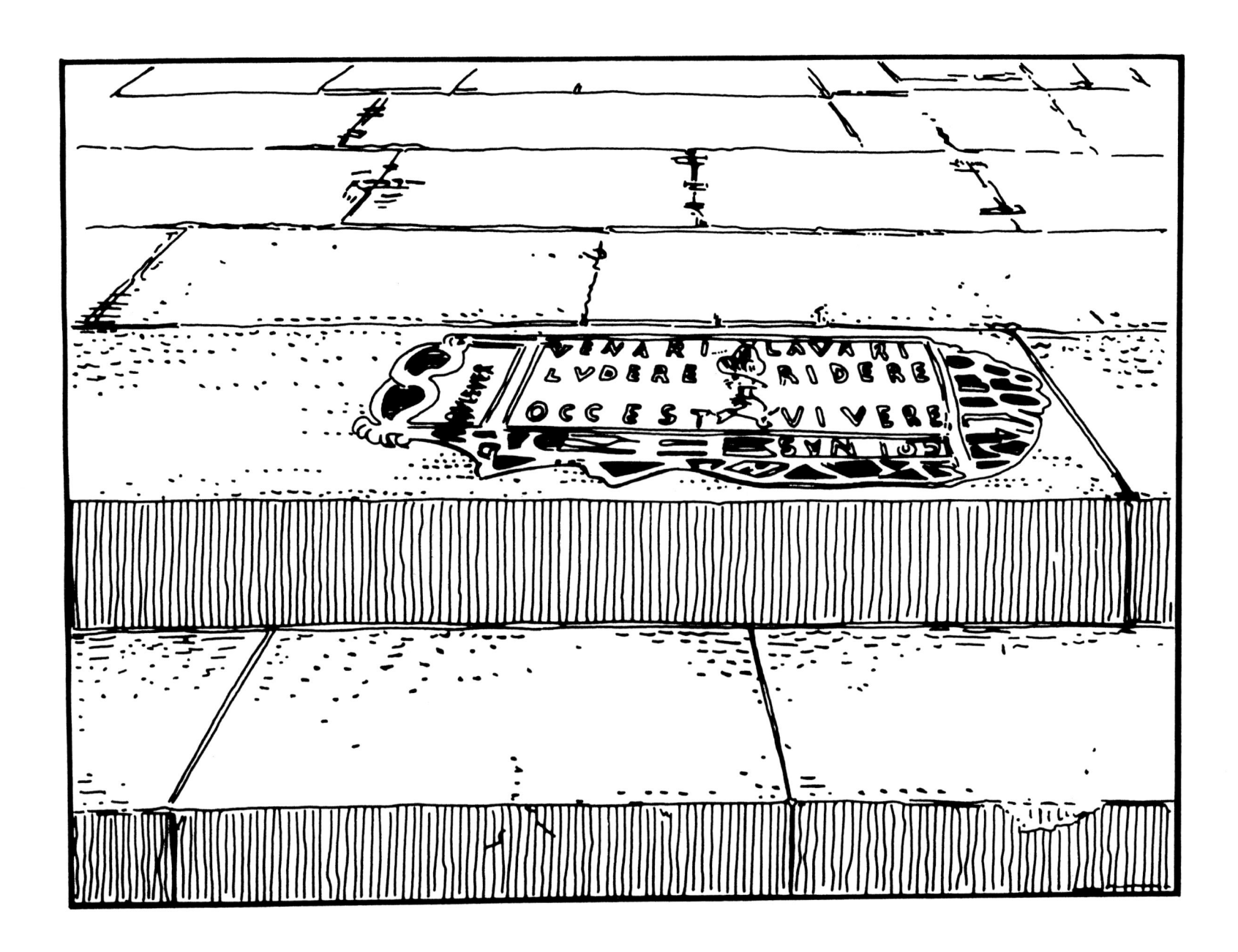

291. Spielstein.
Mailand, Museo
Teatrale alla Scala.

292. Spielsteine.
Mailand, Museo
Teatrale alla Scala.

wurden (Abb. 289). Es konnte sich dabei jedoch auch um geometrische Zeichen wie Kreise oder Halbkreise handeln.

Die Spielsteine bestanden aus glatten und flachen Plättchen (Abb. 291–292), denn auf einem Feld konnten mehrere Steine stehen. Auf einer Seite waren – den Funden nach zu urteilen – Zahlen von I bis XV eingeritzt. Die andere Seite konnte verziert sein, z. B. mit einer Sonne oder mit den Musen.

In Kertsch auf der Krim wurde in dem Grab eines Jungen eine Holzkiste ausgegraben, die fünfzehn Spielsteine enthielt, durchnumeriert von 1 bis 15. Auf der Rückseite der Schachtel waren Götter, Imperatoren, Bauwerke der Stadt Alexandria, Gladiatoren u. a. abgebildet.

Der größte Teil der Funde bestand aus Spielsteinen gleicher Farbe, d. h. in der natürliche Farbe des Knochens oder des Elfenbeins. Deshalb stellt sich die Frage, ob es Spielsteine für das *duodecim scripta* sein könnten.

Zu den Spielsteinen aus der Kiste von Kertsch wagen wir eine Hypothese, die sicher ein wenig phantasievoll ist: Wenn ein Spiel in das Grab eines Jugendlichen gelegt wurde, ist es logisch anzunehmen, daß es der vollständige Satz ist, und das bedeutet Spielbrett, Würfel und die dreißig Spielsteine, nämlich fünfzehn für jeden Spieler. In der Kiste des jungen Verstorbenen befand sich dagegen nur die ausreichende Anzahl für einen Spieler. Das könnte darauf hinweisen, daß diese fünfzehn Spielsteine seine ganz „persönlichen" waren. Wenn man diese Überlegungen weiter ausdehnt, so ist zu vermuten, daß im Altertum jeder Spieler nur „personalisierte" Spielsteine besaß, im Unterschied zu heute, wo ein Spieler das komplette Spiel besitzt. Das ist dann plausibel, wenn wir bedenken, daß die Spielsteine von Kertsch thematische Darstellungen zeigen: die Gebäude der Stadt von Alexandria, Gladiatoren, im Vordergrund stehende Personen, die eng an die Stadt gebunden sind. Wenn

293. Brett für das Spiel der zwölf Linien. Ostia, Archäologisches Museum.

unsere Hypothese zuverlässig ist, so hätte der Knabe aus Kertsch mit jemandem spielen können, der Spielsteine von derselben Farbe besaß, die Bauwerke, Götter oder anderes, z. B. von der Stadt Pergamon darstellten oder eine, den Musen gewidmete Reihe mit Orpheus, Zeus, Mnemosyne usw.

Spielregeln

Beachtet man die Ähnlichkeit des Spielbrettes der zwölf Linien mit dem heutigen Brett für *Backgammon*, so ist vorstellbar, daß die Regeln für dieses Spiel – zumindest teilweise – auf das Spiel der *duodecim scripta* übertragen werden können.

Zur Unterstützung bei der Erklärung des Spiels haben wir ein Spielbrett aus Ostia[73] hinzugezogen (Abb. 293).

Anstelle der üblichen Wörter mit einem vollständigen Sinn gibt es nur die Buchstaben A-B-C-D-E wieder.

```
CCCCCC  BBBBBB
AAAAAA  AAAAAA
DDDDDD  EEEEEE
```

Es ist anzunehmen, daß es dazu diente, den Spielteilnehmern das Erkennen der Richtung zu erleichtern, in der die Spielsteine zu ziehen waren, denn sie mußten das Spielbrett über den Weg A-B-C-D-E durchlaufen.

Das Brett aus Ostia zeigt wahrscheinlich, daß im Unterschied zum heutigen *Backgammon* der Streckenverlauf für beide Spieler derselbe war. Diese Annahme wird noch zusätzlich dadurch gestützt, daß der Anfangsbereich A aus gut zwölf Feldern bestand und somit geeignet war, auch alle dreißig Spielsteine auf einmal aufzunehmen. Bei der Austragung eines Spiels bemerkt man jedoch, wie es sehr viel logischer und auch vergnüglicher ist, zwei unterschiedliche Wegstrecken zu nehmen: ABCDE für den einen Spieler und ADEBC für den anderen.

Wenn wir einen Passus bei Quintilian richtig interpretieren, entschied das Los, wer als erster am Zug und damit auch im Vorteil war: „Scaevola[74] spielte *duodecim scripta*, tat den ersten Zug und wurde schließlich besiegt ... die Abfolge der Partie im Geist noch einmal abgehend, erinnerte er sich an seinen falschen Zug."[75] Das Betonen von „tat den ersten Zug" ist so, als würde er sagen „trotz des Vorteils des ersten Zuges".

Man spielte mit insgesamt dreißig Spielsteinen, fünfzehn schwarze und fünfzehn weiße, die gesetzt wurden aufgrund der Punktzahl, die der Wurf mit drei Würfeln ergab.[76]

Der Spieler konnte beim Setzen des Spielsteins unter folgenden Möglichkeiten wählen:

einen Stein: indem die Punktzahl der drei Würfel addiert wurde;

zwei Steine: den einen durch Addition der Punktzahl von zwei Würfeln, den anderen unter Verwendung der Augen auf dem dritten Würfel;

drei Steine: unter Verwendung der Punktzahl jedes einzelnen Würfels.

Auf jedem Buchstaben konnten mehrere Spielsteine stehen.

Der Spieler konnte in den Bereich B nur dann eintreten – womit er den freien Zugang zum weiteren Verlauf hatte, wenn alle seine Spielsteine in den Sektor A eingesetzt worden waren.

Einmal in die anderen Abschnitte (B-C-D-E) gekommen, mußte der Spieler versuchen, zwei oder mehr Spielsteine auf jedem Feld zu plazieren, denn ein einzelner Spielstein konnte von einem gegnerischen Stein angegriffen werden, wenn dieser auf dasselbe Feld gesetzt wurde.

Der isolierte Spielstein, auf dessen Feld ein gegnerischer Stein gesetzt wurde, konnte herausgeworfen werden, und der Spieler war dazu gezwungen, ihn beim nächsten Zug wieder einzusetzen, bevor er wieder die bereits im Spiel befindlichen Steine zog.

Es gewann derjenige, der als erster alle seine Spielsteine herausgesetzt hatte.

Die Spielstrategie ist damit also offensichtlich: eine kluge Wahl bei der Addition oder Aufteilung der Augenzahl der Würfel sowie möglichst keine einzeln stehenden, eigenen Spielsteine.

Während des Spiels fiel uns auf, daß Steine häufig herausgeworfen werden und so gezwungen sind, noch einmal von vorne anzufangen. Dadurch wird das Spiel sehr lang und unserer Ansicht nach manchmal auch langweilig.

Bedenkt man, daß das Spiel der zwölf Linien in vieler Hinsicht ein Glücksspiel ist – teilweise natürlich auch ein Geschicklichkeitsspiel – und daß bei dieser Art von Spielen Geld gesetzt wurde, so ergab vermutlich jedes Herauswerfen eines Spielsteins Strafpunkte (z. B. einen Punkt), und der Gewinn am Ende der Partie brachte eine höhere Punktzahl ein (z. B. zehn Punkte), so daß dadurch das Spiel fesselnder wurde.

Tabula

Das Spielbrett für das Spiel des *duodecim scripta* wurde im Laufe der Zeit modifiziert, indem es von drei auf zwei Reihen reduziert wurde. Das war der Ursprung einer Variante, die *tabula* genannt wurde (Abb. 295).

Der Ablauf des Spiels war analog. Die Spielsteine der beiden Spieler wurden auf den gegenüberliegenden Feldern des Bretts eingesetzt (wie beim modernen *Backgammon*) und wurden dann von dem einen Spieler im Uhrzeigersinn, von dem anderen gegen den Uhrzeigersinn bewegt.

Agathias Scholasticus[77] hat eine Partie *tabula* beschrieben, die vom Kaiser Zenon ausgetragen worden ist. In diesem Epigramm beschreibt er die Position der fünfzehn Spielsteine jedes Spielers[78] (Abb. 295 A). Einige Stellungen wurden nicht mit Nummern benannt, sondern erhielten Namen: „Antigonos" die 14, „Summa" die 19 und „Göttin" die 23.

Zenon spielt mit den weißen Steinen und muß würfeln. Er würfelt die 6, die 2 und die 5. Mit solchen Zahlen sind die einzig möglichen Züge für den Imperator: von 10 auf 16, von 20 auf 22 und von 19 auf 24. Das führt dazu, daß dem Gegner gut acht Spielsteine ausgeliefert werden (Abb. 295 B).

Sicher ist, daß Zenon mit den drei Würfeln die ungünstigste Punktekombination hatte, die ihn auch als einzige dazu zwingen konnte, seine Spielsteine so zu setzen, daß gut acht Steine isoliert und somit der Willkür des

294. Spielbrett aus
Carrara-Marmor,
römische Zeit.
Autun, Musée Rolin.

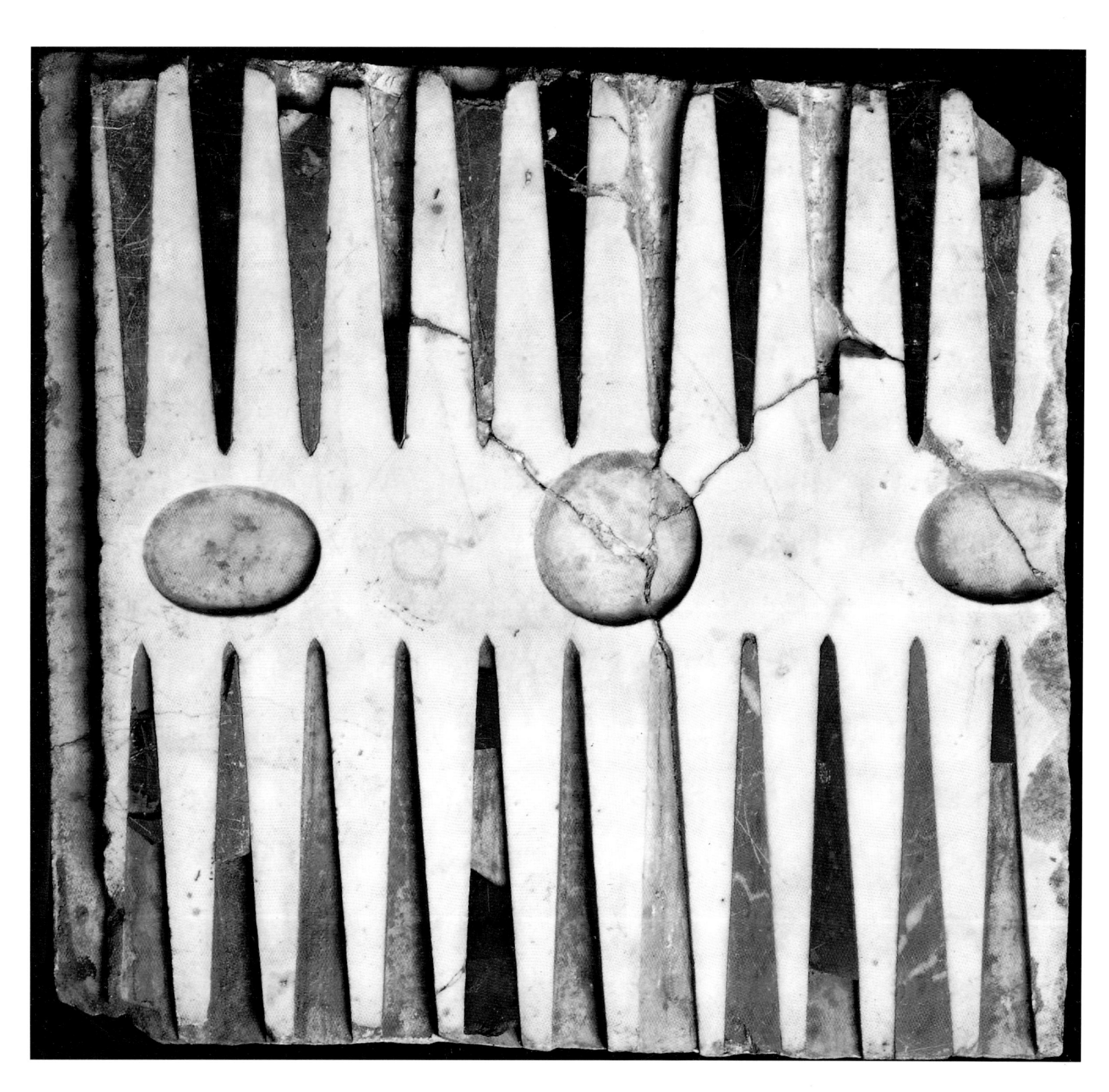

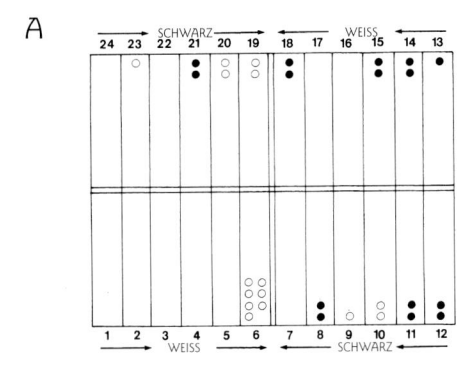

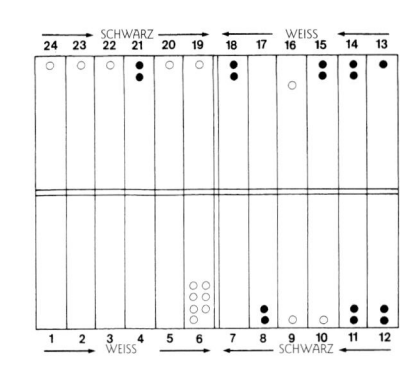

295. Spielschema der Partie, ausgetragen von Kaiser Zenon.

Gegners ausgesetzt waren. Eine solche Zusammensetzung erscheint uns in der Realität derart unwahrscheinlich, daß der Verdacht aufkommt, Agathias habe nicht eine wirklich gespielte Partie beschrieben, sondern sich vielmehr mit langen Berechnungen amüsiert, um am Ende das in seinem Epigramm vorstellte Ergebnis zu erhalten.

Dieses Spiel verbreitete sich im 1. Jh. n. Chr. hauptsächlich in den gehobenen Gesellschaftsklassen, und das auf so vorherrschende Weise, daß die Kirche auf der Synode zu Elvira (in der Nähe von Granada in Spanien) etwa 306 n. Chr. das Spiel verbot, wenn es mit dem Einsatz von Geld gespielt wurde. Um das Jahr 730[79] schließlich verbot die Kirche es vollständig.

1 *Recueil de Costantine*, 1886, S. 234.
2 *Notiziario degli Scavi*, Oktober 1956, S. 79–80.
3 Bollettino Commissione Archeologica comunale di Roma, 1888, S. 474.
4 Griechisch = das Hinzugefügte; schmückendes Beiwort [Anm. d. Übers.].
5 Auf den Flächen einiger Stücke steht *Nugator* (Schwätzer) und die Zahl II; *Malest* (schlimmes Schicksal) und die Zahl XXIII; *Harpax* (Raub) und die Zahl V; *Facete* (mit Anmut) und die Zahl XXV. Andere besitzen gar keine Zahl, sondern nur Inschriften sowohl auf der Vorder- als auch auf der Rückseite.
6 Einritzungen dieser Art sind in Foppe di Nardo, Campanine (Ceto), Piancogno (Cogno), Naquame, alles Orte in der Valcamonica, entdeckt worden, aber ebenso in der Val Chiavenna.
7 Die Julia-Basilika war der Versammlungsort des Gerichts der Hundertmänner; auf ihrem Fußboden von 49×101 m Größe gibt es mehr als zehn Spielbretter, von denen viele im Laufe der Zeit abgeschliffen sind.
8 Ovid, *Tristia*, II, 481.
9 In den Abwasserkanälen des flavischen Amphitheaters (Kolosseum) in Rom wurden Würfel und Spielsteine gefunden, die wahrscheinlich von den Gladiatoren selbst benutzt wur-

den, um das Warten zwischen den Auftritten zu überbrücken.
10 Der Raum vor der Skene, der als Ort für Gesang und Tanz benutzt wurde. In archaischer Zeit war er nur mit Sand bedeckt, später belegte man ihn mit Marmor.
11 Fünf am östlichen Eingang des Amphitheaters, die restlichen in den Straßen, die an die Insula mit dem Hauses des „Venusmosaiks" angrenzen.
12 Dieses Spielbrett unterscheidet sich von den anderen, denn die acht Kreuzungspunkte mit der Kreislinie sind durch Halbkreise wiedergegeben und das Zentrum durch einen kleinen Kreis; außerdem wurden nur zwei sich kreuzende Linien gezogen, die von der Mitte ausgehen. Ein ähnliches Spielbrett, jedoch mit allen Linien, befindet sich auf den Stufen der Julia-Basilika auf dem Forum Romanum.
13 Ein quadratisches Brett mit neun Punkten, eingeritzt auf einem Kalksteinblock, wurde auf dem römischen Gräberfeld von Saint Irénée ausgegraben; es wird im Musée de la Civilisation Gallo-Romain in Lyon verwahrt.
14 In einem der Eingänge des Amphitheaters von Italica bei Sevilla gibt es drei Bretter, die diesem Spiel zuzuordnen sind, sich aber von den üblichen unterscheiden.
15 Sie wurden auch *mulinello*, *smerelli*, *trex* und *tria* genannt.

16 Kleine untersetzte Säule, als Träger eines Geländers oder einer Brüstung; auch Balustrade genannt [Anm. d. Übers.].
17 Einen Ziegelstein mit der Einritzung eines solchen Spielbretts bewahrt das Römisch-Germanische Museum in Köln.
18 Transliteration des arabischen *el-qirkat*, erwähnt in dem Manuskript *Kitab al-aghani*. *Alquerque* ist zitiert im Buch der Spiele aus dem Jahr 1283 von Alfons X., dem Weisen.
19 Die einfachste Variante besteht aus einem Gitter von vier mal vier Quadraten, die fünfundzwanzig Kreuzungspunkte haben.
20 Statt der acht mal acht bei unserer Dame.
21 Die allgemein „Damestein" genannt wird.
22 *Lobrede auf Piso* (Calpurnius Siculus zugeschrieben; die Autorenschaft ist jedoch umstritten [Anm. d. Übers.]), 190.
23 Varro, *Die lateinische Sprache*, VII, 52: „Die *latrones* heißen so von dem Wort *latus*, weil sie sich an den Seiten Des Königs [Demetrios] aufhielten ..." Erst in späterer Zeit bekam das Wort *latro* auch die Bedeutung von Straßenräuber, Bandit.
24 Seneca, *Briefe*, 117, 30.
25 Ein Bäumchen, das in der gesamten Mittelmeerregion verbreitet ist; es kommt in den felsigen und steinigen Gebieten Mittel- und Süditaliens vor.

26 Figur im *Satyricon* des Petronius, ein Emporkömmling.
27 Petronius, *Satyricon*, V, 33.
28 Auch Darstellungen, auf denen die Spieler die *tabula latruncularia* auf den Knien halten, scheinen diese Möglichkeit auszuschließen; siehe z. B. das Relief im Musée Crozatier in Le Puy-en-Velay in Frankreich oder das Relief auf einer Graburne im Kunsthistorischen Museum in Wien.
29 Macrobius, *Saturnalien*, I, 5. Vgl. Seneca, *Briefe*, 106, 11.
30 Plinius d. Ä., *Naturgeschichte*, XXXVI, 199.
31 Martial, *Epigramme*, XIV, 18: „Wenn du Krieg spielst mit den Soldaten, setze in eine Falle, diese Glasstücke werden für dich die Soldaten und die Feinde sein." Vgl. ebd., XII, 40,3.
32 Ovid, *Tristia*, II, 477. Vgl. Martial, *Epigramme*, XIV, 17.
33 *Lobrede auf Piso* (Calpurnius Siculus zugeschrieben), 190–208.
34 Ein Relief im Musée Crozatier von Le Puy-en-Velay in Frankreich, aber insbesondere das Relief eines Grabmonuments aus dem 2. Jh. n. Chr., aufbewahrt in Trier, werden als Darstellungen dieses Spiels interpretiert; in diesem Falle könnte man auch von der Verwendung einer rechteckigen *tabula latruncularia* ausgehen.
35 Errechnete Zahl, mit der zwei Reihen des Schachbretts besetzt werden können (2×8 = 16).
36 Einige Wissenschaftler gehen dagegen davon aus, daß man nur mit zwei Arten von Spielfiguren spielte. Wenn man die beiden Varianten im Spiel ausprobiert, so stellt man fest, daß mit dem *bellator* die Partie interessanter wird.
37 Ovid (*Die Kunst zu lieben*, III, 359) gebraucht diesen Terminus anstelle von *latrones*, um so das Spiel zu beschreiben.
38 Der Spielstein *miles* oder *vagus*, der zusammen mit dem *bellator* eine Gruppe bildete, die unangreifbar wurde.
39 Ovid, *Die Kunst zu lieben*, III, 358.
40 Ovid, *Tristia*, II, 476.
41 Isidor von Sevilla, *Etymologien*, XVIII, 67: „Calculi partim ordine moventur, partim vage, ideo alios (ordinarios) alios (vagos) appellant", „Die Spielsteine werden teils auf der Linie bewegt, teils sind sie frei. Daher nennt man die einen *ordinarii*, die anderen *vagi*."
42 Varro, *Die lateinische Sprache*, X, 22.
43 Ovid, *Tristia*, II, 479.
44 Es bleibt damit festzuhalten: ein Kommandant, vergleichbar mit der Königin bei unserem Schachspiel; eine unbekannte Zahl von *vagi*, vergleichbar den Läufern und die *milites*, vergleichbar unseren Bauern; der König, der Turm und das Pferd würden dann fehlen.
45 *Notiziario degli scavi*, 1887, S. 396.
46 In diesem Fall wurde er *ligatus* oder *alligatus* oder *obligatus* genannt.
47 Martial, *Epigramme*, XIV, 17.
48 Ovid, *Die Kunst zu lieben*, III, 357. Vgl. ders., *Tristia*, II, 477; vgl. Seneca, *Briefe an Lucilius*, 117, 30: „Niemand, der zum Brand in seinem Haus läuft, schaut auf das Spielbrett für latruncoli und weiß, wie die Stellung der Steine gewesen ist."
49 *Redactus ad incites (calces)* (Isidor von Sevilla, *Origines*, 18, 67).
50 *Lobrede auf Piso*, Calpurnius Siculus zugeschrieben, 196.
51 Seneca erzählt von den letzten Minuten im Leben des Historikers, bevor er von Caligula in den Tod geschickt wurde.
52 Seneca, *Der Seelenfriede*, XIV, 7.
53 Die Wörter „langer Rückzug" und „Hinterhalt" könnten der Beweis dafür sein, daß die Spielsteine ohne Begrenzung der Felder gesetzt werden durften.
54 *Lobrede auf Piso*, Calpurnius Siculus zugeschrieben, 184 und 197.
55 Ein weiterer Beleg für den Brauch, während der Symposien zu spielen.
56 T. Aelius Proculus, der im Jahre 280 n. Chr. einen Aufstand gegen den Kaiser Probus anzettelte.
57 Flavius Vopiscus von Syrakus, *Das Viergespann der Tyrannen*, 13, 2. Es wurde derjenige Augustus genannt, der Kaiser war bzw. wurde.
58 *C.I.L.*, XIII, 444; die zur Frage stehende Person war ein gewisser Caio Afranius, ein Freigelassener aus Claro.
59 Seneca, *Der Seelenfrieden*, 14, 7.
60 Plinius d. J., *Briefe*, VII, 24,1 und 5.
61 Macrobius, *Saturnalien*, I, 5,11.
62 Seneca, *Die Kürze des Lebens*, XIII, 1.
63 Plinius d. Ä., *Naturgeschichte*, VIII, 215.
64 *Lebate* steht für *leva te*.
65 Es steht für *da lusori locum*.
66 A. Riese, *Anthologia Latina* („Monosticha de Ratione Tabulae" Nr. 499), Leipzig 1869.
67 *C.I.L.*, XIV, 4125, 1,1. Es gibt noch mehr von ihnen, z. B.: *Idiota Recede/Ludere Nescis/Daluso Rilocu*, „Unwissender bleibe zurück [verlasse den Platz]/du weißt nicht zu spielen/mache Platz für einen [guten] Spieler" (*C.I.L.*, XIV, 4125, 1,2). *Circus Plenus/Clamor Ingens/ Ianuae To...*, „Der Zirkus ist voll/der Lärm ist groß/die Türen t..." Ausgegraben in der Via Portuense in Rom (Vgl. G. Gatti, Bollettino della Commissione Archeologica, 1887, S. 170).
68 *Virtus Imperi/Hostes Vincti/Ludant Romani*, „Die Macht des Reiches/die Feinde gebunden (angekettet)/ es spielen die Römer."
Hostes Victos/Italia Gaudet/ Ludite Romani, „Die Feinde besiegt/Italien freut sich/ spielet Römer." Dieses Brett wurde in den Katakomben der Heiligen Domitilla entdeckt, und dort befindet es sich noch heute.
69 Brett aus den Kalixtus-Katakomben in Rom.
70 Brett aus der Kaserne der Prätorianer in Rom, aufbewahrt in den Kapitolinischen Museen.
Um das Wort auf sechs Buchstaben zu beschränken, ist das V aus pavonem weggelassen worden.
71 *Occest* steht für *hoc est*. Max Ihn (*Römische Spieltafeln*, Bonner Studien (Berlin 1890)) hat 51 Bretter zusammengetragen.
72 Martial, *Epigramme*, XIV, 17.
73 *C.I.L.*, XIV, 5317.
74 Publius Muzio, Pontifex maximus, Konsul im Jahr 133 v. Chr., von dessen Geschicklichkeit bei diesem Spiel auch Cicero in *Der Redner*, I, 50, 217 spricht.
75 Quintilian, *Redekunst*, XI, 2,38.
76 Das moderne Spiel sieht dagegen die Verwendung von nur zwei Würfeln vor.
77 Agathias Scholasticus, *Anthologia Palatina*, IX, 482.
78 Plan ausgearbeitet von R. G. Austin (Journal of Hellenic Studies, 1934, S. 202ff.).
79 *Codex Iustinianus*.

Anhang

Literaturverzeichnis

GRIECHISCHE UND LATEINISCHE QUELLEN

Aelian, *Geschichten*
Aelius Spartianus, *Severus*
Agathias Scholasticus, *Anthologia Palatina*
Aischines, *Timotheos*
Aischylos, *Agamemnon*
Alkaios, *Fragmente*
Anakreon, *Fragmente*
Anthologia Latina, hrsg. von A. Riese (Leipzig 1869)
Anthologia Palatina: Agathias Scholasticus, Antipater von Thessalonike, Asklepiades, Leonides von Tarent, Meleager, Metrodor, Theodor
Antiphanes, *Fragmente*
Antillos, *Oribasius*
Apollonius von Rhodos, *Argonautika*
Aristophanes: *Ritter; Wolken; Archanes; Vögel*
Aristoteles: *Über den Kosmos; Politik; Naturgeschichte*
Arrian, *Gespräche des Epiktet*
Athenaeus, *Deipnosophisten*
Aulus Gellius, *Attische Nächte*
Bakchylides, *Fragmente*
Calpurnius Siculus, *Lobrede auf Piso*
Cassius Dio, *Römische Geschichte*
Catull, *Gedichte*
Cicero: *Der Redner; Gegen Antonius; Von der Weissagungsgabe; Die Pflichten*
Columella, *Die Landwirtschaft*
Comicorum Atticorum Fragmenta, hrsg. von Kock
Corpus Inscriptionum Graecorum (C. I. G.)
Corpus Inscriptionum Latinorum (C. I. L.)
Dio von Prusa, *An die Alexandriner*
Diodor aus Sizilien, *Historische Bibliothek*
Dionysios von Halikarnassos, *Römische Antiquitäten*
Epiktet: *Handbuch; Diatribe*
Eubulos, *Fragmente*
Eunichos, *Fragmente*
Euripides: *Medea; Iphigenie in Aulis*
Eusthatius, *Kommentar zur Ilias*
Festus, *Die Bedeutung der Wörter*
Galen, *Protrepticos*
Galien, *Das Ballspiel*
Herodot, *Geschichte*
Heron von Alexandria, *Automatentheater*
Hesych, *Lexikon*
Homer: *Ilias; Odyssee*
Horaz: *Satire; Briefe; Gedichte*
Hyginus, *Genealogie*
Isidor von Sevilla, *Etymologien = Origines*
Johannes Kinamon, *Geschichte*
Julius Capitolinus: *Verus; Mark Anton, der Philosoph*
Juvenal: *Epigramme; Satiren*
Kallimachos, *Hymne an Demeter*
Kratinus, *Fragmente*
Lucilius, *Satire*
Lukian: *Göttergespräch; Traum; Lexiphanes; Anacharses*
Lukrez, *Die Natur der Dinge*
Macrobius, *Saturnalien*
Mark Aurel, *Selbstbetrachtungen*
Marzial, *Epigramme*
Matthaeus, *Evangelium*
Minucius Felix, *Octavius*
Th. Mommsen, *Digesta Iustiniani Augusti*. Vol. I (Berlin 1868)

Naevius, *Fragmente*
Ovid: *Liebschaften; Metamorphosen; Die Kunst zu lieben; Tristia*
Pausanias, *Führer durch das antike Griechenland*
Persius, *Satire*
Petronius, *Satyricon*
Philemon, *Fragmente*, hrsg. von A. Meneike (Berlin 1923)
Platon: *Lysias; Gesetze; Phaidros; Der Staat; Theaitetos; Symposion; Alkibiades*
Plautus: *Das Tau; Der angeberische Soldat; Die Eselskomödie; Der junge Karthager; Der Parasit Curculio*
Plinius d. Ä., *Naturgeschichte*
Plinius d. J., *Briefe*
Plutarch: *Parallelbiographien = Lysander, Agesilaos, Alexander, Cato der Ältere; Aus dem Exil; Über den Seelenfrieden; Der Mut der Römer*
Pollux, *Onomasticon*
Priscian, *Die Bedeutung der Wörter*
Properz, *Elegien*
Pseudo-Ovid, *Nüsse*
Quintilian, *Redekunst*
Seneca: *Die Beständigkeit der Weisen; Quaestiones naturales; Apokolokynthosis; Briefe; Der Seelenfriede; Die Kürze des Lebens; Briefe an Lucilius*
Statius, *Silvae*
Sueton: *Kaiserbiographien = Augustus (Octavian), Nero, Caligula, Vitellius, Claudius, Domitian, Tiberius*
Suetonius Tranquillus quae supersunt omnia, hrsg. von K. L. Roth (Leipzig 1886)
Suida (byzantinisches Lexikon)
Tacitus, *Germania*
Theokrit, *Idyllien*
Theophrast, *Charaktere*
Terenz, *Die Brüder*
Tibull, *Elegien*
Titus Livius, *Geschichte*
Trebellius Pollio, *Die dreißig Tyrannen*
Valerius Maximus, *Denkwürdige Sprüche und Taten*
Varro: *Die Landwirtschaft; Die lateinische Sprache*
Vergil: *Aeneis; Georgica*
Vitruv, *Architektur*
Vopiscus von Syrakus, *Das Viergespann der Tyrannen*
Xenophon, *Symposion*

HAUPTBIBLIOGRAPHIE

Alfons X., der Weise, *Libro de los juegos* (Bologna 1996).
Jouer dans l'Antiquité. Ausstellungskatalog (Marseille 1991-1992).
Terme romane e vita quotidiana. Ausstellungskatalog (Castiglioncello 1982).
Crepereia Triphaena. Ausstellungskatalog (Mailand 1982).
T. Baldacci, *Musica, danze, giochi*. In: A. M. Donadoni, *Civiltà degli Egizi* (Mailand 1987).
M. Barbera, *I crepundia di Terracina: analisi e interpretazione di un dono*. Bollettino di Archeologia 10, 1991.
R. Bartoccini, *Taranto, rinvenimenti e scavi*. Notiziario degli scavi 1936.
Becq de Fouquieres, *Les Jeux des anciens* (Paris 1869).
R. C. Bell, *Games to play* (London 1988).
M. Bendala Galan, *Tablas de juego en Italica*. Habis 4, 1973.
O. Bertotti Scamozzi, *Les Bâtimens et les dessins de André Palladio* (Vicenza 1796).
L. Beschi, *Gli "Astragalizontes" di un Policleto*. Prospettiva 1978.
J. Boardman, *Athenian black figure vases* (London 1974).
J. Boardman, *Athenian red figure vases, the archaic period* (London 1975).
J. Boardman, *Athenian red figure vases, the classical period* (London 1989).
G. Bordenache-Battaglia, *Corredi funerari di età imperiale e barbarica al Museo Nazionale Romano* (Rom 1983).
L. Borsari, *Del tempio di Giove Anxure, scoperto sulla vetta di Monte S. Angelo presso la città di Terracina*. Notiziario degli scavi 1894.
P. Bruneau, *Le motif des coqs affrontés dans l'imagerie antique*. Bulletin de correspondance hellénique 1965.
J. Carcopino; *La vita quotidiana a Roma* (Rom-Bari 1993).
H. Carter, *Tutanchamun* (Mailand 1977).
F. Ceci, *Ermetta fittile dalla via Nomentana: un nuovo tipo di sonaglio di età romana*. Archeologia classica 1990.
J. Chesnais, *Histoire général des marionettes* (Paris 1947).
Corpus Vasorum Antiquorum (C.V.A.).
Daremberg-Saglio, *Dictionnaire des antiquités grècques et romaines* (Paris 1877-1919).
A. De Francisci, *Baia. Rinvenimenti epigrafici*. Notiziario degli scavi 1956.
M. Di Donato, *L'esercizio con la palla nell'antichità classica* (Trapani 1965).
S. Donadoni, *L'Egitto* (Turin 1981).
P. Egidi, *Due bossoli per il gioco dei dadi da una tomba romana presso Bevagna*. Archeologia Classica 1983.
Enciclopedia dell'Arte antica Classica e Orientale (Rom 1958).
F. Ficoroni, *I tali, istrumenti lusori degli antichi romani* (Rom 1734).
M. Fittà, *Homo ludens, lo sport nell'antichità* (Mailand 1988).
A. Fraser, *A history of toys* (London 1966).
G. Gatti, *Crepereia Triphaena*. Notizie degli scavi di antichità 1889.
A. Gayet, *Le théâtre de marionnettes d'Antinoë* (Paris 1904).
J. M. Hemelryk, *Le jeu*. In: *Le Sport dans la Grèce antique*. Ausstellungskatalog (Brüssel 1992).
T. Hyde, *De ludis orientalibus libri duo* (Oxonii 1694).
D. Lazaridis, *Trouvailles Archéologiques provenant d'une tombe près du village de Mesembria*. Bulletin de correspondance hellénique 1953.

E. Magaldi, *I ludi gallinari a Pompei* (Neapel 1929).
G. Mancini, *La bambola della vestale Cossinia*. Notiziario degli scavi 1930.
C. Mercati, *Rocchetti attici figurati: ipotesi d'uso*. Ann. Perugia 25/1, 1987/88.
J. Meursius, *De ludis graecorum* (Lungduni 1622).
I. Michaelidou-Nicolaou, *Table 0a jeu de Dhekelia*. Bulletin de correspondance hellénique 1965.
I. Michaelidou-Nicolaou, *Une nouvelle table a jeu de Chypre*. Bulletin de correspondance hellénique 1970.
P. Mingazzini, *Tre giochi infantili antichi*. Rinvenimenti Pontificia Accademia di Archeologia 1959–61.
H. J. R. Murray, *A history of board-game other than chess* (Oxford 1952).
P. A. Piccione, *In search of the meaning of Senet*. Archaeology 33/4, 1980.
M. Pieper, *Das Brettspiel der alten Ägypter* (Berlin 1909).
Ponce, *Description des bains de Titus* (Paris 1805).
E. B. Pusch, *Das Senet-Brettspiel* (München 1979).
A. Rieke, *Römische Kinder- und Gesellschaftsspiele* (Stuttgart 1984).
M. R. Rinaldi, *Ricerche sui giocattoli nell'antichità a proposito di un'iscrizione di Brescello*. Epigraphica 1/4, 1956 (1958).
I. Rosellini, *Monumenti dell'Egitto e della Nubia* (Pisa 1836).
M. Rostovtzew, *Interprétation des tessères en os*. Revue Archéologique 1905.
E. Salza Prina Ricotti, *Giochi e Giocattoli* (Rom 1995).
C. Santoro, *Giochi e passatempi nei secoli passati*. Ausstellungskatalog (Mailand 1957).
K. Schauenburg, *Erotenspiele*. Antike Welt 7/3, 1976.
R. Schmidt, *Die Darstellung von Kinderspielzeug und Kinderspiel in der griechischen Kunst* (Wien 1977).
M. Sestieri Bertarelli, *Sostegno in bronzo da Pietragalla al Museo provinciale di Potenza*. Archeologia Classica 1958.
B. A. Sparkes, *Kottabos*. Archaeology 13, 1960.
L. Storoni Mazzolani, *Il ragionamento del principe di Biscari a Madama N. N.* (Palermo 1991).
W. J. Tait, *Game-boxes and accessories from the tomb of Tut'ankhamun* (Oxford 1982).
A. Teja, *L'esercizio fisico nell'antica Roma* (Rom 1988).
A. Teja, *Folk games of Grecia Salentina*. In: L. Iaine, *On the fringes of Sport* (Accademia Verlag Augustin 1993).
A. Teja, *Gymnasium Scenes in the Stuccos of the Underground Basilica di Porta Maggiore*. The International Journal of History of Sport 11, 1994.
A. D. Trendall, *Red figure vases of South Italy and Sicily* (London 1989).
C. Weiss/A. Buhl, *Votivgaben aus Ton. Jojo oder Fadenspule*. Archäologischer Anzeiger 1990.

BIBLIOGRAPHIE DER VERWENDETEN ÜBERSETZUNGEN UND TEXTAUSGABEN

Aelian, *Geschichte:* Claudii Aeliani Varia Historia, ed. M. R. Dilts (Leipzig 1974). Übersetzung aus dem Griechischen von C. Drecoll.
Aischylos, *Tragödien*, übersetzt von Oskar Werner, mit Einführung und Erläuterungen von Bernhard Zimmermann (München 1988).
Alkaios, *Lieder*, griechisch und deutsch, hrsg. von Max Treu (München 1952).
Anakreon: *Greek Lyric*, with an english translation by D. A. Campbell, Anacreon, Anacreonta, choral lyric from Olympus to Alcman (Cambridge Massachusetts- London 1987). Übersetzung aus dem Griechischen von C. Drecoll.
Anthologia Latina, ed. F. Büchler et A. Riese (Leipzig 1899). Bd. 1 Carmina Codicis Salmasiani.
Anthologia Palatina = Anthologia Graeca, griechisch – deutsch, hrsg. von Hermann Beckby (München 1957) 4 Bände.
Apollonios von Rhodos, *Das Argonautenepos*, herausgegeben, übersetzt und erläutert von Reinhold Glei und Stephanie Natzel-Glei, 2 Bände (Darmstadt 1996).
Aristophanes, *Sämtliche Komödien*, Übertragung von Ludwig Seeger, Einleitung u. a. von Otto Weinreich (Zürich 1968).
Aristoteles, *Über den Kosmos*, rec. I. Becker (Berlin 1831). Übersetzung aus dem Griechischen von C. Drecoll.
Athenaios, *Deipnosophistai*, Athenaeus, The Deipnosophists, with an english translation by Charles Burton Gulick (London – Cambridge Massachusetts 1961). Übersetzung aus dem Griechischen von C. Drecoll.
Aulus Gellius, *Die Attischen Nächte*, zum ersten Male vollständig übersetzt und mit Anmerkungen versehen von Fritz Weiss (Leipzig 1975; reprint: Darmstadt 1965) 2 Bände.
Aurel: Kaiser Marc Aurel, *Wege zu sich selbst*, herausgegeben und übertragen von Willy Theiler, (Zürich und München (3) 1984).
Calpurnius Siculus, *De laude Pisonis*, in: T. Calpurnii Siculi de laude Pisonis et bucolica et M. Annaei Lucani de laude Caesaris Einsidlensia quae dicuntur carmina, edition, traduction et commentaire par Raoul Verdière, collection latomus 19 (Berchem-Bruxelles 1954). Übersetzung aus dem Lateinischen von C. Drecoll.
Catull, *Gedichte*, Lateinisch – deutsch, hrsg. von Werner Eisenhut (München 1986).
Cicero, *Über die Weissagungsgabe:* De divinatione, hrsg. von John Davis (Frankfurt 1828). Übersetzung aus dem Lateinischen von C. Drecoll.
Diodorus, *Bibliotheca Historica*, ed. C. Th. Fischer, ed. L. Dindorf (Stuttgart 1969). Deutsche Übersetzung aus dem Griechischen.
Epiktet, *Handbüchlein:* Epicteti dissertationes ad Arriani digestae (Stuttgart 1965). Übersetzung aus dem Griechischen von C. Drecoll.
Euripides, *Sämtliche Tragödien und Fragmente*, griechisch – deutsch, übersetzt von Ernst Buschor, hrsg. von Gustav Adolf Seeck (München 1977).
Herodot; *Historien*, griechisch – deutsch, hrsg. von Josef Feix (München (2) 1977), 2 Bände.
Heron von Alexandria, *Die Automatentheater*, griechisch und deutsch hrsg. von Wilhelm Schmidt (Leipzig 1899) Band I.
Hesych: Hesychii Alexandrini Lexicon, recensuit et emendavit Kurt Latte (Hauniae 1953) 2 volumina. Übersetzung aus dem Griechischen von C. Drecoll.

Historia Augusta, Römische Herrschergestalten, eingeleitet und übersetzt von Ernst Hohl, bearbeitet und erläutert von Elke Merten und Alfons Rösger, mit einem Vorwort von Johannes Straub (Zürich und München 1976) 2 Bände.
Homer, *Odyssee*, griechisch und deutsch, Übertragung von Anton Weiher (München 1982).
Homer, *Illias*, Neue Übertragung von Wolfgang Schadewaldt (Frankfurt 1975).
Horaz, *Sämtliche Werke*, lateinisch und deutsch, Teil I: Carmina, Oden und Epoden, nach Kayser, Nordenflycht und Burger, hrsg. von Hans Färber, Teil II: Sermones et Epistulae übersetzt und zusammen mit Hans Färber bearbeitet von Wilhelm Schöne (München (9) 1982).
Isidor, Isidori Hispalensis episcopi etymologiarum sive originum libri XX, ed. W. M. Lindsay (Oxford 1911, 1957) 2 Bände. Übersetzung aus dem Lateinischen von C. Drecoll.
Juvenal, *Satiren*, Übersetzung, Einführung und Anhang von Harry C. Schnur (Stuttgart 1969).
Kallimachos, *Die Dichtungen des Kallimachos*, Griechisch und deutsch, übertragen, eingeleitet und erklärt von Ernst Howald und Emil Staiger (Zürich 1955).
Lucian, *Werke in drei Bänden*, hrsg. von Jürgen Werner und Herbert Greiner-Mai (Berlin und Weimar 1974).
Luciani Opera, rec. M. D. Macleod, Tomus III, 48 Lexiphanes (Oxford 1980).
Lucilius, *Satiren*, Lateinisch und Deutsch von Werner Krenkel (Leiden 1970) 2 Bände.
Lukrez: Lucretius, *De rerum natura*, with an english translation by W. H. D. Rouse, revised by Martin Ferguson Smith (Cambridge Massachusetts – London 1975). Übersetzung aus dem Lateinischen von C. Drecoll.
Macrobius: Macrobii Ambrosii Theodosii Opera, vol. II Saturnaliorum libri VII, ed. L. Jahn (Leipzig 1852). Übersetzung aus dem Lateinischen von C. Drecoll.
Martial, *Epigramme*, eingeleitet und im antiken Versmaß übertragen von Rudolf Helm (Zürich 1957).
Minucius Felix, *Octavius:* M. Minuci Felicis Octavius, edidit Bernhard Kytzler (Leipzig 1982). Übersetzung aus dem Lateinischen von C. Drecoll.
Ovid, *Metamorphosen*, in deutsche Prosa übertragen von Michael von Albrecht (München 1981).
Ovid, amores: *Die Liebeselegien*, lateinisch und deutsch von Friedrich Walter Lenz (Berlin (3) 1976).
Ovid, Publius Ovidius Naso, *Liebeskunst*, ars amatoria libri tres, nach der Übersetzung von W. Hertzberg bearbeitet von Franz Burger (München 1950).
Ovid, Publius Ovidius Naso, *Tristien*, Nachdichtung aus dem Lateinischen sowie Nachwort und Anmerkungen von Volker Eberbach (Leipzig 1984).
Pausanias, *Beschreibung Griechenlands*, übersetzt und herausgegeben von Ernst Meyer (München (3) 1979) 2 Bände.
Persius, Aules Persius Flaccus, *Satiren*, herausgegeben, übersetzt und kommentiert von Walter Kißel (Heidelberg 1990).
Petronius, *Satyrika*, Schelmengeschichten, lateinisch – deutsch von Konrad Müller und Wilhelm Ehlers (München (2) 1978).
Plautus, *Antike Komödien*, Plautus, Terenz, in zwei Bänden, herausgegeben und mit einem Nachwort versehen von Walther Ludwig. Neubearbeitung der Übersetzung von Wilhelm Binder (München 1966) 2 Bände.
Platon, *Sämtliche Dialoge*, in Verbindung mit Kurt Hildebrandt, Constantin Ritter und Gustav Schneider hrsg. von Otto Apelt (Hamburg 1988) 7 Bände.
Plinius maior, der Ältere: C. Plinius Secundus d. Ä., *Natur-

Glossar der Eigennamen

kunde, Lateinisch – Deutsch, herausgegeben und übersetzt von Rodrich König in Zusammenarbeit mit Gerhard Winkler (München und Zürich 1986).
Plinius minor, der Jüngere: C. Plinius Caecilius Secundus, *Briefe*, Lateinisch – Deutsch, hrsg. von Helmut Kasten (München 1968).
Plutarch, *Große Griechen und Römer*, eingeleitet und übersetzt von Konrad Ziegler, (Zürich 1955) Band III.
Plutarch's Moralia in sixteen volumes, with an english translation by Frank Cole Babbit (Cambridge Massachusetts – London 1969) vol. I. Übersetzung aus dem Griechischen von C. Drecoll.
Plutrach's Moralia in sixtenn volumes, with an english translation by W. C. Helmbold, (London – Cambridge Massachusetts 1970) vol. VI. Übersetzung aus dem Griechischen von C. Drecoll.
Pollux, Pollucis *Onomasticon*, e codicibus ab ipso collatis, denuo edidit et adnotavit E. Bethe (Stuttgart 1967) 3 Bände. Übersetzung aus dem Griechischen von C. Drecoll.
Properz: Properz, Tibull, *Liebeselegien*, Carmina, Lateinisch – Deutsch, neu herausgegeben und übersetzt von Georg Luck (Zürich 1996).
Quintilian, Marcus Fabius Quintilianus, *Ausbildung des Redners*, zwölf Bücher, herausgegeben und übersetzt von Helmut Rahn (Darmstadt 1972) 2 Bände.
Seneca, *Apokolokyntosis*, edited by P. T. Eden (Cambridge 1984) Übersetzung aus dem Lateinischen von C. Drecoll.
Seneca, epistulae, *Briefe*: L. Annaei Senecae ad Lucilium epistulae morales, rec. L. D. Reynolds (Oxford 1965) 2 Bände. Übersetzung aus dem Lateinischen von C. Drecoll.
Seneca, *Dialoge*, darin: *Über die Kürze des Lebens, Die Beständigkeit des Weisen, Die Ruhe der Seele*: L. Annaei Senecae dialogorum libri duodecim, rec. L. D. Reynolds (Oxford 1977). Übersetzung aus dem Lateinischen von C. Drecoll.
Sueton, Gaius Suetonis Tranquillus, *Leben der Cäsaren*, übersetzt und herausgegeben von André Lambert (München 1972).
Suidas: *Suidae Lexicon*, ed. Ada Adler (Leipzig 1935) 5 Bände. Übersetzung aus dem Griechischen von C. Drecoll.
Theokrit: *Idyllien*, Teocrito, Idilli, a cura di Marina Cavalli (Mailand 1991). Übersetzung aus dem Griechischen von C. Drecoll.
Tragicorum Graecorum Fragmenta, ed. August Nauck (Hildesheim 1964); hier: Sophokles Salmoneus satyrikos.
Valerius Maximus, Valerii Maximi, *Factorum et dictorum memorabilium libri novem* iterum recensuit K. Kempf (Leipzig 1888). Übersetzung aus dem Lateinischen von C. Drecoll.
Varro, *Landwirtschaft*, Übersetzung der römischen Ökonomen, namentlich des Cato, Varro, Columella und Paladius, von Gottfried Große (Halle 1787).
Varro, *On the Latin language*, with an english translation by Roland G. Kent (Cambridge Massachusetts – London 1977). Übersetzung aus dem Lateinischen von C. Drecoll.
Vergil, *Landleben, Bucolica, Georgica, Catalepton*, lateinisch und deutsch, hrsg. von Johannes Götte (o. O. Tusculum-Bücherei 1953).
Vergil, *Aeneis*, lateinisch – deutsch, in Zusammenarbeit mit Maria Götte, herausgegeben und übersetzt von Johannes Götte (München (4) 1979).
Vitruvii de architectura libri decem, edidit et adnotavit Dr. Curt Fensterbusch, Vitruv, *Zehn Bücher über die Architektur*, übersetzt und mit Anmerkungen versehen von Dr. Curt Fensterbusch (Darmstadt 1964).
Xenophon, Symposium, Xenophontis Opera Omnia, rec. E. C. Marchant (Oxford (2) 1921; repr. 1974) Übersetzung aus dem Griechischen von C. Drecoll.

Abydos: Wichtiger Fundort in der Nähe von Memphis in Oberägypten; Begräbnisstätte der ersten Thinitenkönige.
Achill: Sohn des Peleus und der Thetis; der stärkste griechische Kämpfer vor Troja; er wurde von Paris durch einen Pfeil getötet, der ihn an seiner einzigen verwundbaren Stelle traf, der Ferse.
Äakos: Held der griechischen Mythologie; Sohn des Zeus, Vater der Helden Telamon und Peleus. Nach seinem Tod wurde er als Richter der Toten in der Unterwelt aufgenommen.
Aelian, Claudius (170-235 n. Chr.): Sophist; von den Sitten her Römer, er schrieb aber in griechisch. Seine Werke sind *De natura animalium, Geschichten* sowie zwanzig *Briefe* erhalten.
Aelius Spartianus: Einer der Autoren der sogenannten *Historia Augusta*.
Äskulap: Siehe Asklepios.
Agallis: Griechischer Gelehrter aus Korkyra (das heutige Korfu) und damit also Landsmann der Nausikaa.
Agamemnon: König von Mykene; oberster Führer der Griechen im Trojanischen Krieg; nach der Rückkehr aus dem Krieg von seiner Frau Klytämnestra ermordet.
Agathias Scholasticus oder aus Myrina (536-582 v. Chr.): Griechischer Rechtsgelehrter, Geschichtsschreiber und Dichter; Autor einer *Geschichte* in fünf Bänden und des Gedichts *Die Töchter der Daphne*; einer der Autoren der *Anthologia Palatina*.
Agesilaos: König von Sparta. Er bestieg den Thron 400 v. Chr. und war lange Zeit der Gegenpol zur aufstrebenden Macht Thebens. Berühmt ist die Lobbiographie, geschrieben von seinem Freund Xenophon.
Aischines: Griechischer Philosoph, der zwischen dem 5. und 4. Jh. v. Chr. lebte. Er gehörte zu den ergebensten Schülern des Sokrates, bei dessen Tod er anwesend war.
Ajax, der kleine: Sohn des Oileus, König von Lokris. Berühmt für den Raub der Kassandra während der Einnahme Trojas und für die Gotteslästerung gegenüber Athena, die ihm den Tod einbrachte.
Ajax, der große oder **der Telamonier:** Sohn des Königs Telamon von Salamis; er war nach Achill der stärkste Krieger während der Belagerung Trojas. Da er die Waffen des Achill nicht bekam, tötete er sich mit dem eigenen Schwert.
Aktium: Westgriechische Landzunge, bei der im Jahr 31 v. Chr. Octavian, der zukünftige Augustus, die Flotte des Antonius und der Kleopatra vernichtete.
Alexandros der Athener: Griechischer Maler, bekannt nur durch ein von ihm signiertes Bild, das als „Die Knöchelspielerinnen" bekannt ist.
Alexander der Große (356-323 v. Chr.): König von Makedonien, über das er die Regentschaft im Alter von nur sechzehn Jahren übernahm. Er bestieg den Thron nach der Ermordung seines Vaters, Philipp II. Er war vielleicht der größte Feldherr aller Zeiten: Ihm gelang es, ein riesiges Reich zu erobern.
Alexander von Pleuron: Griechischer Dichter des 3. Jhs. v. Chr. Er wurde von Ptolemaios Philadelphos mit der Ordnung der Tragödien in der Bibliothek von Alexandria beauftragt.
Alexis: Komischer Dichter, geboren im 4. Jh. v. Chr in Thurioi.
Alkaios: Griechischer Lyriker, geboren um 620 v. Chr. in Mytilene; zusammen mit Sappho war er der Hauptvertreter der äolischen Dichtung. Von seinen Werken sind nur wenige Fragmente erhalten geblieben.

Alkibiades (450-404 v. Chr.): Athenischer Staatsmann und Feldherr.
Alkinoos: König der Phäaken; Vater der Nausikaa; er half Odysseus, nach Ithaka zurückzukehren.
Amenophis I.: Pharao der XVIII. Dynastie.
Amphidamantes: Vater des Kleitonymos, der von Patroklos in einem Wutanfall während eines Knöchelspiels getötet wurde.
Amphis: Griechischer Dichter der zweiten Hälfte des 4. Jhs. v. Chr., d. h. der Mittleren Komödie. Von seinem Werk sind nur die Titel sowie wenige Fragmente erhalten geblieben.
Amun: König der ägyptischen Götter, Gott des Windes und der Fruchtbarkeit; erscheint so gut wie immer in Menschengestalt, gelegentlich mit einem Widderkopf. Gemahl der Mut und Vater des Chons, des Mondgottes.
Anakreon: Lyrischer Dichter, geboren um 579 v. Chr. Er war einer der ersten, der das Modell des höfischen Dichters verkörperte, indem er den Genuß des Augenblicks mit Wein, Freundschaft und Liebe besang.
Andokides: Attischer Töpfer vom Ende des 6. Jhs. v. Chr. In seiner Werkstatt entstanden wahrscheinlich die ersten rotfigurigen Vasen.
Anteros: Als Gegenspieler Eros' stellt er die unglückliche Liebe dar bzw. die homosexuelle Liebe, weswegen er mit dem Gymnasium verbunden ist.
Anthiphanes: Komiker der Mittleren Komödie, geboren zwischen 408 und 405 v. Chr. Er schrieb zwischen 260 und 365 Komödien.
Antillos: Griechischer Arzt und Chirurg; bekannt für sein Wissen über die Aneurysmen und für seine Ratschläge zur Ernährungslehre, zur Tollwut und zur medizinischen Gymnastik.
Antinoë oder **Antinoupolis:** Antike Stadt am rechten Ufer des Nils; das heutige Schêch Abâda; gegenüber von Hermopolis.
Antiochos IX. (135-95 v. Chr.): König von Syrien; auch Philopator oder Kyzikenos genannt.
Antipater von Thessalonike: Epigraphiker und Redner in Rom. Ihm werden mit Sicherheit fünfunddreißig Epigramme zugeschrieben.
Antonius, Marcus (82-30 v. Chr.): Politiker und römischer General. Nach dem Tod Cäsars war er der Gegner Octavians, von dem er in der Schlacht von Aktium geschlagen wurde. Zusammen mit Kleopatra tötete er sich selbst.
Anubis: Ägyptischer Gott; Beschützer der Balsamierer.
Anytes aus Tegea: Griechische Dichterin des 4. Jhs. v. Chr.; Verfasserin der *Epigramme*. .
Aphrodite: Göttin der Liebe, auch Zyprerin genannt, denn nach einigen Quellen wurde sie auf Zypern geboren. Mutter des Eros. Das Knöchelchen war eines ihrer Attribute, das sie mit den Grazien teilte.
Apoll: Sohn des Zeus und der Leto; Gott der Mantik und der Künste; ihm waren u. a. der Schwan, die Gabelweihe, der Geier und der Rabe geweiht.
Apollonius von Rhodos: Griechischer Dichter des 3. Jhs. v. Chr.; Verfasser der *Argonautika*.
Aponusquelle: Die berühmter Thermalquelle, an der sich heute Abano Terme befindet.
Archytas aus Tarent: Mathematiker und Philosoph des 4. Jhs. v. Chr.; Begründer der wissenschaftlichen Mechanik.
Ares: Gott des Krieges; Sohn des Zeus und der Hera; bei den Römern hieß er Mars. Während eines Liebestreffens mit Aphrodite ertappte ihn Hephaistos auf frischer Tat und spann ein unsichtbares Netz um ihn, wodurch er zum Belu-

stigungsobjekt aller Götter wurde.

Aristophanes: Einer der wichtigsten griechischen Komödienschreiber; er lebte zwischen 445 und 385 v. Chr.

Aristoteles: Griechischer Philosoph, geboren 384 v. Chr. Er trat mit achtzehn Jahren in die platonische Akademie ein und blieb dort sein ganzes Leben lang. Er war der Erzieher Alexanders des Großen.

Artemis: Tochter der Leto und Zwillingsschwester von Apoll; griechische Göttin der Jagd; bei den Römern hieß sie Diana.

Asarhaddon: Siehe *Sanherib*.

Asklepios: Griechischer Gott der Heilkunst, gleichzusetzen mit dem römischen Äskulap. Sohn des Apoll und der Koronis. Er wurde von dem Zentaur Chiron großgezogen.

Assyrien: Historische Region Südwest-Asiens am linken Ufer des Tigris.

Athena: Göttin des Krieges sowie der Künste und der Literatur; Stadtgöttin von Athen. Bei den Römern hieß sie Minerva.

Athenaeus: Griechischer Gelehrter des 2.-3. Jhs. n. Chr. Verfasser des Werks *Deipnosophisten* in fünfzehn Bänden.

Augustus: Siehe *Octavian*.

Aulus Gellius: Lateinischer Schriftsteller des 2. Jhs. n. Chr.; Verfasser der *Attische[n] Nächte*.

Ayrton, Edward Russel (1882-1914): Englischer Ägyptologe.

Beni Hasan: Fundort einer fürstlichen Nekropole der Herrscher der XI.-XII. Dynastie in Mittelägypten.

Bês: Überbegriff einer Gruppe einander ähnlicher, ägyptischer Halbgötter, die der Gebärenden und der Wöchnerin Schutz gewähren; dargestellt in Zwerggestalt. Man trug sie als mächtiges Amulett.

Boethos: Griechischer Bronzegießer aus Chalkedon, der in der Mitte des Hellenismus arbeitete.

Cäsar, Gajus Julius (100-44 v. Chr.): Einer der größten Männer in der Geschichte Roms. Nachdem er zum Diktator auf Lebenszeit und für zehn Jahre zum Konsul ernannt worden war, zog er die Unzufriedenheit eines Teils der Senatoren auf sich, die ihn, angeführt von Cassius und Brutus, bei einer Verschwörung an den Iden des März im Jahr 44 v. Chr. ermordeten.

Caligula (12-41 n. Chr.): Römischer Kaiser; Nachfolger des Titus.

Calpurnius Piso: Römischer Politiker und Geschichtsschreiber; würdevoll und mit einfacher Kleidung, was ihm den Spitznamen „der Bescheidene" einbrachte.

Calpurnius Siculus: Bukolischer Dichter; Zeitgenosse Neros. Einige schreiben Seleius Bassus, ein epischer Dichter der Mitte des 1. Jhs. n. Chr., die Verfasserschaft des Werks *Lobrede auf Piso* zu, aber die Kritiker stimmen dem nicht zu.

Carter, Howard (1873-1939): Berühmter Ägyptologe; Entdecker des Grabes von Tutanchamun im Tal der Könige.

Cassius Dio: Griechischer Geschichtsschreiber; geboren um 155 n. Chr. und gestorben um 235; Verfasser einer *Römische[n] Geschichte* in achtzig Bänden.

Cato, Marcus Porcius Uticensis (95-46 v. Chr.): Römischer Politiker, der den Beweis für moralische Strenge und Rechtschaffenheit sowohl im Privatleben als auch in der Politik lieferte. Von Pompejus bei Pharsalos besiegt, beging in Utica Selbstmord.

Catull, Gajus Valerius (84-54 v. Chr.): Römischer Lyriker; er besang hauptsächlich seine unglückliche Liebe zu Lesbia.

Caylus-Maler: Attischer Töpfer schwarzfiguriger Vasen vom Beginn des 5. Jhs. v. Chr.

Chalkis: Stadt in Griechenland; eine der größten Seemächte und Ausstrahlungszentrum der griechischen Kolonisation in der Ägäis, auf Sizilien und in Italien.

Cicero, Marcus Tullius (106-43 v. Chr.): Römischer Staatsmann, Redner und Schriftsteller.

Claudius (10-54 n. Chr.): Römischer Kaiser; Nachfolger des Caligula.

Columella, Lucius Junius Moderatus: Lateinischer Agronom und Schriftsteller des 1. Jhs. n. Chr.; Verfasser des Werkes *Die Landwirtschaft*.

Daphne: Stadt südlich von Antiochia.

Deir el-Medine: Ägyptischer Fundort zwischen der westlichen Ebene von Theben und dem Massiv, in dem das Tal der Könige liegt.

Delos: Insel des Archipels der Kykladen; Sitz einer Kultstätte, des Schatzes des delisch-attischen Seebundes sowie Austragungsort der attischen Spiele.

Delphi: Fundort in der Phokis, an den südlichen Abhängen des Parnaß; großes religiöses Zentrum und Sitz des berühmtesten Orakels der Antike.

Didyma: Antiker Fundort in Karien, in der Nähe von Milet; Sitz eines berühmten Heiligtums des Apolls von Didyma.

Dikaiarchos aus Messene: Geograph und Geschichtsschreiber des 4. Jhs. v. Chr.; Schüler des Aristoteles.

Dio von Prusa: Griechischer Literat; geboren im Jahr 40 n. Chr.; wegen seiner Beredsamkeit Chrysostomos (goldener Mund) oder auch Cocceianus genannt.

Diodor aus Sizilien: Griechischer Geschichtsschreiber des 1. Jhs. v. Chr.; er verfaßte eine Universalgeschichte in vierzig Bänden. Vollständig erhalten blieben davon die ersten fünf sowie die Bände XI bis XX; von den anderen gibt es umfassende Auszüge.

Diomedes-Maler: Attischer Töpfer des 4. Jhs. v. Chr.

Dionysios von Halikarnassos (60-7 v. Chr.): Griechischer Geschichtsschreiber und Redner, der in Rom lebte; Verfasser der *Römische[n] Antiquitäten*.

Dionysos: Sohn des Zeus und der Semele; Gott des Weines und der Vegetation; er führte die orphischen Mysterien an. Bei den Römern hieß er Bacchus.

Domitian: Römischer Kaiser; Nachfolger des Vespasian im Jahre 81 n. Chr.

Douris: Attischer Töpfer vom Ende des 6., Anfang des 5. Jhs. v. Chr. Er gehört zu den bekanntesten Personen sowie zu denjenigen, die als erster unter den hunderten von attischen Vasenmalern entdeckt wurden, die dann später identifiziert wurden.

Edinburgh-Maler: Attischer Töpfer, der um 500 v. Chr. arbeitete. Er ist der Hauptmaler für Lekythoi.

El-Mahasna: Fundort acht Meilen nördlich von Abydos, in Oberägypten.

Epidaurus: Antike Stadt in der Argolis. Dort entstand das Heiligtum des Asklepios mit einer heiligen Quelle.

Epiktet (50-138 n. Chr.): Griechischer Philosoph; letzter Stoiker; seine in den *Dissertationes* und im *Handbuch* gesammelten Lehren wurden von seinem Schüler Arrian herausgegeben.

Eretria-Maler: Attischer Töpfer des 5. Jhs. v. Chr.

Erinnyen oder **Eumeniden:** Rachegöttinnen, die bei den Römern Furien hießen; Beschützerinnen der sozialen Ordnung; sie bestrafen alle Verbrechen, vor allem Mord.

Eros: Der jüngste der griechischen Götter; Sohn der Aphrodite und des Ares; Gott der Liebe; dargestellt als geflügelter Knabe. Bei den Römern hieß er Amor oder Cupido.

Eubulos: Athenischer Komödienschreiber der Mittleren Komödie aus der ersten Hälfte des 4. Jhs. v. Chr. Der *Suida* zufolge schrieb er 104 Komödien.

Euphronios: Attischer Töpfer rotfiguriger Vasen des 6. Jhs. v. Chr. Unter den attischen Töpfern der vortrefflichste, begabteste und vielseitigste.

Eupolis-Maler: Attischer Töpfer rotfiguriger Vasen des 5. Jhs. v. Chr.

Euripides (480-406 v. Chr.): Einer der größten griechischen Tragiker. Von den fünfundsiebzig Tragödien, die die Alexandriner als seine anerkennen, sind nur siebzehn erhalten geblieben.

Eusthatius von Thessalonike: Erzbischof, starb um 1194. Er schrieb den *Kommentar zu Pindar* sowie die Skolien zur *Illias* und zur *Odyssee*.

Faijûm: Ägyptische Oase, die in die sich 130 m über dem Meer erhebende Lybische Wüste eingesenkt ist; sie liegt 30 km westlich des Nils.

Festus, Sextus Pompejus: Lateinischer Grammatiker, wahrscheinlich des 2. Jhs. n. Chr.

Galen: Griechischer Arzt, der in Pergamon geboren wurde; er lebte zwischen 129 und 199 n. Chr. Er war der Leibarzt Mark Aurels. Von seinem umfassenden Werk sind mehr als hundert Traktate erhalten.

Gallienus (218-268 n. Chr.): Seit 259 römischer Kaiser; Sohn des Imperators Valerian; er lebte zur Zeit der sogenannten Dreißig Tyrannen.

Ganymed: Mythischer, wunderschöner Knabe, der von Zeus geraubt und auf den Olymp gebracht wird, um als Mundschenk der Götter zu dienen.

Gezer: Antike Stadt in Palästina; sie entspricht dem heutigen Tell Gezer.

Gisa: Fundort in der Nähe von Kairo, an dem sich die berühmten Pyramiden des Cheops, des Chephren und des Mykerinos sowie unzählige Mastabas (d. h. Gräber der Adligen der IV. Dynastie) befinden.

Harpyien: Sturmdämonen in Gestalt vogelartiger Mädchen. Vergil versetzt sie in den Vorraum zur Unterwelt.

Hatschepsut: Ägyptische Königin der XVIII. Dynastie; Tochter des Thuthmosis I.

Hattusa: Antike hethitische Hauptstadt in Kleinasien.

Hekate: Göttin der Magie und der Zauberei; sie sorgt bei Schlachten und Spielen für den Sieg.

Heliaden: Töchter des Helios; beim Tod ihres Bruders Phaeton, der in den Eridanos hinabstürzte (der mal mit dem Po, mal mit der Rhone gleichgesetzt wird), weinten sie unaufhörlich vier Monate lang, bis die Schwestern in Pappeln, ihre Tränen in Bernstein verwandelt wurden.

Helios: Die Sonne. Er gehört zur Generation der Titanen, d. h. er ist früher als Apoll entstanden.

Hephaistos: Gott des Feuers; Ehegatte der Aphrodite und Schöpfer bewundernswerter Werke, wie dem Schild des Achill.

Hera: Schwester und Gemahlin des Zeus; Beschützerin der Ehe und der Geburt; ihr waren der Pfau, der Kuckuck und die Krähe heilig.

Herakles: Der größte griechische Held; Sohn des Zeus und der Alkmene; berühmt für seine zwölf Taten. Gepeinigt von rasenden Schmerzen, verursacht durch das von Deianira gesandte Gewand, ließ sich Herakles auf einem Scheiterhaufen verbrennen und wurde von Zeus in den Olymp aufgenommen, wodurch er Unsterblichkeit erlangte.

Herculaneum: Antike Stadt an den westlichen Abhängen des Vesuvs. Durch den Vulkanausbruch wurde es 79 n. Chr. zerstört.

Hermes: Siehe *Merkur*.

Herodot: Griechischer Geschichtsschreiber; geboren in Halikarnassos um 484 v. Chr. und gestorben nach 430 v. Chr.; Verfasser der *Geschichte*.
Heron von Alexandria: Mathematiker und Physiker, der etwa in der Mitte des 3. Jhs. v. Chr. unter Ptolemaios Philadelphos und Ptolemaios Euregetes lebte.
Hesych von Alexandria: Griechischer Lexikograph, der wahrscheinlich im 5. Jh. n. Chr. lebte. Er war der Verfasser des *Lexikon*, des umfassendsten griechischen Nachschlagewerkes.
Hilära: Schwester der Phöbe und Frau des Castor.
Himera: Antike sikulische Stadt zwischen Cefalù und Termini Imerese.
Hippodameia: Figur der griechischen Mythologie; Tochter des Oinomaos und Gemahlin des Polops.
Hippokrates: Griechischer Arzt, der ungefähr in der zweiten Hälfte des 5. Jhs. v. Chr. lebte.
Homer: Der größte griechische Dichter; er war vielleicht ein ionischer Sänger des 10.-9. Jhs. v. Chr.
Honorius, Flavius (384-423 n. Chr.): Römischer Kaiser. Nach dem Tod seines Vaters Theodosius I. erbte er den westlichen Teil des römischen Imperiums und machte Ravenna zu seiner Hauptstadt. Er heiratete die Tochter des Feldherren Stilicho.
Horaz, Quintus Flaccus (64 v. Chr.-8 n. Chr.): Römischer Dichter; Verfasser der *Epoden, Gedichte, Satire* und *Briefe*.
Horus: Zu Beginn der 1. Dynastie wurde er zum falkengestaltigen Himmelsgott, der sich im König inkarnierte.
Hyginus: Mythenforscher, unter dessen Namen eine Reihe von 277 Prosaerzählungen erhalten geblieben sind, die wahrscheinlich zwischen dem Ende des 1. Jhs. und dem Beginn des 2. Jhs. n. Chr. entstanden sind.
Ikarios: Der Sage nach der Vater der Penelope, der Frau des Odysseus.
Ilizia: Weiblicher Genius minoischen Ursprungs; Beschützerin der Geburt.
Isidor von Sevilla (um 560-636 n. Chr.): Bischof und Kirchengelehrter.
Italica: Spanische Stadt, die von Scipio Africanus gegründet wurde. Hier wurden Trajan, Hadrian und Theodosius geboren.
Janus: Römischer Gott des Tordurchgangs, d. h. des Einund Ausgangs und deshalb Beschützer des Hauses und der Stadt. Er wird doppelköpfig dargestellt, so daß ein Gesicht nach außen und das andere nach innen blickt.
Jason: Eroberer des Goldenen Vlieses; Ehemann der Medea, die er für Glauke verließ. Medea rächte sich, indem sie sowohl Glauke und deren Vater Kreon als auch die eigenen Kinder, die sie mit Jason hatte, tötete.
Johannes Kinamon: Byzantinischer Geschichtsschreiber; geboren um 1143. Er schrieb eine *Geschichte* seiner Zeit gegen die Römer.
Julius Capitolinus: Einer der Autoren der *Historia Augusta*.
Juvenal (55-135 n. Chr.): Römischer Satiriker.
Käfig-Maler: Attischer Töpfer des 5. Jhs. v. Chr.
Kallimachos: Athenischer Bildhauer des 5. Jhs.; sein Spitzname bedeutet: „derjenige, der mit seinem Werk nie zufrieden ist".
Kallimachos aus Kyrene (310-240 v. Chr.): Griechischer Dichter und Philosph; Verfasser der *Epigramme*.
Kinamon: Siehe Johannes.
Knidier: Einwohner von Knidos, eine antike Stadt in Karien in Südwestkleinasien.
Knossos: Antike Stadt auf der Insel Kreta und Hauptstadt des mythischen Reiches des Minos.
Komnenos: Siehe Manuel I.
Korinth: Stadt in Griechenland am gleichnamigen Isthmus; gegründet vom mythischen Sisyphus. Es war Austragungsort der Isthmischen Spiele.
Korkyra: Antiker Name des heutigen Korfu.
Krates aus Athen: Dichter des 5. Jhs. v. Chr., der von Aristoteles und von Aristophanes geschätzt wurde.
Kratinus: Athenischer Komödiendichter des 5. Jhs. v. Chr. Von seinem Werk sind achtundzwanzig Titel bekannt, und es sind mehr als fünfhundert Fragmente erhalten geblieben.
Lanciani, Rodolfo: Römischer Archäologe der zweiten Hälfte des neunzehnten Jahrhunderts.
Laren: Gottheiten des privaten Kults beim heimischen Herdfeuer, denen die Mitglieder einer römischen Familie täglich huldigten.
Leonides von Tarent: Griechischer Epigrammatiker, lebte etwa zwischen 320 und 260 v. Chr.
Leto: Griechische Göttin, die von Zeus die Zwillinge Artemis und Apoll gebar.
Lischt: Wenige Kilometer vom westlichen Ufer des Nils entfernt, zwischen der Senke von Faijūm und Sakkāra gelegen.
Livius, Titus (Padua 59 v. Chr. -?): Römischer Historiker; Verfasser einer *Geschichte Roms* von der Gründung der Stadt bis 9 v. Chr., dem Todesjahr des Drusus.
Lukian: Griechischer Schriftsteller des 2. Jhs. n. Chr.
Lukrez, Carus Titus: Römischer Dichter; geboren zwischen 98 und 94 und gestorben zwischen 55 und 51 v. Chr. Man kennt weder seine soziale Herkunft noch seine kulturelle Bildung.
Luxor: Vorstadt an der südlichen Peripherie von Theben.
Ma'at: Ägyptische Göttin der Gerechtigkeit, dargestellt als eine Feder. Wenn man die Seelen der Verstorbenen wog, wurde sie auf eine der Waagschalen gesetzt.
Macrobius, Ambrosius Theodosius: Lateinischer Schriftsteller des 4.-5. Jhs. n. Chr.
Maecenas, Gajus (69-8 v. Chr.): Vertrauter des Augustus; Abkömmling einer alten etruskischen Familie; er umgab sich mit Dichtern und Literaten; er selbst war ebenfalls Dichter.
Makron: Attischer Töpfer vom Beginn des 5. Jhs. v. Chr.
Maler von Bryn Mawr: Attischer Töpfer vom Ende des 5. Jhs. v. Chr.
Maler von CA: Gründer der Gruppe CA (Vasengruppierung der ersten Keramikproduktion der Gruppe von Cumae); lebte zu Beginn der zweiten Hälfte des 4. Jhs. v. Chr.
Mark Anton, der Philosoph: Siehe Mark Aurel.
Mark Aurel (121-180 n. Chr.): Römischer Kaiser; Nachfolger von Antoninus Pius. In der *Historia Romana* wird er Mark Anton, der Philosoph genannt.
Martial: Lateinischer Epigrammatiker; geboren um 40 n. Chr.
Medea: Figur der griechischen Mythologie. Sie half Jason bei der Erlangung des Goldenen Vlieses. Von ihm später verlassen, rächte sie sich, indem sie die neue Frau Jasons sowie die eigenen Kinder, die sie von ihm hatte, umbrachte.
Medien: Landschaft in Vorderasien im Südwesten des Kaspischen Meeres; besiedelt im Verlauf des 1. Jahrtausends v. Chr.
Meggido: Antike Stadt in Palästina mit präisraelitischen Ursprung. Ihre Ruinen befinden sich im Tell Mutesellim, einem Hügel von 191 m Höhe.
Meidias-Maler: Der bekannteste und am meisten bewunderte Maler unter den attischen Töpfern der letzten Jahrzehnte des 5. Jhs. v. Chr.
Meleager: Griechischer Epigrammatiker, der zwischen dem 2. und dem 1. Jh. v. Chr. lebte.
Memphis: Hauptstadt zahlreicher Pharaonen, 28 km südlich von Kairo gelegen.
Merkur: Gott der Reisenden und der Kaufleute; häufig verknüpft mit Fortuna und deswegen auch der Gott der Spieler und der Diebe.
Metrodor: Griechischer Epigrammatiker des 6. Jhs. n. Chr.
Midas: Phrygischer König, der bei einem musikalischen Wettstreit zwischen Phöbos und Marsyas den Sieg ungerecht vergab, woraufhin der zornige Gott ihm Eselsohren wachsen ließ.
Minos: König von Kreta; Sohn des Zeus und der Europa; Gemahl der Pasiphae, die in widernatürlicher Leidenschaft für den Stier entflammte, den Poseidon ihrem Gatten geschenkt hatte; aus dieser Verbindung ging der Minotaurus hervor.
Minucius Felix: Römischer Apologet, der zwischen dem 2. und 3. Jh. n. Chr. lebte.
Mut: Geiergestaltige Göttin; Gemahlin des Amun.
Naevius: Lateinischer Dichter des 3. Jhs. v. Chr.; Verfasser von Tragödien und Komödien.
Naukratis in Ägypten: Handelszentrum am früheren kanopischen Nilarm, berühmt für seine „Naukratis-Vasen".
Nauplius: Vater des Palamedes; fahrender Held schlechthin sowie bemerkenswerter Navigator.
Nausikaa: Heldin einer der berühmtesten Legenden, die von Homer geschildert wird. Die Mythenforscher vermuten, daß sie später Telemachos geheiratet hat und von ihm einen Sohn bekam, der Persepolis wurde.
Negade: Fundort in Oberägypten, der namengebend für eine chalkolithische Kultur ist, die die Basis für die pharaonische Kultur bildete.
Niobe: Mythologische Figur, die der Göttin Leto gegenüber ihren Kinderreichtum rühmte. Zur Strafe rächten die Kinder der Göttin, Artemis und Apoll, ihre Mutter und töteten Niobes sieben Söhne und sieben Töchter. Vor Schmerz verwandelte sich Niobe daraufhin zu Stein.
Octavian, Gajus Julius Cäsar Augustus (63 v. Chr.-14 n. Chr.): Römischer Kaiser. Von Cäsar adoptiert, beanspruchte er sein Erbe, wobei er sich geschickt zwischen Antonius und dem Senat hielt. Nach dem Sieg über Antonius wurde er 27 v. Chr. mit dem Titel eines Augustus geehrt und im Jahre 4 mit dem eines Imperators.
Odysseus: Siehe Ulixes.
Olymp: In den homerischen Epen als Sitz der Götter angesehen. Er erhob sich auf der Grenze zwischen Makedonien und Thessalien.
Olympia: Antikes Zeusheiligtum; Austragungsort der Olympischen Spiele.
Osiris: Der bekannteste und komplexeste der ägyptischen Götter; Brudergemahl der Isis. Gott der verschiedene Gestalten umfaßt, wie Orion, den Mond, der Osiris des Jenseits, der die Toten richtet sowie die ägyptische Erde mit ihrer Vegetation inkarniert.
Ovid, Naso Publius (43 v. Chr.-17 n. Chr.): Römischer Dichter.
Palamedes: Griechische Mythengestalt; Held vor den Mauern Trojas. Die Überlieferung schreibt ihm die Erfindung einiger Buchstaben des Alphabets, der Zahlen, der Verwendung von Münzen, astronomischer Berechnungen, des Brettspiels und der Würfel zu.
Pan: Griechische Gottheit; Gott der Berge und des Landlebens; Sohn des Hermes und der Nymphe Dryope; Gefährte des Dionysos. Er wurde mit Hörnern und Ziegenfüßen dargestellt.

Pandareus: Mit diesem Namen verbinden sich dunkle Mythen, die ihren Ursprung auf Kreta und in Kleinasien haben. Der bekannteste erzählt von seiner Verwandlung in einen Felsen, da er Zeus einen goldenen Hund geraubt hatte.

Pan-Maler: Attischer Töpfer, der in den Jahrzehnten zwischen 480 und 440 v. Chr. arbeitete.

Patroklos: Der beste Freund Achills, dem die *Ilias* Verse verzehrender Poesie widmet.

Paulus, Lucius Emilius: Römischer Konsul und Politiker.

Pausanias: Schriftsteller des 2. Jh. n. Chr.; Verfasser eines *Führer[s] durch das antike Griechenland* in zehn Bänden.

Pelops: Aus Kleinasien stammend, siegt er im Wagenrennen gegen den König von Pisa in Elis und Vater der Hippodameia, Oinomaos, den er tötet. So bekommt er dessen Tochter zur Frau. Einer Legende zufolge geht auf ihn die Einführung der Olympischen Spiele zurück.

Penelope-Maler: Attischer Töpfer, Mitte des 5. Jhs. v. Chr.

Penthesilea-Maler: Einer der größten attischen Töpfer; arbeitete während der gesamten zweiten Viertels des 5. Jhs. v. Chr.

Pergamon: Antike Stadt in Mysien. Unter der Dynastie der Attaliden wurde sie zur Hauptstadt eines der mächtigsten Reiche.

Persius Flaccus, Aulus (34-62 n. Chr.): Römischer Satiriker; schrieb sechs *Satiren,* in denen er die ethische Lehre der Stoa verfolgte.

Petrie Flinders, Sir: Englischer Ägyptologe (1853-1942).

Petronius Arbiter: Lateinischer Schriftsteller des 1. Jhs. n. Chr.; Höfling Neros und seiner *elegantiae arbiter.*

Phiale-Maler: Attischer Töpfer des 5. Jhs. v. Chr.

Philemon: Griechischer Dichter der Neuen Komödie, der zwischen 361 und 263 v. Chr. lebte.

Philipp der Makedonier (382-336 v. Chr.): Der größte und scharfsinnigste makedonische Herrscher; Vater Alexanders des Großen.

Phöbe: Tochter des Leukippos, König von Messenien; Frau des Pollux und Schwester der Hilära.

Phöbos: Epitheton und Synonym für Apoll (siehe dort).

Phryne: Griechische Hetäre des 4. Jhs. v. Chr. Ihr wurde der Prozeß gemacht, weil sie versucht haben soll, einen neuen Kult zu verbreiten; dabei wurde sie von Hypereides verteidigt. Der Überlieferung nach wurde sie freigesprochen als sie den Richtern ihren nackten Körper enthüllte.

Pikten: Antike Bevölkerung Kaledoniens (Nordschottland). Sie wurden im Jahr 368 von Theodosius dem Älteren, der bei Valentinian I. in Diensten stand, besiegt.

Pistoxenos-Maler: Er arbeitete während des gesamten zweiten Viertels des 5. Jhs. v. Chr.; er malte gemeinsam mit dem berühmten Töpfer Euphronios.

Platon (427-348): Zusammen mit Aristoteles war er der größte griechische Philosoph. Seine Gedanken sind ausgedrückt in den *Dialoge[n],* die in späteren Epochen zu Tetralogien zusammengefaßt wurden.

Platon, der Komiker: Athenischer Komiker und Zeitgenosse des Aristophanes. Die *Suida* gibt ca. dreißig Titel an, von denen jedoch einige nicht authentische sind.

Plautus (250-184 v. Chr.): Römischer Komödiendichter; zu seinen Komödien zählen *Amphitrion, Aulularia, Cistellaria, Menaechmi.*

Plinius der Ältere, Gajus Secundus (23-79 n. Chr.): Römischer Schriftsteller; Verfasser des enzyklopädischen Werks *Naturgeschichte* in siebenunddreißig Bänden. Befehlshaber der kaiserlichen Flotte in Misenum; starb beim Ausbruch des Vesuvs im Jahr 79 n. Chr., da er nicht wegsegeln wollte.

Plinius der Jüngere, Gajus Julius Secundus (62-114 n. Chr.): Römischer Schriftsteller; Neffe und Adoptivsohn Plinius' des Älteren. Umfangreiche und interessante *Briefe* sind in zehn Bänden erhalten geblieben.

Plutarch: Griechischer Schriftsteller; im Jahr 50 n. Chr. geboren; der berühmteste griechische Biograph.

Pluton: Beiname des Gottes der Unterwelt Hades.

Pollux: Lexikograph; geboren im 2. Jh. n. Chr.

Polygnotos: Großer Maler zur Zeit des Perikles.

Polyklet: Bildhauer, überwiegend Bronzegießer, 5. Jh. v. Chr.

Pompeji: Stadt oskischen Ursprungs, die dann unter etruskische sowie sannitische und schließlich römische Hegemonie gelangte. Blühend durch Handel und Industrie wurde sie 79 n. Chr. unter den Lavamassen des Vesuvs begraben.

Pompejus Magnus: Römischer Feldherr zur Zeit Sullas.

Praxiteles: Athenischer Bildhauer wahrscheinlich vom Ende des 5. oder der ersten Jahre des 4. Jhs. v. Chr. Plinius sagte, daß er sich in der Herrlichkeit des Marmors selbst übertraf.

Primaten-Maler: Lukanischer Töpfer der zweiten Hälfte des 4. Jhs. v. Chr.

Priscian: Lateinischer Grammatiker des 6. Jhs. n. Chr.; geboren in Caesarea in Mauretanien und Lateinlehrer in Konstantinopel.

Proculus, T. Aelius: Im Jahr 280 n. Chr. zettelte er eine Erhebung gegen den Kaiser Probus an.

Properz: Römischer Dichter; geboren um 47 v. Chr.; einer der größten Elegiker des augusteischen Zeitalters.

Protesilaos: Der erste griechische Held, der vor Troja fiel.

Ptolemaios I. Soter (367-283 v. Chr.): Ägyptischer König; Zeitgenosse und Freund Alexanders der Großen; er verbreitete in Ägypten den Kult um den makedonischen Feldherrn sowie den Sarapiskult.

Quintilian, Marcus Fabius (35/40-96 n. Chr.): Römischer Redner; geboren in Spanien.

Ramses I.: Pharao der XIX. Dynastie; er schaffte den durch Echnaton eingeführten Glauben an den Sonnengott wieder ab.

Ramses III.: Er verteidigte sein immer stärker durch die Lybier und „Seevölker" bedrohtes Reich. Er wurde ermordet.

Rhodos: Insel des ägäischen Meers; sie wurde von den Dorern kolonisiert.

Ro-Peqer: Name des Osirisheiligtums in Abydos.

Rosellini, Ippolito: Pisanischer Ägyptologe, der im Jahr 1828 an einer Expedition in Ägypten teilnahm.

Sakkâra: Stadt in Oberägypten, 22 km südlich von Kairo; Nekropole des antiken Memphis.

Samaria: Historische Landschaft in Palästina auf der Hochebene im Westen des Jordans.

Sanherib: Vater des Asarhaddon; das Hauptereignis seiner Regierungszeit war der siegreiche Ägyptenfeldzug.

Sappho: Griechische Dichterin; geboren in der zweiten Hälfte des 7. Jhs. v. Chr.

Scaevola, Publius Mucius: Pontifex Maximus; Konsul im Jahr 133 v. Chr.

Schaukel-Maler: Attischer Töpfer schwarzfiguriger Vasen des 6. Jhs. v. Chr.

Sechmet: Löwenköpfige, ägyptische Göttin; Herrin von Krieg und Krankheit sowie der Todesboten; verantwortlich für die Epidemien.

Sedment: Fundort 7 km nordöstlich von Ehnâsja (Herakleopolis Magna) im südlichen Teil der Senke von Faijûm.

Seneca, Lucius Annaeus: Römischer Dichter und Philosoph; er wurde in Kordova in den letzten Jahren des 1. Jhs. v. Chr. geboren und starb in Rom im Jahr 65 n. Chr., d. h. er beging Selbstmord auf Befehl Neros. Er war ein äußerst schöpferischer Schriftsteller.

Septimius Severus (146-211 n. Chr.): Römischer Kaiser mit Ursprüngen im Ritterstand; er bestieg den Thron nach der Ermordung des Commodus, womit die Dynastie der Severer begann, die auf die antoninische Zeit folgte.

Seth: Ägyptischer Gott, der bei den Griechen Typhon hieß; ein Gott, der sich in einer oder mehreren Tierarten ikarnierte, wobei er von jeder einen Teil annahm. Er wurde von Horus, dem er ein Auge ausgestochen hatte, entmannt.

Sethos I.: Zweiter ägyptischer König der XIX. Dynastie; er widerstand siegreich den Hethitern mit denen er einen Friedensvertrag abschloß. Der Obelisk, den er für den Tempel in Heliopolis hatte anfertigen lassen, erhebt sich heute auf der Piazza del Popolo in Rom.

Sikyon: Antike griechische Stadt auf der Peloponnes, 20 km von Korinth entfernt. Sie wurde mächtig unter der Tyrannei des Kleisthenes.

Siwa: Fundort in Ägypten, an dem Amun besonders verehrt wurde.

Sobek: Ägyptische Gottheit; Gemahl der Hathor oder der Neith; er wurde als Krokodil oder als Mensch mit dem Kopf dieses Tieres dargestellt.

Sokrates: Philosoph, der zwischen 469 und 399 v. Chr. in Athen lebte; gewollter Tod, da er einem Urteil entsprechend den Schierlingsbecher nahm.

Sophokles: Athenischer Tragiker; geboren 497/496 und gestorben zwischen 406 und 405 v. Chr. Er war sehr erfolgreich, denn er erhielt achtzehn Siege gegenüber den dreizehn des Aischylos sowie den fünf des Euripides. Von seinem Werk sind nur sieben Tragödien erhalten.

Sotades-Maler: Sein Name stammt von der bekannten Vase in Gestalt eines Knöchelchens.

Sparta: Stadt auf der Peloponnes am Fluß Eurotas, über die Menelaos herrschte.

Statius, Publius Papinius: Römischer epischer und lyrischer Dichter; geboren zwischen 40 und 50 n. Chr. und gestorben um das Jahr 96 n. Chr.

Stesichoros: Griechischer Lyriker, vielleicht aus Himera; er wird als Erfinder der Chorlyrik angesehen. Er lebte zwischen 632 und 553 v. Chr.

Sueton, Gajus Tranquillus: Lateinischer Gelehrter und Biograph des 1. Jhs. n. Chr.

Suida oder **Suidas:** Großes, byzantinisches Lexikon etwa des 10. Jhs. n. Chr.; sehr wertvoll als Informationsquelle zur Literatur der Antike.

Syleus-Maler: Attischer Töpfer des 5. Jhs. v. Chr.; einer der bemerkenswertesten Künstler der Spätarchaik.

Syriskos: Attischer Töpfer, der um die Mitte des 5. Jhs. v. Chr. arbeitete; er ist als unerläßliche Ergänzung zum Sotades-Maler anzusehen.

Tacitus: Römischer Geschichtsschreiber, der zwischen 55 und 120 n. Chr. lebte. Er widmete sich auch dem politischen gerichtlichen Leben.

Tanagra: Zentrum in Böotien, eine der mächtigsten Städte des böotischen Bundes. Bekannt auch für die Funde der berühmten, bemalten Tonfiguren aus Tanagra.

Tébessa: Stadt in Algerien, im antiken Numidien, nahe der heutigen tunesischen Grenze. Römische Kolonie; Blüte zur Kaiserzeit.

Teos: Antike ionische Hafenstadt in Anatolien, in der Nähe von Smyrna/Izmir gelegen.

Terambos: Sohn des Zeus und der Bergnymphe Idotea, Wächter der Herden, geschickter Spieler der Hirtenflöte und Freund des Pan. Er folgte nicht dem Rat des Hirtengottes –

der ihm einen fürchterlich strengen Winter vorhergesagt hatte -, die Herden hinab in die Ebene zu treiben. Außerdem bespöttelte er die Nymphen, denen er unterstellte, daß sie nicht Töchter des Zeus seien.

Der Frost setzte ein, es fiel reichlich Schnee, die Bäume verloren ihre Blätter und die Herde des Terambos starb, so daß er allein in den Bergen zurückblieb. Nun rächten sich die Nymphen und verwandelten ihn in einen „fliegenden, holzfressenden Hirsch", der, um sich zu ernähren, an der Baumrinde nagte.

Terenz, Afer Publius (vielleicht 195-159 v. Chr.): Römischer Komödienschreiber; ein freigelassener Sklave. Er war der Verfasser zahlreicher Komödien, hatte nur wenig Erfolg und wurde mit Kritiken und von üblen Nachreden geplagt.

Theben: Stadt in Böotien. Im 5. Jh. v. Chr. „blühte" dort eine berühmte Malerschule.

Themistokles (525-461 v. Chr.): Athenischer Feldherr und Staatsmann. Er war der Stratege, der in der berühmten Schlacht bei Salamis die athenische Flotte kommandierte, die Xerxes endgültig besiegte. Er starb im Exil.

Theokrit: Vielleicht der größte Dichter der hellenistischen Zeit. Er wurde um 310 v. Chr. in Syrakus geboren.

Theophrast (ca. 371-288 v. Chr.): Griechischer Wissenschaftler und Philosoph. Sein wahrer Name war Tyrtamos. Es war Aristoteles, der ihn so nannte mit der Bedeutung eines „göttlichen Redners". Fast alle seiner mehr als zweihundert Werke sind verloren gegangen.

Theseus-Maler: Attischer Töpfer schwarzfiguriger Vasen des 5. Jh. v. Chr.

Tiberius Claudius Nero (42 v. Chr.-37 n. Chr.): Römischer Kaiser. Er heiratete in zweiter Ehe Julia, die Tochter des Augustus. Er lebte die letzten zehn Jahre seiner Regierungszeit in selbstgewählter Isolation auf Capri und starb in der Villa des Lucullus in Misenum.

Tibull, Albius: Römischer Elegiker des 1. Jhs. v. Chr. Es gibt nur wenige biographische Hinweise über ihn.

Thoth: Ägyptischer Gott, als Ibis, ibisköpfiger Mensch oder Pavian dargestellt; der Gott der Schreibkunst und Sekretär der Götter. Man verehrte ihn als Gott der magischen Formeln, und er war dazu bestimmt, die Seelen der Toten zu wiegen.

Trebellius Pollio: Vermutlich römischer Historiker des 3.-4. Jhs. n. Chr.; einer der Autoren der sogenannten *Historia Augusta*.

Troja: Stadt in Kleinasien; gegründet von Dardanos dem Sohn des Zeus und der Elektra. Bereits 4000-3000 v. Chr. bewohnt. Berühmt ist die Zerstörung der Stadt um 1184 v. Chr. durch die Griechen, die von Homer besungen wird. Durch Schliemann wurde sie wieder ans Licht gebracht. Er erkannte in der Schicht sechs der insgesamt neun Straten, das homerische Troja.

Tutanchamun: Pharao der XVIII. Dynastie; Nachfolger Echnatons; er stellte den Kult des Gottes Amun wieder her. Er starb, noch nicht zwanzigjährig, im neunten Jahr seiner Regierungszeit.

Ulixes: Odysseus, König von Ithaka; Gemahl der Penelope und Vater des Telemachos. Um sich des Auszugs nach Troja zu entziehen, gab er vor, verrückt zu sein, wurde jedoch von Palamedes demaskiert und so zur Abfahrt gezwungen. Die Schicksalsschläge während seiner Rückkehr wurden von Homer in der Odyssee besungen.

Ur: Antike, sumerische Stadt im Südirak; sie entspricht dem heutigen Al-Muqayyir.

Varro, Marcus Terentius (116-27 v. Chr.): Römischer Schriftsteller; von allen seinen Werken sind nur die drei Bücher über *Die Landwirtschaft* erhalten geblieben.

Vergil, Publius Maro (70-19 v. Chr.): Der größte lateinische Dichter.

Verus, Lucius Aurelius (130-169 n. Chr.): Römischer Kaiser. Nach dem Tod des Antoninus Pius, der ihn adoptiert hatte, im Jahre 161, teilte er sich die Regierungsgewalt mit dem ebenfalls adoptierten Zwillingsbruder Mark Aurel.

Vesta: Römische Göttin des Herdfeuers mit archaischem Charakter. Ihr Kult steht in direkter Abhängigkeit zum Pontifex Maximus, betreut von den Vestalinnen.

Vitellius: Römischer Kaiser in der Zeit der Anarchie, die auf den Tod Neros folgte.

Vitruv Pollio: Römischer Baumeister und Architekturtheoretiker des augusteischen Zeitalters; Verfasser der *Architektur* in zehn Bänden.

Vopiscus von Syrakus: Einer der Autoren der sogenannten *Historia Augusta*.

Wadschet: Beschützerin Unterägyptens. Sie half Isis, Horus im Sumpf zu verstecken. Sie wird als Kobra dargestellt.

Wooley, Leonard: Englischer Orientalist (1880-1960).

Xenophon (430-354 v. Chr.): Athenischer Geschichtsschreiber und Moralist aus aristokratischer Familie. Er nahm am Kriegszug Kyros' des Jüngeren teil, dessen Rückzug er in der *Anabasis* beschrieb.

Zenon aus Isauria: Kaiser von Konstantinopel von 474 bis 491 n. Chr.

Zeus: Höchster griechischer Gott; Vater aller Götter; Sohn des Kronos; Gemahl und Bruder der Hera. Bei den Römern hieß er Jupiter.

Index der im Text zitierten Museen
und der wichtigsten Orte, die Spiele betreffende Funde aufbewahren

ÄGYPTEN
Kairo, Ägyptisches Museum, 117, 136, 140, 143, 152

ALGERIEN
Timgad, Forum Romanum, 12, 172, 173

BELGIEN
Brüssel, Musées Royaux d'Art et d'Histoire, 17, 30, 56, 67, 76, 77, 94, 137, 152, 155, 158

DÄNEMARK
Kopenhagen, Thorvaldsens Museum, 88
Kopenhagen, Nationalmuseet, 87

DEUTSCHLAND
Berlin, Ägyptisches Museum, 70, 144
Berlin, Staatliche Museen, Preußischer Kulturbesitz, 18, 19, 32, 33, 35, 78, 79, 88, 92, 97, 156, 161
Bonn, Rheinisches Landesmuseum, 50, 117, 120, 169
Erlangen, Archäologisches Museum, Kunstsammlung der Universität, 79, 89
Frankfurt, Landesmuseum, 37
Heidelberg, Antikenmuseum des Archäologischen Instituts, 88
Karlsruhe, Badisches Landesmuseum, 67
Köln, Wallraf Richartz Museum, 87
Köln, Römisch-Germanisches Museum, 15, 37, 58, 71, 74, 88, 128, 178
Leipzig, Antikenmuseum der Universität, 103
Mannheim, Antikenmuseum der Universität, 106
München, Antikensammlungen, 11, 14, 30, 32, 76, 78, 87, 104, 123, 161
Trier, Rheinisches Landesmuseum, 172
Tübingen, Archäologisches Institut, 77
Würzburg, Martin von Wagner Museum, 89, 94

FRANKREICH
Auch, Musée de l'Habitat gallo-romain, 66
Autun, Musée Rolin, 87, 109, 113, 177
Avignon, Musée Calvet, 52, 54
Bordeaux, Musée d'art ancienne, 68, 69
Colmar, Musée d'Unterlinden, 87
Dijon, Musée Archéologique, 89
Laon, Musée de Laon, 102, 104
Le Puy en-Velay, Musée Crozatier, 178, 179
Lyon, Musée de la Civilisation Gallo-Romaine, 49, 83, 84, 166, 178
Marseille, Musée d'Archéologie Méditerranéenne, 74, 88
Nîmes, Musée Archéologique, 161
Paris, Bibliotheque National, 113
Paris, Musée du Louvre, 11, 16, 19, 20, 22, 44, 45, 58, 74, 75, 76, 77, 80, 87, 88, 99, 106, 113, 115 128, 135, 150, 151, 152, 161
Saint-Germain-en-Laye, Musée des Antiquités Nationales, 35, 70, 88
Saintes, Musée Archéologique, 78

GRIECHENLAND
Athen, Nationalmuseum, 37, 65, 88, 96, 100, 105, 154
Athen, Agora-Museum, 106
Athen, Dionysostheater, 124
Athen, Sammlung Kannellopoulos, 77
Chania, Archäologisches Museum, 30

GROSSBTRITANNIEN
Cambridge, Fitzwilliam Museum, 144, 152
London, Britisches Museum, 10, 16, 26, 30, 31, 41, 42, 45, 48, 49, 57, 59, 60, 61, 62, 63, 64, 66, 67, 68, 69, 70, 71, 72, 75, 77, 79, 87, 88, 95, 106, 113, 115, 116, 128, 130, 132, 133, 134, 137, 138, 139, 140, 145, 148, 152, 153, 164, 165, 167, 171
London, Petrie Museum, 76
Oxford, Ashmolean Museum, 23, 55, 64, 72, 74, 76, 87, 101, 146, 153

ITALIEN
Agrigent, Museo Archeologico Regionale, 31, 43, 45
Bassano del Grappa, Museo Civico, 104
Bologna, Museo Civico Archeologico, 56, 58
Brescia, Kapitol, 47
Catania, Museo Civico Archeologico, 49, 50, 51
Corbetta (Mailand), Museo Pisano Dossi, 120
Florenz, Galerie der Uffizien, 67
Florenz, Archäologisches Nationalmuseum, 34, 75, 88, 106
Lipari, Museo Archeologico Eoliano, 88
Mailand, Museo Teatrale alla Scala, 14, 33, 83, 84, 85, 86, 111, 113, 114, 126, 157, 164, 168, 174
Mantua, Palazzo Ducale, 106
Matera, Nationalmuseum, 77
Monte Sant'Angelo (Terracina), Tempel der Venus, 59, 60, 61, 62
Neapel, Archäologisches Nationalmuseum, 15, 25, 27, 33, 42, 47, 88, 95, 118, 124, 125, 126
Orvieto, Museo Faina
Ostia, Archäologisches Museum, 175
Ostia, Schule des Trajan, 12
Ostia, Thermen der Aqua Marcia, 102, 103
Paestum, Archäologisches Nationalmuseum, 66, 67, 92
Perugia, Archäologisches Museum, 92, 93, 106
Piazza Armerina, Villa del Casale, 44, 99
Pompeji, Ausgrabungen, 10, 35, 45, 108
Reggio Calabria, Archäologisches Nationalmuseum, 33
Rom, Apronianus-Katakomben, 51
Rom, Basilica di Porta Maggiore, 38, 41
Rom, Basilica di San Giovanni in Laterano, 120
Rom, Basilica di San Paolo fuori le Mura, 166, 167
Rom, Domitilla-Katakomben, 66, 179
Rom, Etruskisches Nationalmuseum der Villa Giulia, 30
Rom, Forum Romanum, 12, 164, 165, 166, 168, 178
Rom, Galleria Colonna, 69
Rom, Julia-Basilika (auf dem Forum Romanum), 12, 162, 164, 165, 166, 168
Rom, Kalixtus-Katakomben, 179
Rom, Kapitolinische Museen, 25, 56, 59, 65, 66, 88, 157, 172, 179
Rom, Konservatorenpalast, 12, 14, 21, 22, 30
Rom, Museo Nazionale Romano, 24, 53, 59, 60, 61, 62, 73, 82, 87, 99, 123
Rom, Museum der römischen Kultur, 68, 70, 172
Rom, Novazianus-Katakomben, 54
Rom, Priscilla-Katakomben, 54
Rom, Tempel der Venus und der Roma, 12, 166
Rom, Titusthermen, 103
Rom, Vatikanische Museen, 10, 11, 12, 13, 22, 23, 28, 29, 36, 39, 40, 65, 68, 88, 89, 93, 106, 110, 112, 121, 124, 127, 160
Rom, Villa Mattei, 25
Rom, Villa Torlonia, 73, 75
Syrakus, Museo Archeologico Regionale, 31, 87
Tarent, Archäologisches Nationalmuseum, 87
Tarquinia, Tomba Cardarelli, 93, 95
Tarquinia, Tomba del Guerriero, 129
Tivoli, Magazin im Heiligtum des Siegreichen Herkules, 88
Turin, Ägyptisches Museum, 54, 98, 140, 141, 152

NEUSEELAND
Christchurch, Canterbury Museum, 38

NIEDERLANDE
Amsterdam, Allard Pierson Museum, 21, 22, 30, 37, 58, 75
Leiden, Rijksmuseum van Oudheden, 86

ÖSTERREICH
Wien, Kunsthistorisches Museum, 17, 30, 81, 87, 169, 179

RUMÄNIEN
Bukarest, Archäologisches Museum, 30

RUSSLAND
Sankt Petersburg, Eremitage, 21, 22, 47, 67, 81, 93

SCHWEIZ
Basel, Sammlung Erlenmeyer, 87
Brugg, Vindonissa Museum, 30
Zürich, Galerie Nefer, 168, 170

SPANIEN
Barcelona, Museu Arqueológico, 30
Cadiz, Sammlung Gemmenabdruck, 30
Italica, Ausgrabungen, 166, 178
Madrid, Museo Arqueológico Nacional, 32
Mérida, Amphitheater
Mérida, Haus des Venusmosaiks
Mérida, Theater, 12
Tarragona, Museu Nacional Arqueológico, 49, 88

SYRIEN
Idlib, Archäologisches Museum, 88

TÜRKEI
Aphrodisias, Hadriansthermen, 172
Didyma, Apollontempel, 166
Istanbul, Archäologisches Museum, 129

TUNESIEN
Sousse, Archäologisches Museum, 39
Tunis, Bardo-Museum, 119

USA
Baltimore, Robinson Collection, 106
Baltimore, Walters Art Gallery, 129
Boston, Museum of Fine Arts, 87, 89, 161
Chicago, Oriental Institute, 38
New York, Metropolitan Museum, 87, 88, 148, 149, 152
Pennsylvania, University Museum, 148
Toledo, Museum of Art, 107

Bildnachweis
Sandro Tinti
Giuseppe Stuto
Marco Fittà
Deutsches Archäologisches Institut, Rom

Den folgenden Museen ist für das Bereitstellen der Fotos zu danken:
Agrigent, Museo Archeologico Regionale
Amsterdam, Allard Pierson Museum
Autun, Musée Rolin
Avignon, Musée Calvet
Berlin, Staatliche Museen, Preußischer Kulturbesitz
Bologna, Museo Civico Archeologico
Bonn, Rheinisches Landesmuseum
Brüssel, Musées Royaux d'Art et d'Histoire
Cambridge, Fitzwilliam Museum
Dijon, Musée Archéologique
Frankfurt, Landesmuseum
Karlsruhe, Badisches Landesmuseum
Köln, Römisch-Germanisches Museum
Laon, Musée de Laon
Le Puy en-Velay, Musée Crozatier
London, Britisches Museum
Lyon, Musée de la Civilisation Gallo-Romaine
Mailand, Museo Teatrale alla Scala
Marseille, Musée d'Archéologie Méditerranéenne
München, Antikensammlungen
Neapel, Archäologisches Nationalmuseum
Ostia, Archäologisches Museum
Oxford, Ashmolean Museum
Paestum, Archäologisches Nationalmuseum
Paris, Musée du Louvre
Perugia, Archäologisches Museum
Rom, Kapitolinische Museen
Rom, Museo Nazionale Romano
Rom, Museum der römischen Kultur
Rom, Vatikanische Museen
Saint-Germain-en-Laye, Musée des Antiquités Nationales
Saintes, Musée Archéologique
Wien, Kunsthistorisches Museum

Zeichnungen
Manuela Fittà
Eugenia Salza Prina Ricotti
Einige Zeichnungen sind entnommen aus Daremberg-Saglio, *Dictionnaire des antiquités grècques et romaines*, Paris 1877–1919.

Der Verleger verfügt über die Rechte für möglicherweise nicht identifizierte ikonographische Quellen.

Dieser Band wurde von Elemond Spa im Jahr 1998 im Werk von Martellago (Venedig) gedruckt.

69, 10/98